山东省社会科学规划研究项目文丛·一般项目：
全面二孩政策下山东中小学"原独生子女"同胞接纳问题及家庭教育策略（18CJYJ09）
的研究成果。

现代家庭教育
的理论及发展展望

丁俊兰 ◎ 著

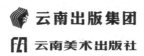

云南出版集团

云南美术出版社

图书在版编目（CIP）数据

现代家庭教育的理论及发展展望 / 丁俊兰著 . -- 昆明 : 云南美术出版社 , 2020.1

ISBN 978-7-5489-3575-9

Ⅰ . ①现… Ⅱ . ①丁… Ⅲ . ①家庭教育—教育理论 Ⅳ . ① G78

中国版本图书馆 CIP 数据核字 (2018) 第 301772 号

出 版 人：李 维 刘大伟
责任编辑：吴 洋 陈铭阳
责任校对：郑涵匀 张京宁
装帧设计：李 静

现代家庭教育的理论及发展展望

作 者	丁俊兰 著
出 版 发 行	云南出版集团
	云南美术出版社
地 址	环城西路609号24-25楼
印 装	朗翔印刷（天津）有限公司
开 本	710 mm × 1000 mm 1/16
印 张	12.25
版 次	2020年1月第1版
印 次	2020年1月第1次印刷
印 数	1~1000 册
书 号	ISBN 978-7-5489-3575-9
定 价	60.00元

前 言

在我国经济社会急剧转型和"全面二孩"政策推进过程中，传统的家庭教育观念越来越不适应社会发展的需求，也带来了许多亟待解决的新问题：传统家庭教育理论的批判与继承问题、现实生活中家庭教育的价值导向与家庭教育的科学化问题。

撰写《现代家庭教育的理论及发展展望》，旨在面对我国家庭教育实际，分析和总结家庭教育的历史经验，从理论与实践结合的角度，对家庭教育的规律进行探讨，力求通俗易懂、求实求新，以服务于当前的教育与社会发展的需求。全书共分为五个章节：第一章《现代家庭教育的内涵与功能》，以家庭教育的界定为切入点，诠释家庭与家庭教育学、家庭发展的形式与功能；第二章《我国家庭教育的演进与新形势》，分别论述了我国家庭教育的起源与历史发展、我国家庭教育的沿袭精华与消极因素、新时期家庭教育的发展现状以及"二孩"政策；第三章《现代家庭教育的理念与形势分析》，依次对现代家庭教育的理念、现代家庭教育多种原则、适合社会发展的学习型家庭的构建进行探讨；第四章《家庭生活理念与儿童心理素质的发展》，内容包括家庭生活理念与家长教育方式、家庭结构与家庭管理方式的解读、儿童心理素质结构与表现形式、二孩家庭儿童的心理健康教育以及"全面二孩"背景下"老大"的心理问题及教育对策；第五章《新时期家庭教育模式与策略指导》，则试图探索我国多元化家庭教育模式、家校与社会的通力合作、家庭教育中的情感培育艺术以及"全面二孩"政策下家庭教育问题及对策。

全书共有三个方面的特点值得一提：第一，进一步突出家庭教育的中国特色和时代要求；第二，理论与实践相统一；第三，方法和技巧的可操作性强。总之，本书以全新的视角透视家庭教育，在保证家庭教育理论科学性的同时，兼顾家庭教育的可读性、实用性和操作性，以理论指导实践，以实践验证理论。

本书在撰写过程中参阅了许多文献，在此表示衷心的感谢。书中不足之处希望广大读者多多包涵。

作者

2018 年 7 月

目录
CONTENTS

/ 第一章 /
现代家庭教育的内涵与功能

第一节　家庭教育的界定

一、家庭教育的概念解读

俗话说："父母是孩子的镜子，孩子是父母的影子。"父母是孩子的第一任老师，父母的言行、处事方式等对孩子都有着潜移默化的影响，如孩子的人格养成、价值观的形成、社会化等都会受到家庭教育的影响。那么什么是家庭教育？家庭教育有什么特点？家庭教育有哪些基本功能？

狭义的家庭教育是指在家庭生活中，由家长即由家庭中的长者（其中主要是父母）对子女及其他年幼者实施的教育和影响。广义的家庭教育是指家庭成员之间相互实施的一种教育。

二、家庭教育的性质

（一）家庭教育是一种私人性质的教育

家庭教育是在家庭内由家长实施的个体行为，有很强的独立性和自主性。在家庭中希望把子女培养成什么样的人，对子女采用什么样的教育方式，父母有很大的自主权。虽然家庭教育是一种私人性质的教育，但是并不是说家庭教育完全独立于社会之外。相反，家庭是社会的基本单位，社会经济、文化会通过各种途径渗透到家庭生活中，影响家庭教育的实施。

（二）家庭教育是一种非正规教育

正规教育是指由教育部门认可的教育机构提供的有目的、有组织、有计划、由专职人员承担的教育，通常在教室环境中进行，使用规定的教学大纲、教材。家庭不是专门的教育机构，家庭教育不是有组织、有领导的教育，没有固定的模式、固定的时间和地点，一般是在家庭生活中，长者对子女实施的潜移默化的影响。因此，家庭教育是一种非正规教育。

（三）家庭教育是持续终身的教育

针对教育过程实施的持续时间长短，与学校教育和社会教育相比，家庭教育是持续终生的教育。在正常情况下，家长是不变的，家庭相对于其他社会组织具有很强的稳定性和持久性。在一个人的成长过程中，每天与父母朝夕相处，长期接受父母或其他长辈的教育和影响。因此，家庭教育伴随着人的一生，具有典型的连续性和永久性。

三、家庭教育的特点

家庭教育是一种区别于其他教育形式的特殊教育形式，家庭除了有血缘关系外，还是一种社会关系。就家庭教育的特点而言，它既有优势也有劣势，只有充分认识到这一点，才能正确地把握家庭教育的规律及特点。

（一）家庭教育的优势

就家庭教育的优势来看，具有以下几个特点。

1. 家庭教育的启蒙性

我国教育家蔡元培先生说过："家庭者，人生最初之学校也。一生之品性，所谓万变不离其宗旨，大抵胚胎于家之中。习惯故能成性，朋友亦能染之，然较之家庭，则其感化之力远不及也。社会、国家之事也繁矣，而成此事业之人物，孰非起于呱呱之小儿乎？虽伟人杰出，震惊一世之意见及行为，其托始于家庭中幼年所受之思想者，盖必不鲜。是以为有为之士，非出于善良家庭者，世不多有。"（蔡元培，《蔡元培讲中国伦理学》）

婴儿出生后首先接触的就是家庭生活，家长成了孩子的第一任老师。早期的家庭教育，对于孩子习惯的培养、性格的培养、价值观的形成及智力的发展会产生极为深刻的影响，而家庭教育的失败和不足，将会给人的一生带来无法弥补的缺陷。

2. 家庭教育的权威性

权威并不完全等同于强制，而是建立在父母对子女的尊重、子女对父母的尊敬和信赖的基础上，也只有这样，家长的权威性才能产生积极的影响。要树立家长的权威，首先家长要做到夫妻之间的相互尊重，家庭氛围的和谐，家长的教育方式一致，能够对自己的子女做到充分尊重。下面有一则案例。

豆豆 4 岁时，父母由于工作原因要把豆豆留在老家与奶奶待几天，豆豆之前没有离开过父母，一听要把她留在奶奶家，不愿意，任凭父母把道理给她讲了一遍又一遍，就是不干。奶奶私下建议爸爸妈妈偷偷走，认为孩子过几天就没事了，但是豆豆的爸妈不忍心，不愿意那样做。小两口商量后，决定改变策略给孩子做思想工作。

临走前一天，豆豆爸故意在孩子面前做出愁眉苦脸的样子，引起豆豆的注意。豆豆爸像对一个大人说话一样，郑重其事地对豆豆说："爸爸妈妈遇到一件困难的事情，不知道该怎么办。"豆豆问怎么了，爸爸说："我和妈妈明天要回单位去上班，不过，现在看来我们不能去上班了，因为我们要接送你去幼儿园。这样我们就不能按时完成工作了，老板肯定要批评我们，工资也要被扣掉很多。唉，这可怎么办啊？"

豆豆似乎有些同情地看着爸爸妈妈，也在帮助爸妈想主意。片刻后，豆豆爸说："爸爸想了一个主意，不知道你同不同意？"豆豆一听，催促爸爸快点说。豆豆爸说："要不你先在奶奶家待几天？等爸爸忙完手上的工作，再来接你过去，好吗？这样我和妈妈就能按时完成工作，不担心被公司开除了，我们的困难就解决了。"豆豆看着爸爸，现在爸爸妈妈正在求她的意见，豆豆点点头说："好。"妈妈愉快地说："豆豆真懂事，能跟我们一起想办法了。"

在案例中，最初孩子处于被动的位置，是被说服的对象，后来豆豆从被动角色成为一个可以做出选择的主动者，同时成为一个可以实施决定的践行者，孩子自然变得懂事，问题也好解决了。

3. 家庭教育的随机性

家庭教育不需要遵循一定的程序，不需要明确的时间、地点和条件，是随机而教，利用一切可以利用的条件或者没有条件创造条件，实施因人而异的个性化教育。前苏联教育家马卡连柯认为："不要以为只有你们同儿童谈话、教训他、命令他时，才是进行教育，你们是在生活的每时每刻，甚至你们不在场的时候，也在教育着儿童。你们怎样穿戴，怎样同别人谈话，怎样谈论别人，怎样欢乐或发愁，怎样对待朋友和敌人，怎样笑，怎样读报——这一切对儿童都有重要的意义。"比如下面的案例：

壮壮 8 岁了，他有一个坏习惯，从小不爱喝水也不爱吃水果，只喝瓶装饮料。暑假壮壮去小姨家玩儿，小姨想乘机改一改他的坏毛病。

暑假这几天的天气非常热，小姨借故把家里的空调关上了，壮壮觉得口渴，去冰箱里拿饮料喝，但是发现没有了。小姨装作刚知道饮料喝完了，表示内疚。壮壮想喝水，发现凉水壶是空的。小姨抱歉地说：哦，忘了凉凉水了，现在去给你烧。

这时小姨从冰箱里取出冰镇西瓜，招呼壮壮来吃，壮壮摇头表示拒绝。小姨和小姨夫自顾自地开始吃，边吃边感叹：这西瓜真好吃，又凉又甜。水开后，小姨倒了一杯，热气腾腾，壮壮看着热水一脸愁容、焦渴难耐。小姨漫不经心地说：水一时半会儿凉不了，西瓜挺好吃的，要不你先吃块西瓜？说完就走开了。终于壮壮拿起了叉子吃了一块，然后又一块，又一块。过了一会儿又把杯子里的水也喝光了。

从案例中可以看出，壮壮的小姨并没有简单地说教，而是在生活中利用合适的机会运用恰当的教育方法，改变壮壮不爱喝水、不吃水果的不良饮食习惯，在潜移默化中，让壮壮慢慢尝试接受水果。

（二）家庭教育的劣势

家庭教育的优势是显而易见的，但同时我们也应该看到家庭教育的局限性，这样才能真正地发挥家庭教育的作用。比如下面的案例。

有位家长，听人说孩子有毛病一定要扼杀在摇篮中，所以她从女儿1岁多就对孩子进行严格的管教。如果孩子不好好吃饭，她就把碗中的饭全都倒掉；如果孩子不好好刷牙，她就把牙刷一折两半；如果孩子不好好背古诗，她就打手心……在她的严厉教育下，孩子确实被训练得很听话，按时吃饭，认真刷牙，会背很多古诗。但是孩子刚刚3岁，她发现孩子一方面胆小怕事，去外面不敢跟其他小朋友玩儿；另一方面在家脾气非常大。

在案例中儿童天性都是温柔善良的，如果说一个孩子表现出冷酷和暴躁，她一定在生活中体会了太多的冷酷无情。经常被批评的孩子，很容易变得自卑，严厉教育本身也是一种示范，如果家长对孩子经常批评、大骂，怎能培养出孩子的友善和平和呢？

1. 家庭教育的易情绪化

家长在面对子女教育问题的时候，往往容易受感情的影响而缺乏理智，使家庭教育的方向出现偏差，这往往也是家庭教育中最难以攻破的地方。这种方向的偏差主要表现在以下两个方面。

（1）娇惯溺爱。有不少家长在面对孩子的有些行为时，明知是不对的，需要管教，却往往怕委屈孩子，怕孩子受苦受累，便出现了事事都包办代替或者迁就放任，甚至把孩子的错误归咎于他人。父母对于孩子的慈爱是不用怀疑的，但是爱而不教，则会使孩子的身心发展受到消极的影响，如孩子胆小怯懦、以自我为中心、是非不分、善恶不辨等等，这些都可能是溺爱的恶果。

（2）简单粗暴。"望子成龙，望女成凤"几乎是每个家长对孩子高期望的写照，但是这种高期望往往会带来一种情绪，那就是"恨铁不成钢"。当家长看到孩子的表现有悖于家长的期望时，有部分家长就会因此而失去耐心，在这种情绪的支配下，就容易出现态度粗暴，方法简单。例如有一位对自己孩子有着高期望的家长，在面对孩子厌学的情况时，便将孩子捆绑在家，不给孩子吃喝，导致自己9岁的孩子由于严重营养不良而失去了年幼的生命。当然这只是一个较为极端的案例，但是在日常生活中，打骂孩子的现象几乎是司空见惯的事情，这往往就是孩子与父母情绪对立而导致家庭教育失败的重要原因。因此，家庭教育中若易感情用事，往往会让家长走上极端，为了避免这种极端现象的发生，家长首先要提高自己的素养，了解孩子的心理发展过程，教育孩子时克制自己的不良情绪，保持清醒的头脑。

2. 家庭教育的封闭性

家庭教育是区别于学校教育和社会教育的一种特殊教育形式，主要是父母对子女，长者对年少者在家庭生活中进行的教育。有不少家长认为教育孩子是自己家的事，怎么教，教什么，主要取决于家长自身的素养、教育能力、兴趣及爱好等。然而，每个家庭的生活方式、家庭教育方式、父母的素质能力等，总是会存在局限性。这种局限性主要表现在：很多家长认为，对于子女的教育，只要做到父母满意，那么家庭教育就可称得上是成功的，较少考虑社会的需要；受家庭传统观念的影响，家长对于孩子品德及思想观念等的培养上，总是本着"要听话、要守本分、要学会知足、要少管闲事"等，这显然不符合当今社会的需要。

就此而言，家庭教育要跟得上时代的步伐，适应社会发展的需要。家长既要教给孩子中华民族优秀的传统美德，更要让家庭教育走向开放性，教育孩子树立新的观念，注重孩子创造力的发展，让孩子具备未来社会所需要的个性品质和道德观念。

第二节　家庭与家庭教育学

一、家庭的概念解读

家庭，对于不同的个体来说，不是一个陌生的词汇，"家庭是孩子的第一所学校，父母是孩子的第一任教师"这是大众对于家庭最重要、最简洁的概括。家庭作为所有社会制度中最基础、最亲密的团体，对个体的影响是极其深远的，因此它具有不可替代的特殊意义。

中华民族自古以来就重视家庭、重视亲情。家和万事兴、天伦之乐、尊老爱幼、贤妻良母、相夫教子、勤俭持家等，都体现了中国人的这种观念。"慈母手中线，游子身上衣。临行密密缝，意恐迟迟归。谁言寸草心，报得三春晖。"唐代诗人孟郊的这首《游子吟》，生动表达了中国人深厚的家庭情结。家庭是社会的基本细胞，是人生的第一所学校。不论时代发生多大变化，不论生活格局发生多大变化，我们都要重视家庭建设，注重家庭、注重家教、注重家风，紧密结合培育和弘扬社会主义核心价值观，发扬光大中华民族传统家庭美德，促进家庭和睦，促进亲人相亲相爱，促进下一代健康成长，促进老年人老有所养，使千千万万个家庭成为国家发展、民族进步、社会和谐的重要基点。（习近平总书记在 2015 年春节团拜会上的讲话摘录）

习近平总书记指出家庭对于国家发展、社会和谐具有重要影响，而且在个人成长和民族进步过程中具有重要作用。现代理论解释，家庭是以婚姻、血缘和收养关系为基础的一种社会生活组织形式。家庭是社会的细胞，是社会生活的基础，是组成社会的基本单位。家庭具有自然属性和社会属性：家庭的自然属性在于它是以两性结合和血缘联系为自然条件的。家庭的社会属性在于一定的家庭形态总是同社会发展的一定阶段相适应，只有透过一定的社会历史发展阶段，才能科学地认识家庭制度的本质和发展规律。社会性是人类的根本属性，家庭的性质和特点主要由人类的社会属性决定。

二、家庭的基本结构

所谓家庭结构，是指家庭成员之间不同层次及血缘关系的不同组合状态。家庭结构主要包括家庭的人口数量、家庭成员之间的辈分关系等因素，因此家庭结构的分类并不是单一存在的。

（一）家庭成员之间的代际关系

家庭的结构按照家庭成员之间的代际关系来看主要分为：核心家庭、主干家庭、联合家庭及一些其他家庭。

核心家庭：夫妻与未婚子女组成的家庭（也包括只有夫妻两人的家庭、夫或者妻与未婚子女组成的家庭），因为这种类型的家庭只有一个中心（一对夫妻），因此称为核心家庭。

主干家庭：夫妻与一对已婚子女组成的家庭，换句话说就是祖父母与父母、子女组成的家庭，也就是我们通常说的三世同堂。主干家庭的代际关系相对复杂，家庭成员数量较多、规模较大。其特点在于这种类型的家庭结构中有两对处在两代人位置的夫妻，家庭中存在两个中心、三代人。

联合家庭：夫妻与多对子女组成的家庭，相对于主干家庭来说，联合家庭的代际关系更为复杂，家庭成员数量更多、规模更大。其主要特点是家庭中有多对夫妻，而且有同辈夫妻存在，甚至会有直系或旁系亲属，因此这种家庭也存在多个中心。

其他家庭：除了核心家庭、主干家庭、联合家庭以外的家庭结构。如，隔代家庭（由老年人和未成年的孙辈亲属组成的家庭）、单身家庭（只有单独一人组成的家庭）、残缺家庭（只有兄弟姐妹组成的家庭、只有兄弟姐妹和其他有血缘或者无血缘的人组成的家庭）等。

（二）家庭结构的稳定性

从家庭结构的稳定性来看，把家庭分为健全型家庭和残破型家庭（也称作不健全型家庭，包括单亲家庭和无双亲家庭），其中健全型家庭是最理想的家庭结构模式。

健全型家庭：所谓健全，是指父、母、子女三全的家庭，在这种家庭中，家庭成员关系融洽，成员之间相互关爱，父母之间感情深厚且有时间去照看和养育自己的子女，使其能够健康成长。

残破型家庭（不健全型家庭）：主要包括单亲家庭和无双亲家庭。前者是指"只有生亲或养亲父母一方和未成年子女组成的家庭"，包括未婚式、分居式、离婚式、丧偶式；后者是指"没有生亲或养亲父母与未成年子女共同生活的家庭"，包括父母双亡和父母离婚后子女被抛弃的家庭、父母长期在外打工而形成的"留守儿童"式家庭。

三、家庭的基本功能

家庭是人出生后接触的第一个生活环境，是人接触的第一个教育场所，也是人生活时间最为长久的环境，家庭的地位和作用对于每一个个体来说都极为重要，其对个体的身心发展也会产生极为深刻和长久的影响。因此，了解家庭的功能也显得尤为必要。

（一）家庭的生育和遗传功能

家庭首先具有生育和遗传功能，但是家庭不仅具有种族繁衍的生育功能，在这个功能的实现过程中，还会伴随负面的遗传功能。比如：

布拉德菲尔德家族本是一个普通的美国家庭，但是，自从这个家族的老祖母戈尔·布拉德菲尔德于 1960 年死于胃癌后，死亡的阴影就一直笼罩着她的子孙们。原来，自从老太太戈尔死于胃癌后，这个家族的后代有多名成员都死于同样的疾病。戈尔有 7 个子女，其中 6 人在他们四五十岁时相继因癌症去世。在布拉德菲尔德家族的18 个孙子（女）和外孙（女）中，戴维·艾伦已于 2003 年死于这种家族遗传病。她的家族就像是遭了"胃癌魔咒"，共有 10 人因胃癌或者疑似胃癌先后去世。

此后不久，这个家族余下的 17 人都接受了基因检测，结果表明，他们中有 11 人携带一种家族遗传性胃癌的突变基因。据科研人员介绍，携带这一突变基因的后代将有 70% 概率患上胃癌。迫不得已，布拉德菲尔德家族的 11 名堂兄妹选择了在自已还未发病的时候就将胃完全切除。

（二）家庭的情感交往功能

家庭具有情感交往功能。孩子早期的家庭环境对孩子一生具有极其重要的意义。孩子早期与主要抚养人之间依恋关系的建立，是孩子与主要抚养人情感建立的基础。因此，由于这种血缘或亲缘关系，让家庭成员之间的情感密不可分。家庭成员之间的情感交往是最纯真、最持久、最真实的，它对于个体性格及其品质养成都具有重要的意义。

丘丘刚三个月大，父母对他的哭闹不烦不乱，而是跟他说话，逗他玩。同样三个月大的小小的爸爸很少在家陪她，而小小只要一哭，她的妈妈就把她抱在怀里走来走去，有时候妈妈还会因为小小哭闹不止而生气。很快，丘丘和小小都满1岁了。这时的丘丘已经可以在离父母不远的地方自己玩乐，而小小依然经常哭闹，常常要求妈妈抱着自己不能松手。

为什么丘丘更加自信独立，而小小却哭闹更多，更黏妈妈？分析案例可见，丘丘的父母更加有效地处理和满足了他的需求，因此丘丘的安全感建立得很好，能自在地进行探索活动，也越来越独立。而小小没有习得这样的能力，她不能容忍与父母的分离，易产生焦虑或恐惧心理，也阻碍了其独立性的发展。

（三）家庭的教育功能

孩子从父母那里得到的遗传素质，只是给孩子提供发展的可能性，他要成为一个社会人，还要经过后天的学习和训练。在纷繁复杂的社会环境中，对个体影响最直接、深刻、持久的就是家庭环境。马卡连柯说过："家庭是最重要的地方，在家庭里，人逐渐向社会生活迈进。"人在刚出生的时候，是最无助和脆弱的时候，这时候最需要成人无微不至的关怀和照顾，就像是一张白纸，在后来的教育和生活中不断添加色彩。

（四）家庭的抚养和赡养功能

虽然老人入住养老院并无门槛，但由于无子女的老人没有监护人，在实际操作中，养老院一般不接收高龄无子女者。据估算，北京市无子女老人家庭大约有5万个，其中大约有1万名丧子或子女残疾的老人欲入住养老院而不能。如果加上空巢老人家庭，相应的数字会更为庞大。（新华网，《空巢老人住院"代理儿女"签字》）

人到了老年，由于劳动能力的丧失，需要子女的赡养。但是有些家庭由于子女工作繁忙或者老人不愿意给子女增添负担，更有甚者不愿意承担赡养老人的义务，使很多老年人尤其是失去伴侣的老年人成了所谓的"空巢老人"。随着社会服务及保障制度的不断完善，国家虽然承担了一部分赡养工作，但是家庭对于老人的赡养功能依旧是任何机构都替代不了的。

四、家庭教育学概述

每一门学科都有它独立的研究对象，家庭教育学亦是如此。我们要对家庭教育学的学科特点、研究范围、学科性质、研究方法等有一个较为全面的认识。准确把握家庭教育学的学科性质，是我们正确理解家庭教育的基本理论和更好地进行实践的基础。

（一）家庭教育学的教育学和社会学性质

首先，家庭教育学从研究内容和方法来看，属于教育学和社会学的分支学科。家庭教育研究的内容与学校教育、社会教育不同，它所研究的是在家庭范围内，家庭成员之间（亲缘关系）最亲密的人际关系，这就要求研究者能恰当地运用社会学理论与方法。其次，家庭教育学的研究必定会涉及家庭成员之间教与学关系，也就是长者与少者，尤其是父母与子女之间的教与学关系，这就需要教育学的相关理论做指导。

（二）家庭教育学的综合性

随着科学技术与社会需要的发展和不断变化，原有的一些传统学科已经不能适应社会的需要，因此，不论是哪种学科体系，都呈现出一种新的发展趋势，即新学科的不断增加，主要表现为交叉学科、边缘学科等跨学科的综合性学科的出现。家庭教育学是由很多家庭教育中存在的和亟待解决的问题综合而成的，是由婚姻家庭社会学和教育学综合而产生的一门跨学科、综合性的交叉学科，因此，家庭教育学既有区别于其他学科的学科特点，又综合了心理学、教育学、婚姻家庭社会学等学科的一些特点。

（三）家庭教育学的理论性和适用性

家庭教育学是家庭教育中出现的和亟待解决的问题的综合，因此，它属于理论与实践相结合的应用型学科。当前，我国的家庭教育面临很多新的问题，如离异家庭子女的教育、农村留守儿童的教育、空巢老人等。就此来说，家庭教育学必须在理论上有所创建和创新，给家庭教育工作者提供科学的理论依据，并指导实践，这样，家庭教育的价值才能有所体现。

五、家庭教育学的研究范围

家庭教育学的研究范围，就其概念及功能来看，可以分为以下三个方面。

就家庭教育的历史演变来看，当代的家庭教育需要继承和发展不同年代的家庭教育的经验和精华。中国是一个拥有五千年历史的文明古国，家庭教育的理论和实践也源远流长，给我们历代都留下了丰富而宝贵的财富，因此，我们要批判性地继承这些宝贵遗产，取其精华，去其糟粕，与时俱进，推陈出新。

显示家庭教育与其他类型教育的独特之处，充分发挥家庭教育的优势，正确认识家庭教育的不足。家庭教育是人健康成长和终身幸福的保障，在个体成长和发展过程中，起着不可替代的作用，当然家庭教育的成功，必然受教育方法的影响。因此，家庭教育必须明确家庭教育的目标、明晰家庭教育的内容和任务，掌握家庭教育的方法，做到因材施教，是我们顺利完成家庭教育任务的基本保障。

明确家庭教育的影响因素，根据家庭成员不同年龄阶段的心理特点，因材施教。影响家庭教育的因素有很多，包括家长的教育观念、家长教育素质、家长教育能力、家庭关系、家长教养方式、社区环境及学校环境等。总之，家庭教育是一个相当复杂的过程，受到多种相关因素的影响和制约，只有明确有哪些因素在起作用，起什么样的作用，如何发挥作用，我们才能更好地加强家庭教育方面的工作。

六、家庭教育学的研究方法

家庭教育学是一门交叉学科，就其内容、学科特点、研究对象等而言，家庭教育学的研究方法主要有以下几种。

（一）文献研究

文献研究法是指通过查找、阅读及分析文献，对家庭教育中某一研究课题的基本情况和发展趋势等进行研究的方法。文献研究法通常不会与研究对象进行直接的接触，主要是通过文献对研究对象进行间接的研究。文献是知识的载体，包括文字资料（图书、报刊、会议资料、研究报告、经验总结等）和音像资料（磁盘、光盘及各种音像视听资料等）。

（二）调查研究

调查研究法简称调查，是指研究者对于家庭教育中已有的事实进行调查，通过对已有事实的考察来了解家庭教育的现状，从而发现和探究家庭教育过程中诸多因素之间的联系。调查研究往往在自然状态下进行，而不用刻意控制环境，包括对于现状的研究、相关性研究及因果关系的研究等。

（三）质的研究

质的研究方法也称"质性研究""质化研究"等，是社会科学研究的一种方法，是指研究者本人作为研究工具，在自然的情境中进行系统的观察和记录，通过归纳法对所获资料进行分析并形成理论，并通过与研究对象的互动，将结果予以叙述和解释的一种研究方法。质的研究特别强调研究者的亲自体验、资料搜集的多样化，发现问题之间的关联性及不同个体对自己行为的解释和认定。

（四）行动研究

行动研究法是以解决问题为目的的一种科学研究方法，是指在自然、真实的教育情境中，针对家庭教育中出现的问题进行研究，以谋求解决之道的研究方法。行动研究的研究程序为：寻找研究起点，寻找起点的过程实际就是一个发现问题的过程；资料的收集与分析，即在行动研究之前，深入真实的行动环境中，运用观察、访谈、视频影像、作品分析等方法收集真实材料，对已发现问题进行深入分析；拟订行动计划，即在发现问题、分析问题的基础上，可根据自己或他人所有的经验，依据相应的家庭教育理论，设计可能使问题解决的行动方案；实施行动计划，即进行行动策略检验。

七、家庭教育学的任务

家庭教育处于教育体系中的基础位置，对于提高全民素质、促进社会的稳定和谐发展以及人的和谐发展都具有极为重要的意义和作用。家庭教育学的任务主要表现在以下几方面。

（一）家庭教育中的经验总结

以史为镜，可以明是非；以他人为镜，可以识长短、知不足。古往今来，人们在历史的长河中，积累了丰富的家庭教育的经验，并在实践的检验中不断地变化和发展，进而形成了各个国家和民族独具特色的家庭教育理念和学说。因此，对于古今中外的家庭教育经验和理论的研究，不但有利于建立符合我国国情、促进我国家庭教育事业的理论体系，并且有利于发现在家庭教育过程中存在的优势和不足，以取长补短，提高家庭教育实践水平。

（二）家庭教育理论体系的建立和健全

就当前我国家庭教育的发展来看，不论是理论体系的建设，还是教育实践的适用性，都还不是十分健全和完善，主要表现在家庭教育的方法欠科学、对家庭教育的问题缺乏关注及引导不力，导致不少家庭中教育效果不理想，甚至事与愿违，因此，家庭教育理论研究和解读，就可以弥补我国在家庭教育理论建设方面的不足，促进我国家庭教育理论体系的不断健全和完善。

（三）家庭教育职能的最大限度发挥

对子女的教育是家庭教育的职责之一，家庭教育这一职能的发挥直接关系到子女的健康成长、家庭成员的幸福和社会的和谐发展等。就对子女教育而言，并不是只怀有一颗爱心和望子成龙的决心就足够的，还需要教育者明确家庭教育的目的和原则、科学地选择教养方式、建立良好的家庭环境、形成与家庭成员之间的良好互动等。只有以较为成熟而科学的家庭教育理论为指导，才能使家庭教育者，尤其是父母认识到家庭教育的重要所在，掌握科学的家庭教育原则和方法，选择有利于子女健康成长的家庭教养方式，营造和谐的家庭氛围等，进而较大程度地发挥家庭教育的职能。

（四）人才的培养及社会主义现代化的建设

人才的培养需要家庭教育、学校教育和社会教育三者之间的有效配合，最基础的还是要改善和加强家庭教育的作用。科学的家庭教育可以通过科学的指导进行胎教，进而为我国的优生优育提供保障，提高我国人口素质，为优秀人才的培养奠定基础，同时，科学的家庭教育能为子女在每个阶段的成长提供恰当的教育，让家庭成为培育子女的良好场所。当然，家庭教育的最终目标和宗旨，是要为我国社会主义现代化建设服务。家庭教育是教育的基础，同时又是国民素质全面提高的重要保障，因此，科学地实施家庭教育，把家庭文明作为社会文明的基础，能让下一代在优良的家庭环境中健康苗壮地成长，从而稳定社会秩序，促进社会的和谐发展。

第三节　家庭发展的形式与功能

一、家庭教育与个体发展

（一）家庭教育与子女基本生活技能的形成

婴儿的呱呱坠地都是从一个弱小的生命开始，他们需要来自父母和主要抚养人的精心照顾、贴心的关爱，以获取生存和安全感。随着年龄的增长，他们仍需要父母或主要抚养人的帮助（如获取衣、食、住、行的基本生活技能），以便适应以后的生活，即使到了青年早期，由于缺乏社会经验，他们仍需要父母等人的照顾和指导。因此，家庭在子女基本生活技能教导上的作用是不可忽视，也是不可取代的一部分。

（二）家庭教育与子女社会规范的形成

子女的道德规范并不是在自然状态中形成的，而是个体在与社会环境不断地接触中萌生的。家庭作为子女接受教育的最初场所，父母对子女社会规范形成的过程起着极为重要的决定性作用，因为孩子最初都会以父母作为榜样，并在不断模仿和同化的过程中将其所看、所学的行为内化为自己的行为方式和道德准则。

（三）家庭教育与子女性格的形成

家庭教育是终身教育的一种形式，家庭成员的素质、志趣、行为模式、言谈举止等都会以一种潜移默化的方式有意或无意地影响孩子的成长，而孩子的个性特征、行为方式、兴趣爱好、道德品质等，在家庭生活中会很真实而自然地表现出来。作为家长，更能及时地关注和敏感地察觉孩子的表现和成长过程中的变化，并在孩子性格形成过程中给予相应且恰当的教导和指引，使孩子以后更好地适应社会环境。

（四）家庭教育与子女生活目标、理想、志趣的形成

随着社会的不断发展，社会竞争力的不断提高，父母对子女所倾注的希望也越来越大。家庭教育除了具有对于子女生活基本技能的教导、促进子女性格和社会规范形成等功能外，在家庭成员相互影响的过程中，父母总是会用自己丰富的生活经验，发展子女的兴趣爱好，帮助并鼓励子女建立积极的生活目标、远大的理想和志趣，为子女在以后的社会生活中正确地做出价值判断奠定基础。

二、从家庭教育与社会发展来看

（一）家庭教育与人才的培养

2012 年经济合作与发展组织发布《为 21 世纪培育教师提高学校领导力：来自世界的经验》的研究报告，该报告指出 21 世纪学生必须掌握以下四方面的核心技能。

（1）思维方式，即创造性、批判性思维、问题解决、决策和学习能力。

（2）工作方式，即沟通和合作能力。

（3）工作工具，即信息技术和信息处理能力。

（4）生活技能，即公民、变化的生活和职业，以及个人和社会责任。

其中，掌握无定式的复杂思维方式和工作方式最为重要，这些能力都是计算机无法轻易替代的。

人才是指具有一定专业知识或专门技能，进行创造性劳动，并对社会做出贡献的人，是人力资源中能力和素质较高的劳动者。21 世纪人才的培养与良好的家庭教育紧密相连，家庭教育是一切教育的基础，是孩子的第一个课堂。如何使孩子具备良好的沟通与合作能力、学习能力等核心技能都应从家庭教育着手，增强家长的教育意识，树立正确的家庭教育理念，使用科学的教育方法。因此，良好的家庭教育是人才培养的重要条件。

（二）家庭教育与社会文明的传递

家庭作为社会的一个基本单位，是传递和保护社会文化和信仰的重要场所。社会的和谐发展其实质是人的和谐发展，家庭教育作为家庭履行社会职责的主要载体，其变化和发展都与社会的发展有着密切的联系，在人的培养过程中有着不可取代的作用。随着我国关于家庭的法律法规不断健全，使妇女、儿童以及老人的权益得到了应有的保护，也为家庭的和谐、人的和谐发展提供了基本保障。社会的和谐发展有赖于家庭教育的职能得到了充分的发挥，因此，人们越来越清楚地认识到，家庭文明与社会文明之间的密切联系。

（三）家庭教育与人口素质的提高

人口文化素质是衡量人口素质最重要的标志之一，人口文化素质与社会经济发展之间存在着相辅相成的辩证关系，在人口文化素质较高的地区，经济与社会发展也较快，反之亦然。

同全国第 5 次全国人口普查相比，我国第 6 次全国人口普查显示：每 10 万人中具有大学文化程度的由 3,611 人上升为 8,930 人；具有高中文化程度的由 11,146 人上升为 14,032 人；具有初中文化程度的由 33,961 人上升为 38,788 人；具有小学文化程度的由 35,701 人下降为 26,779 人。内地 31 个省、自治区、直辖市和现役军人的人口中，文盲人口（15 岁及以上不识字的人）为 54,656,573 人，同 2000 年第 5 次全国人口普查相比，文盲人口减少 30,413,094 人，文盲率由 6.72% 下降为 4.08%，下降 2.64 个百分点。

尽管几十年来我国人口文化素质有了很大程度的提高，但是总的来看，我国人口文化素质仍然偏低且城乡之间存在着巨大差异，农村人口素质低下正成为制约农村社会和经济发展的主要因素。人口素质是人口在质的方面的规定性，又称人口质量。它包含思想素质、文化素质、身体素质等，通常称为"德、智、体"。我们每一个人都来自一个家庭，家庭是一个人接受教育最早的地方，因此人口素质的提高与家庭教育紧密相关。家庭教育的理念、教养方式等直接影响到孩子的素质，良好的家庭教育是提高人口素质的基础，因此，充分发挥家庭教育的作用，对于提高我国人口素质具有重要的意义和价值。

第四节　现代家庭教育的目的、任务和内容

一、家庭教育的目的

（一）家庭教育目的的含义和意义

1. 家庭教育目的的含义

教育目的是指社会对教育所要造就的社会个体的质量规格的总的设想和规定。人们的教育活动不是无意识的、盲目的，而是自觉的、有目的的。也就是说人们在进行教育活动之前，对于把受教育者培养成什么样的人，已经在观念上有了一定的预期结果。家庭教育活动同学校教育活动一样，也是一种教育实践活动，因此在进行家庭教育活动之前就有一定的目的。

家庭教育的目的就是通过家庭教育活动和家庭教育的全过程，把受教育者培养成什么样的人的设想和要求。父母之所以进行家庭教育活动，就是要引导孩子的身心发生预期的变化，形成他们的个性，使他们成为合乎社会需要的人。家庭教育的目的指导整个家庭教育的过程，而且直接影响其总体效果，决定着家庭教育的发展方向。虽然有时候家长对家庭教育目的性的意识可能没有学校教育那样明确，但是家长对于要把子女培养成什么样的人，使子女具有哪些品质和能力，他们的心里肯定都是有想法的。或许家长的教育目的有的正确，有的错误，有的清晰，有的模糊，但是教育的目的是真实存在的。

2. 家庭教育目的的意义

（1）家庭教育的目的与社会进步发展有密切关系，有利于提高全民族素质。是否有目的地进行家庭教育，关系到中华民族素质的提高，关系到社会的团结稳定和每个家庭的和谐，关系到父母们的幸福生活和子女们的快乐成长。家庭作为社会最基本的细胞，其命运与社会的发展是密切相连的。无论哪一个朝代的孩子，他所接触的第一所学校就是这个没有挂牌的"家庭学校"，这个"学校"的孩子没有毕业证，他们的成长是否合格要直接受社会的检验。

（2）家庭教育的目的密切关系家庭幸福，有助于美满家庭的建立。父母有目的地对子女进行教育，使孩子在德、智、体、美、劳等方面全面发展，是家庭幸福的重要内容。作为父母，要把自己的发展作为首要任务，只有自己树立了高尚的道德和生活目标，才能对自己的孩子有明确的、清晰的、合理的和科学的教育目的，进

而使孩子从父母身上得到正确的引导，所以家庭教育的目的性是提高家庭教育水平的重要条件，与家庭幸福关系密切。

（二）家庭教育目的的依据

家庭教育的目的是一种社会意识形态，它是社会政治、经济、文化制度的反映，也是统治阶级意志的体现。家庭教育的目的随着社会政治、经济、文化制度的变革而变革，如果家庭教育的目的与社会政治、经济相脱离，这种家庭教育很可能会失败。因此，家庭教育目的必须与当今社会的政治、经济、文化制度相适应，遵循孩子身心发展的规律。

1. 家庭教育的目的受到社会政治、经济制度的制约

家庭教育虽然是以家庭为单位，在家庭内部由父母对子女进行的教育实践活动，但其教育目的并不完全是由父母决定的，它首先以客观的社会政治、经济制度为前提，必须以社会对人的发展和教育的要求为依据。

社会政治、经济制度决定着家庭教育目的的性质。教育上要培养什么样的人，使受教育者具有什么思想品德和政治方向，以及为实现教育目的进行什么样的政治、道德和哲学的教育内容，是由社会的政治、经济制度决定的。奴隶制国家，奴隶主阶级家庭的子女教育，其目的是培养忠于统治阶级的英勇军人。我国封建社会家庭教育的目的与学校教育的目的是一致的，都是为培养封建社会需要的统治人才服务的，因此封建社会的许多家庭在实施家庭教育的过程中，长辈们常以"学而优则仕"的思想教育子女，以日后求官进爵的知识启蒙子女。并且，家庭教育围绕着"忠""孝"而进行，所以类似于"不孝有三，无后为大""养儿防老"等观念根深蒂固，家庭教育的目的就是生儿育女、传宗接代、光宗耀祖，这样的家庭教育目的恰好与当时社会自给自足、以农为主的经济制度是相适应的。在西欧的封建社会中，宗教神学统治了教育阵地。教会学校的目的在于培养僧侣，世俗封建主的教育目的是培养骑士。僧侣和骑士都是封建统治阶级所需要的人。在资本主义社会，资产阶级为了适应资本主义发展的需要，在不同的历史阶段提出过不同的教育目的，其家庭教育目的一方面把资产阶级的子女培养成官员、企业家等人才；另一方面把劳动人民的子女训练成替资本家创造财富的奴仆。这都是为阶级利益服务的。社会发展到今天，我国家庭教育的目的是根据社会政治经济的需要，以工人阶级和全国人民为对象，在品德、智力、体质等方面全面发展，成为有社会主义觉悟的有文化的劳动者。这个教育目的不仅体现了马克思主义关于人的全面发展的思想，还体现了我国家庭教育目的的社会主义性质和方向，指出了培养社会主义建设人才的基本要求。

2. 家庭教育的目的受到社会生产力和科学技术发展水平的制约

家庭教育的目的不仅受到社会政治、经济制度的制约，还要体现这个时代生产力和科学技术发展水平的特征。家长在教育过程中，希望子女具备哪些品质和能力，把他们培养成怎样的人，这取决于家长的意志，但是家长的这种意志，并不是家长头脑里固有的或主观臆造的，也不是凭空想象的，它是受到当时社会生产力和科学技术发展水平影响和制约的。

在封建社会，手工业生产为主要的生产方式，由于科学技术不发达，生产力水平不高，培养有文化的统治者和愚昧的劳动者，就是家庭教育目的性上的主要时代特征。到了以机器为标志的资本主义社会后，为了顺应社会化大机器生产的趋势，人们逐渐认识到掌握科学技术是现代化生产的需要，要想在社会竞争中取得胜利，必须有更开阔的眼界，所以家庭教育倾向于民主观念、平等观念的培养，注重让子女掌握科学文化技术知识，促使子女接受最基本的基础教育和职业技术教育，家庭教育目的转向为培养能适应现代社会生活和现代社会化大生产的合格公民。如今，社会已经进入科学技术高度发达的信息化时代，家长不仅要让子女掌握现代科学文化知识，促进其智力和能力的开发，还要培养孩子的创造力、竞争力和开拓性。家长帮助孩子懂得如何在社会中生活，培养他们独立生存的能力，敢于在逆境中奋进，勇于在竞争中发展。所以家庭教育的目的受到社会生产力和科学技术发展水平的制约。

3. 家庭教育的目的受到教育对象身心发展规律的制约

家庭教育的目的是直接作用于个体的，每个个体在不同的年龄阶段有着不同的心理特征和发展需求。如婴儿期(生命体从出生到3岁)是孩子动作发展的重要时期，也是形成安全依恋的关键期，这一时期的教育目的主要是动作能力和安全感的培养。幼儿期(3～6岁)是心理活动系统的奠基时期，是个性形成的最初阶段。幼儿在这一阶段会积极获取有关自身身体和社会性的知识与基本技能，表现出很多独特的发展任务和标志。童年期(7～12岁)、青春期(12～18岁)也有各自的发展特点和家庭教育的任务。后面的章节中将重点阐述不同年龄阶段儿童的身心发展提点及家庭教育的要点，此处不再赘述。

综上所述，家庭教育目的的确立，要符合不同年龄阶段孩子的发展特点。家庭教育的目的只有遵循个人的身心发展特点和个体差异，才能促进家庭成员和孩子个性的良好发展。如果家庭教育的目的不符合被教育者的身心发展规律，家庭教育的目的就无法实现。

4. 家庭教育的目的受到家庭因素的制约

家庭教育的目的不仅要受到社会的制约，还受到家庭内部诸多因素的影响，如家庭的根本利益、家长的经历和对社会生活的体验、家长的思想文化素质、职业和家庭所处的社会环境等。下面我们将结合案例对以上内容进行具体的阐述。

（1）家庭的根本利益。家庭教育的目的与家庭的根本利益有密切的联系。在原始社会末期，人们逐渐有了私有财产，为了有人继承，不至于让私有财产落入他人手中，家庭教育的目的就是让自己的子女继承自己的家产。在阶级社会，不同的家庭处于不同的阶级地位，不同阶级地位的家庭根本利益是不同的，所以家庭教育的目的也是不一样的。例如，中国封建社会的统治阶级家庭，要求子女准备科举考试，走入仕途，以便继续保持自己家族的统治地位。而处于劳动阶级的家庭，一般比较注重培养子女有谋生的劳动能力和吃苦耐劳、勤俭持家的品质。

当今我国社会虽然没有了剥削阶级的存在，但是不同的家庭的具体教育目的仍然是不同的。如有研究指出，很多农村家庭无论子女多少，都把考大学作为教育投资的主要动机。尤其是子女多的家庭比子女少的家庭更希望子女通过教育实现社会流动。还有工人、知识分子等家庭都有自己的教育目的。这些不同的家庭具体教育目的也不同，如有的希望子女学习一门技术，有的希望子女出国留学，有的希望子女当公务员等，这些都和家庭的根本利益是一致的，一是为子女早做打算，为子女的工作、生活条件考虑，二是为家庭荣誉、家长的晚年生活做安排，也就是"老有所养、光宗耀祖"。

（2）家长的经历和对社会生活的体验。家长作为子女的教育者和领路人，对于培养子女具有哪些品质和能力，常常与自己的经历、社会生活的体验和在社会实践中形成的人生哲学有直接关系，无论自己的人生道路是平坦还是坎坷，也不管自己的人生是成功的还是失败的，家长总是在不知不觉中把自己的人生经验或教训渗透在教育子女的活动中。所以，家长的经历和生活经验制约和影响着家庭教育的目的。

（3）家长的思想、文化素质。家长的思想、文化素质决定着家长对社会生活认识的深刻程度。思想、文化素质较高的家长对社会发展的规律和趋势认识得较为全面和深远，在教育子女时，往往能够顺应社会的发展趋势，能培养未来社会需要的人才。他们以自己所取得的成就为标准要求子女、衡量子女的发展水平。而思想、文化素质较低的家长对社会发展的规律和趋势认识比较浅，忽视了社会发展的前景，意识不到教育的超前性，家庭教育的目的会与社会的需求脱节，教育的盲目性较大。父母职业差别也是影响家庭教育目的的一个客观指标。不同的职业，往往使人养成不同的职业心理、职业习惯和职业道德，形成不同的价值观念，因为有这些不同的特点，会带来不同的家庭环境、学习条件、学习气氛等，也就会对孩子的身心发展产生不同影响，进而影响孩子拥有哪些能力和品质。

（4）家庭所处的社会环境。特定的社会环境会影响人们的价值观，让家长对人和事的判断和评价能力有所不同，所以家庭所处的社会环境对家庭教育目的有制约作用。

（三）我国家庭教育的目的

1. 家庭教育的总目的

我国家庭教育的总目的、总任务是：为国家和社会培养未来的人才。当今社会和现代化建设所需要的各种人才的基本要求是：热爱中国共产党领导下的社会主义祖国；懂得社会规范，追求社会目标，学会社会化的生活方式，会学习，会劳动，会生活；做一个有理想、有道德、有文化、有纪律的社会主义公民。

2. 家庭教育的具体目的

在家庭教育总目的的指导下，我国家庭教育的具体目的是教会子女如何做人，在家庭教育中充分发挥教育育人的功能，把子女教育成为有益于社会、有益于国家的人，让子女在为社会做贡献的基础上实现自我。

我国家庭教育目的具体要求表现在以下几方面。

（1）帮助子女适应社会和生活，培养孩子独立生活的能力，教育孩子正确处理个人与集体、个人与社会、个人与国家之间的关系。

（2）为子女创造良好的家庭生活环境和学习环境，开发孩子的智力和非智力因素，并注重两者的平衡，促进孩子身心健康发展。

（3）促进子女身心健康发展。在子女上学前，通过家庭教育保证他们的思想品德和身心健康发展，为接受学校教育奠定基础；子女进入小学后，家庭教育要密切配合学校教育和社会教育，让孩子在德、智、体、美、劳各方面得到全面发展；子女走入社会参加工作后，家庭教育的重点就要教育子女努力工作、艰苦奋斗，积极为社会服务，为社会做出贡献，做一名有益于社会、有益于他人、实现自我的人。

（4）使家庭成为终身受教育的场所。家庭教育要坚持为家庭每一位成员服务，不仅使孩子健康成长，还要让成人不断完善自我，不断学习和进步，更要让老年人老有所养、老有所依，正确面临死亡问题。家庭成员之间互相交流沟通，不断学习新知识，不断改进自己的思想，让所有人都能乐观地生活，让家庭成为终身受教育的场所。

二、家庭教育的任务和内容

一个人想要在社会中适应良好，需要掌握各种各样的技能和具备多方面的素质，而人的素质是通过各种教育培养形成的。无论是古代还是现代，人们都在追求人的和谐发展，追求德、智、体、美、劳和谐发展的教育。本书中将从家庭德育、家庭智育、家庭体育、家庭美育和家庭劳动教育五个方面详细阐述家庭教育的任务和内容。

（一）家庭德育的任务和内容

家庭德育是教育者按照一定社会或阶级的要求，有目的、有计划、系统地对受教育者施加思想、政治和道德的影响，通过受教育者积极地认识、体验和身体力行，以形成他们的品德和自我修养能力的教育活动。德育是家庭教育的重要组成部分，对孩子的全面发展有着重要的意义。家庭德育是指父母对子女进行品德示范教育，是塑造儿童灵魂的重要环节。家庭德育在儿童的品德发展中起着奠基的作用，父母要重视奠定子女良好品德的基础，家庭教育还是学校、社会德育教育的基础，如果没有家庭德育的支持、配合和强化，学校德育和社会德育就难以取得良好的教育效果。因此，家庭德育是家庭教育首先需要完成的任务。

目前，我国家庭德育的主要任务有以下几个方面。

1. 培养道德情感和集体主义及助人为乐的精神

培养子女热爱党、热爱祖国、热爱人民的道德情感和集体主义、助人为乐的精神。要从子女身边的小事出发，从关心自己的父母、兄弟、朋友，扩展到热爱和关心老师、学校、家乡，逐渐到对党、对祖国、对人民产生热爱和关心之情。从小培养子女热爱集体，把祖国的利益放在首要位置，报效祖国是自己义不容辞而又神圣的义务。

2. 养成良好的道德品质和行为习惯

这是我国家庭教育的优良传统，也是如今家庭德育任务的重点。父母要为子女做好榜样，在言行中教育子女遵守公民道德、职业道德和家庭美德，培养子女爱国守法、明礼诚信、团结友善、勤俭自强、敬业奉献的道德品质和行为习惯，同时也要培养子女善于分辨和抵制不良道德品质和行为习惯，提高子女的道德行为的自我控制和自我完善能力。

3. 培养子女养成热爱劳动的习惯

家庭德育中要树立劳动光荣的思想，在日常生活中父母以身作则，尊重劳动者，爱惜他人的劳动成果；适当地让子女参与到家庭劳动中，培养他们的自理能力，鼓励子女参与学校的公益劳动，做好值日生工作。

要有意识地使孩子学会一些自我服务性的活动，增强他们的社会适应能力。为了实现这些任务，家长必须依据社会对孩子思想品德方面的要求和孩子的年龄特点来选择恰当的教育内容。

学龄前儿童家庭德育的主要内容是培养其道德启蒙和行为习惯。主要内容有：尊敬师长、团结友爱、助人为乐、文明礼貌、讲究卫生、不打架、不骂人、诚实勇敢、知错能改等。进入小学后，儿童家庭德育在学龄前的基础上进一步扩展、充实和丰富。在小学阶段，孩子的生活发生了两种较大的变化：由以游戏为主转入以学习为主；家庭生活时间减少，集体生活时间增加。针对小学生的年龄特征和生活学习的变化，应该主要进行明确学习目的、热爱集体、关心集体、爱护集体荣誉、遵守纪律、尊重社会公德、热爱社会主义、热爱共产党、热爱祖国、热爱人民、热爱劳动、尊敬老师、尊重同学等方面的教育。

进入中学后，孩子的思想进一步成熟，活动范围扩大，理解能力提高，有了一定的是非观，世界观也开始形成。但是，此年龄阶段的孩子正处于青春期，他们身心发展迅速，思想动荡性较大，一方面认为自己是大人，另一方面他们的心理发展却无法跟上身体发展的速度，想法不成熟，处于人生路途中的"十字路口"。因此，思想品德教育应该成为此年龄阶段孩子家庭教育的主要任务。针对中学生的年龄特征和思想状况，应该进行热爱党、热爱社会主义、热爱祖国、共产主义理想和人生观、遵纪守法、艰苦奋斗、吃苦耐劳等方面的教育。

（二）家庭智育的任务和内容

家庭刚刚出现时，以传授知识为重要职责的学校还没有出现，智育的主要责任就需要家庭来承担，故而智育是家庭教育的重要任务之一。在当前社会，由于学校教育的发达，儿童家庭智育主要指儿童早期智力开发和社会生活技能的传授，在儿童入学后，家庭智育则更多地起到辅助学校教育的作用。家庭智育的任务与学校教育不同，具体表现在以下几方面。

（1）传授有关自然、社会的基本知识，并积极引导子女将知识发展成技能技巧。一方面，家长要对子女传授有关自然、社会的基本知识，并引导他们将知识发展成为技能技巧，应用于生活中；另一方面，家长要善于接受新的知识和技能，跟上科技发展的需要，以便教给子女符合时代发展的知识。

（2）开发子女的智力。在日常生活中，注重开发子女的智力，培养孩子的观察力、注意力、思维能力和想象力，这对孩子以后的学习和生活起着重要的作用；同时，还要培养孩子操作能力和独立的生活与工作能力。

（3）培养子女的非智力因素。非智力因素包括需要、兴趣、动机、情感、意志和性格等个性心理品质。主要是培养学生的意志力、道德修养、克服困难的勇气和能力及自信、自立、自强的良好心理素质等。在家庭教育过程中，非智力因素的培养和智力因素的培养同等重要，注重培养孩子的综合素质，如重视孩子的兴趣爱好、情绪的愉悦程度、对事业的热爱、受挫性和意志力、艰苦勤奋的精神、宽广的胸襟、活泼的性格、自尊心和自信心、远大的目标和理想等方面的培养，这些非智力因素的发展反过来也会促进智力的发展。充分发掘孩子的非智力因素，学会期待，学会欣赏他们潜在的价值。

（4）培养孩子的探索精神，养成实事求是和严谨科学的学习习惯。对孩子进行学习习惯的培养十分重要，无论是掌握知识技能还是发展认识能力，都是靠拥有良好的学习习惯，通过自己积极的活动来实现的。让孩子认识到自己是活动和学习的主体，学会如何学习，用实事求是和严谨科学的态度来对待学习，养成对文化的热爱、追求和探索的精神，真正成为学习的主人。

家庭智育的内容也同家庭德育一样，根据孩子不同的年龄阶段其内容有所不同。

学龄前儿童的家庭智育主要内容是：发展儿童各种感觉器官的能力，如视觉能力(颜色辨别和视觉敏锐度)、听觉能力和口语表达能力等；让孩子多接触社会和大自然，开阔视野，丰富孩子的感性认识，积累大量的感性材料，为孩子以后的学习奠定基础；在日常活动和游戏中，有意识地引导和培养孩子的观察力、注意力、记忆力、想象力和创造力；通过儿童喜欢的方式(如看图画、唱儿歌、听故事等)培养他们的学习兴趣和对今后学习生活的向往；在孩子快到入学的年龄时，引导孩子做好入学的思想准备和行为习惯的准备。

在孩子进入学校后，家庭智育的内容逐渐要退到辅助学校教育的位置，并且家庭智育的内容也发生了相应的变化，主要是帮助孩子明确学习目的，调动孩子的学习积极性和主动性，培养良好的学习习惯和学习能力，改进学习方法；鼓励孩子独立思考、勇于克服学习中的困难；为孩子营造良好的学习环境和学习条件；对学习有困难的孩子进行适当的辅导和帮助，用耐心和爱心包容孩子，等待孩子的成长；支持孩子参加课外兴趣活动，以便开阔孩子的知识领域。

在进行家庭智育过程中，家长一定要注意运用科学的方法，方法要因人而异，从孩子的实际和心理发展规律出发，不可强制性开发或"掠夺性开发"，以免挫伤孩子学习的兴趣和积极性，或对孩子的身心造成伤害。

（三）家庭体育的任务和内容

约翰·洛克在《教育漫话》一书中指出："健康的精神寓于健全的身体。"可见，强健的身体是实施德育、智育、美育和劳动教育的先决条件。家庭体育的主要任务是：保证子女身体的正常发育和各器官技能的充分发展；培养子女科学的体育锻炼方法和自觉锻炼身体的习惯；寓美育于体育中，发展子女健美的体格和优美的姿势；根据儿童身体发育特点和周围环境特点，开展各项体育活动，促进子女的身体健康。

根据家庭体育的任务，家庭体育教育的主要内容有以下几点：

（1）良好的遗传素质是孩子健康体魄的前提。

（2）孩子出生后，根据家庭经济情况和孩子生理上的需要，加强孩子的物质营养，科学合理地安排孩子的饮食结构。

（3）培养良好的饮食习惯，在孩子小时候让其用口腔多接触各种各样的刺激，养成不厌食、不挑食、不偏食的习惯，不暴饮暴食，饮食定时定量。

（4）培养良好的生活习惯，生活起居有规律，早睡早起，中午休息，注意劳逸结合，避免过分疲劳。

（5）保证孩子的安全，防止或避免发生意外伤害事故。排除可能伤害孩子身体的隐患，教给孩子自我保护的方法。

（6）鼓励孩子积极参与户外活动。

（7）教育孩子讲究卫生，加强疾病的预防，生病时要及时治疗。

在家庭体育教育中，家长不能只关注孩子的物质营养，还要注意孩子良好生活习惯的培养和合理的体育锻炼，这样孩子才能均衡发展。

（四）家庭美育的任务和内容

美育是运用艺术美、自然美和社会生活美来培养受教育者正确的审美观点和感受美、鉴赏美、创造美的能力的教育。家庭美育是以家庭为中心进行的审美教育，要求家长以艺术美、自然美和社会美为内容，借助形象化感染的手段，丰富孩子的精神世界，陶冶孩子的道德情操，充实孩子的个性特点，净化孩子的心灵，让孩子的行为高雅优美，促进孩子的全面发展。

家庭美育的主要任务有：

（1）培养孩子的审美感受能力。审美感受能力是孩子进行审美活动的出发点，因此，家长要从小培养孩子对美的感受能力。首先，要培养孩子对审美对象外在形象的感知能力，比如感受美丽的山水、花鸟和自然景色；其次，在感受外在形式的基础上，引导孩子领悟审美对象内在情感表现和象征的意义，如社会生活中公而忘私、舍己救人的模范人物，寻找他们身上的美。

（2）培养孩子鉴赏美的能力。美的鉴赏是指对优美事物的鉴别和评价，不仅要求能识别事物的美丑，更要能鉴别美的种类和美的程度并加以评定。在家庭美育中，要利用欣赏文学名著、电影、电视、戏剧、音乐、美术作品、舞蹈等多种渠道和活动来形成正确的审美观点和审美标准，培养和提高孩子鉴赏美的能力。

（3）培养孩子健康的审美情趣。审美情趣是指审美主体理解、评价自然界和社会生活中各种事物和现象的能力。审美主体在社会实践过程中通过对美与丑、喜与悲的看法来对现实的、多种多样的审美对象所具有的审美价值进行评价和选择。家庭美育应该将健康的审美情趣的培养作为重要的内容，在日常生活中，要注重艺术教育，引导孩子对诸如造型艺术、声乐艺术、文学艺术、表演艺术等多姿多彩的美进行鉴赏，影响和改造孩子的灵魂；家长要引导孩子选择性地欣赏和接受美，促进健康审美情趣的养成；要针对孩子对事物有强烈的好奇心和求知欲的特点，不间断地教育孩子分辨美，使他们充分理解生活、自然界和艺术的美。

(4) 培养孩子表达美、创造美的能力。表达美的能力包括仪表美、语言美、行为美等。创造美的能力是指在感受美的基础上，通过自己的实践活动，按照美的规律，创造出美的事物的能力。家长要有意识地组织各种审美活动、艺术创造活动，让孩子参与其中，激发孩子创造美的兴趣。

根据家庭美育的任务，家庭美育的内容主要有：首先，指导孩子欣赏音乐、美术、舞蹈、文学等文艺作品的美；其次，布置优雅的家庭生活环境，陶冶孩子的情操；第三，孩子的穿着打扮朴素、大方、简洁，不给孩子穿奇装异服；第四，让孩子参加音乐、美术、舞蹈、文学创作等实践活动；最后，带着孩子接触大自然，欣赏大自然。

（五）家庭劳动教育的任务和内容

家庭劳动教育的主要任务有以下六点：

（1）教孩子一些从事生活实践和社会实践的最基础的知识和技能，让子女具有基本的生存能力和必要的动手能力。

（2）在选择活动时，要让孩子手脑并用、体脑结合，使孩子左脑的逻辑思维和右脑的形象思维同时得到发展，以便于让他们充分地表现自己潜在的天赋和创造才能。

（3）家长鼓励、安排或与孩子一起参加力所能及的家务劳动和社会公益劳动，在劳动实践中逐渐让孩子体会到劳动是他们精神生活中不可缺少的部分。

（4）在劳动实践中培养孩子正确的劳动观念，热爱劳动、尊重劳动人民、爱惜劳动成果，养成孩子艰苦朴素、勤俭节约的良好品质，敢于与困难做斗争的勇气和意志。

（5）培养孩子从事家庭劳动的义务感和责任感。

（6）要及时对孩子的劳动成果进行正确的评价，以提高孩子对劳动的兴趣和热情。在家庭劳动教育中，渗透"劳动光荣"的思想，切记不可以劳动进行对孩子作为惩罚的手段。同时，要考虑到孩子的年龄特点和实际能力，让其做力所能及的劳动，并且家长要加强劳动过程中的保护措施，避免伤害孩子的身体。

总体来说，家庭承担着多方面的教育任务，家庭教育的内容是丰富多彩的。家庭教育是孩子走向社会，由"自然人"变成"社会人"的必经之路，家长要以家庭为课堂，根据家庭和孩子的具体特点，结合家庭教育的理论知识，进行全面的教育。同时，注重与学校教育、社会教育相配合，为向社会输送合格的公民而发挥应有的作用。

/ 第二章 /
我国家庭教育的演进与新形势

第一节　我国家庭教育的起源与历史发展

中华文明源远流长，中国教育文化博大精深。在中华文明中，不乏优秀的家庭教育的思想和传统。这些丰厚的历史资源是中国人教育智慧的结晶，值得我们去创造性地加以继承。

一、我国古代家庭教育的目的

我国具有重视家庭教育的传统，这与我国传统文化深受儒家思想的影响有密切关系。《大学》有云："物有本末，事有终始。知所先后，则近道矣。"这里蕴含了儒家思想关于个人、家庭、国家三者关系的认识。"古之欲明明德于天下者，先治其国。欲治其国者，先齐其家。家齐而后国治。"一个人只有通过齐家，才能提高教育和管理的能力，进而妥善处理与社会其他人员的关系，具备治国、平天下的能力。"其家不可教，而能教人者，无之。"连家庭成员都不能教育管理好的人是不可能处理协调好与社会其他人员的关系的。那么，如何能齐家教子呢？《大学》进而指出"欲齐其家者，先修其身"，"身不修，不可以齐其家"。因而"修身"乃物之本、事之始。儒家还认为人的道德素质首先是在家庭中形成的，正如《论语》中所说："其为人也孝悌，而好犯上者，鲜矣；不好犯上，而好作乱者，未之有也。"一个人只有在家庭中受到正确的教育，养成良好的素质，才能成为社会的好成员。儒家关于"天下国家""家国一体"的伦理思想确立了家庭教育与国家、社会的关系，凸显了家庭教育在"修身、齐家、治国、平天下"中的重要作用，奠定了我国历代重视家庭教育的理论根基。

在我国，家庭教育萌芽于约五千年前一夫一妻制个体婚姻家庭产生之时。纵览五千年的家庭教育史，我们可以发现传统家庭教育的发展延伸有三条脉络，即帝王家教、士大夫家教（包括上层官僚）及明清以后所倡导的平民家庭教育。我国传统家庭教育的目的在于达成"修身""齐家""治国""平天下"逐层递进的境界，只是在不同社会阶层，侧重有所不同。在帝王之家，自西周"嫡长子继承制"取代商朝"兄终弟及"的传位制度后，"天下之命悬于太子"。统治者从巩固王权的角度出发，高度重视包括家庭教育在内的嫡长子教育，家庭教育成为培养统治者的重要环节。如武王铭文以授子孙为政之方、"周公吐哺，天下归心"；唐太宗"遇事必诲"，并著《帝范》以教子；康熙帝亲自教子，"即一字一画无不躬亲详示、勤加训诲"。在官僚、士大夫之家，家庭教育尤其受到重视。孔子对孔鲤"不学诗，无以言；不学礼，无以立"的庭训，奠定了士大夫阶层"诗书传家""以礼治家"的传统。士大夫阶层家庭教育的主要目的是促进子弟的健康成长，维护家庭和谐、家族稳定以及"学而优则仕"。诸葛亮诫子"淡泊明志，宁静致远""静以修身，俭以养德"。颜之推教子"知足守谦"，治家"俭而不吝"，并要子弟"薄技在身"。郑板桥对子女施行"忠厚之教"，告诫"读书中举中进士做官，此是小事，第一要明理做个好人"。士大夫多主张半耕半读的生活方式，故而"进可以应科举以出仕，光耀门庭，退可以力田以为生，抚保妻子"。明代中后期，随着商品经济的发展，市民阶层兴起，家教理论也逐渐由统治阶层向平民百姓普及。统治者认识到通过百姓家教可以敦风厉俗，促进人的素质提高并维持社会稳定。如明太祖朱元璋的"教民大谕""教训子孙，各按生理，毋作非为"。清代康熙、雍正皇帝的《圣谕广训》，"训子弟以禁非为""服教安化"。官僚士大夫也积极倡导家教以敦促风化。最有影响力的当属朱用纯的《朱子治家格言》，囊括了传统治家理财及为人处世的全部准则。

概而言之，在我国古代家庭教育中，不同社会阶层有着不同的教育目的：历代帝王家教重在培养统治者，官僚士大夫家教以"修齐治平"为目标，倡导平民家教则为了敦风化俗，使百姓守分安命。

二、我国家庭教育发展的历史

马克思主义认为，社会形态形成和发展的过程，决定于社会生产发展的过程。物质资料的生产方式，是决定社会结构和促进社会发展的主要因素。不同的社会具有不同的生产方式，决定了不同社会的性质和面貌。家庭作为社会的细胞，是随着社会的发展变化而发展变化的，社会的性质往往决定家庭的形态。正如恩格斯在《家庭、私有制和国家的起源》中援引摩尔根所说的："家庭是一个能动的要素，它从来不是静止不动的，而是随着社会从较低阶段向较高阶段的发展，从较低的形式进到较高的形式。"家庭教育作为家庭的一个重要功能，必然与这种发展变化紧密相连，并在一定社会的家庭形态中表现出不同的特征。

（一）原始社会：家庭教育的源头

原始社会是人类从动物界分离出来后的第一个社会形态，其主要特征表现为生产力水平很低，没有剩余产品，人们只能维持最低限度的生活，生产资料是原始公社的公有制。适应原始人类群居和低级物质生活条件下的婚姻制度，是自然的、朴素的原始群婚制度。在共同生产、共同分配的原始共产制的经济基础上和劳动社会化、生活集体化的条件下，由群婚制所形成的家庭经济公社和氏族公社，是适应共产制的经济、生产、生活各个方面的社会基层组织。没有个体经济的出现，自然也就没有个体家庭的产生。也可以说，在原始社会，家庭即社会，社会即家庭。社会成员属于氏族公社大家庭公有，儿童由公社施行公养公育。氏族公社是人的终身学校，全氏族的子女都是长辈的共同学生，全氏族的长辈也都是全体子女的共同老师。这种教育最大的特点表现为：一是教育的社会性；二是施以这种教育的老师和学生是终身性的、彻底的，不存在后来的入学和走向社会的问题。

原始社会氏族公社大家庭的教育内容和方法都很简单。原始社会初期，年长一代是在生产劳动的过程中向儿童传授渔猎、采集野果、农耕、畜牧等方面的经验和技术，进行勇敢、团结、互助和社会习惯等方面的教育。比如，原始人通过生产劳动学会了人工取火的方法，即"燧人氏钻木取火"，以及到了农耕时"神农氏教民稼穑"，乃至"有巢氏教民构木为巢""嫘祖发明养蚕、教民纺织"等。其中的"教民"都是家庭教育的具体内容，可见原始社会的教育主要是为生产服务的。到了原始社会后期，由于部落之间经常发生冲突，产生了军事教育的萌芽，年长一代开始向年轻一代传授有关战争的经验和技术。

在原始社会氏族大家庭中，任何人都享有平等的受教育的权利，教育是原始公社成员共同的义务。这种大家庭的教育，为社会的发展和进步起到了重要的推动作用。

（二）奴隶社会的家庭教育

随着社会生产力的发展，一夫一妻制的家庭出现了，私有制代替了原始社会的公有制，国家作为统治的工具随之产生。剥削与被剥削两大对立阶级的形成，使家庭教育也打上了阶级的烙印。

在奴隶社会，生产关系的基础是奴隶主占有生产资料和奴隶。奴隶社会的居民分为两部分：一部分是自由民及奴隶主，享有一切权利；另一部分是奴隶，毫无人身权利。奴隶主的家庭是奴隶社会结构的基本经济单位,在家庭内组织农业、畜牧、加工作坊等经济生产和家庭成员的消费生活。奴隶主是家长,掌管生产、消费生活的一切权力,家庭成员和奴隶都要听从家长的支配。

奴隶社会已经有了学校,但学校教育很不发达。在奴隶主家庭中,有众多的妻妾子女,还有作为终身附属品的奴隶。家中设有保、傅(即家庭教师)教育子女,形成贵族专有的家庭教育。其教育子女的目的,是培养能够镇压奴隶的统治人才。教育内容是让子女学会奴隶社会的生活方式和社会秩序,区别贵贱尊卑等。在夏、商、周代,有所谓"礼、乐、射、御、书、数"的六艺教育,即传授奴隶主阶级的政治思想、体育训练、生产生活的基本知识、识字教育、数学教育等,家庭教育为奴隶主阶级的政治、经济、思想、文化服务,目的十分明确。

在这个时期,家庭教育在奴隶主家庭中才比较受重视。奴隶主也对家庭中的奴隶进行教育,但这是为了使奴隶成为熟练的劳动者和勇士,以维护奴隶主自身的利益,为奴隶主阶级服务。有的奴隶也有孩子,但没有人身自由,只能学做奴隶。奴隶社会还有平民和手工业者阶层,他们的子女没有到学校受教育的权利,接受的完全是家庭教育,各自在家庭中由家长传授一些必不可少的生产和生活知识。总之,奴隶社会的家庭教育,不仅有为生产服务的职能,更重要的是成为奴隶主阶级统治的工具。

(三)封建社会的家庭教育

随着奴隶社会的瓦解,出现了封建社会。封建社会是以封建统治阶级为代表的封建家族社会,地主占有大量的土地和其他生产资料,残酷地剥削和压迫无地和少地的农民。家庭是封建社会的主要组织形式,是比较稳定和封闭的经济单位、生产单位和生活单位。尽管社会教育得到了一定程度的发展,但封建统治阶级为了巩固自己的统治地位,尤为重视家庭教育,把家庭教育作为强权政治的工具。而且,封建的法制制度也需要封建家庭教育来为其服务。在封建社会,一荣俱荣,一损俱损,一个人的命运决定着全家人的命运。在这种情况下,家庭教育在社会上的地位就格外突出。

《大学》中"修身齐家治国平天下"的格言,把"齐家"放在"治国"之前,把"修身""齐家"作为"治国""平天下"的根本,而家庭教育则是"齐家"的重要内容。在封建社会的早期,是沿用奴隶社会的世卿世禄制度,官职爵位是世袭的。封建大家庭为了保证世袭,教育出能够世袭的子孙也是个大问题。从汉代起,开始举孝廉秀才,选拔官吏的范围扩大了,但孝廉首先表现在对父母的孝,是家庭教育的一种结果。秀才也主要是家庭或家庭学校培养出来的知识分子。封建统治阶级在家庭教育中灌输"宗法观念""伦理纲常""男尊女卑"等思想,教育的目的是传宗接代、光宗耀祖。

在封建社会，为生产服务也是家庭教育职能的重要方面。中国 2000 多年来世世代代的农民，主要是靠家庭教育培养出来的。在汉代，家庭识字教育的内容就结合了生产、生活实际。在唐代，学校打破了经学独霸的局面，设有书学、算学、律学等，丰富、发展了家庭教育的内容。宋、明以来，蒙馆、家塾发达，编订了多种家庭教育的教材。流传多年的《三字经》《千字文》等，都与生产、生活实际紧密相连。

到了半封建半殖民地社会，帝国主义列强入侵中国，在"中学为体，西学为用"思想的影响下，设立了"初等小学堂""蒙养学堂"等初等教育场所；同时，还设立了"蒙馆""家塾""私塾"等，成为社会中下层辅助家庭教育、培养人才的地方；有些家庭聘请家庭教师对子女进行专门教育，这种形态的家庭教育延续了近百年。

我国封建社会经历了 2000 多年，当时的一些思想家、教育家、文人、学士对家庭教育有过不少的论著。封建社会家庭教育的广泛性、深刻性，是其他任何社会都无法比拟的。封建家庭作为培养人才的重要场所，其教育功能发挥充分并达到了顶峰。

（四）社会主义社会的家庭教育

社会主义社会是以公有制为主要特征的社会，大部分生产资料为全民和集体所有。在我国现阶段，除个体劳动者和农村承包制以外，家庭的生产职能在很大程度上被减弱了。随着科学技术和社会化商品生产的发展，需要各类具有专门知识和劳动技能的劳动者。依靠家庭教育代代相传的劳动技能，已远远不能满足社会生产力发展的客观需求，学校教育得到迅速的普及和发展。国家以社会教育的方式教育全体成员，其内容更加丰富，场所更为广泛。与之相联系，家庭教育中传授生产技能和传播系统的文化知识等方面的职能大为减少。但是家庭仍然是独立的消费单位，子女仍需要家庭教育。子女入学前，大部分是在家庭中受教育；入学后，仍然生活在家庭中，需要家庭教育与学校教育有机地结合，对孩子施以教育；子女在走上社会到独立成家之后，也仍然保持与父母的联系，受父母的影响，得到父母的帮助。所以，社会主义社会的家庭教育功能仍然十分重要。

社会主义社会的家庭教育有其鲜明的特点：其一，在社会主义社会，子女既是父母的，又是国家的。教育子女不仅是为了个人幸福、家庭幸福，更重要的是为了培养合格的社会主义建设者，促进社会进步和国家富强。家庭教育与学校教育、社会教育的目标是完全一致的。其二，社会主义社会的家庭教育是综合教育，是通过各种途径对孩子进行德育、智育、体育、美育、劳动教育等全面发展的教育，把孩子培养成为有理想、有道德、有文化、有纪律的社会主义新人。就其内容来说，是广泛的、全面的。其三，社会主义的家庭教育是家庭中的教育者和受教育者建立在平等关系基础上的教育。父母作为主要的教育者，有培养教育子女、对未成年人施加影响的权利和义务。同时，年轻一代也是独立的个体，不是父辈的附庸，其接受教育的过程是一个积极的、能动的发展过程，并在一定程度上对父辈产生影响。其四，社会主义的家庭教育是人生接受教育的起点，是学校教育和社会教育的基础。随着社会建设事业对人才需求的加剧，家庭教育越来越受到国家和社会的普遍重视。

长期以来，家庭的教育功能处在自发的状态，随着社会的进步，它日益显得重要并形成一种自觉加强的趋势。家庭教育源远流长、历史悠久，早已成为社会文明传承与发展的重要组成部分。家庭教育作为家庭的重要功能之一，其变化不仅取决于家庭的因素，而且受到社会经济、文化、科学技术的发展进步等各方面因素的制约和影响，是社会与家庭各种因素综合作用的结果。美国社会学家阿尔温·托夫勒在《第三次浪潮》一书中对家庭的未来与未来的家庭做了预测。他认为，在第三次浪潮的社会中，孩子的成长过程和以往不同，所形成的人格与以往相比自然也有差异。托夫勒相信家庭会在第三次浪潮文明中担当一个重要的角色。在其教育功能方面，家庭应该负起更大的教育责任。愿意在自己家里教育孩子的父母，学校应该支持他们，不要把他们视为怪物和违法之徒。而且家长比学校应该有更大的影响力。他断言，未来的社会是一个以家庭为主的社会。正如托夫勒所预测的，近年来，在美国、日本等发达国家，由于一些家庭对学校教育的不满，由父母尤其是母亲充当孩子家庭教师的情况在不断地增加。这就在很大程度上强化了家庭的教育功能。

三、我国近现代优秀家庭教育思想资源

（一）我国家庭教育的近现代转型

我国自古便是一个重视家庭教育的国家，这从历朝历代流传下来的数目可观的家书、家诫、家训、家教诗文以及家规中可窥一斑。家庭教育目的和作用尽管在不同社会阶层中存在不同的价值取向，但总的来说都是以促进子弟修身养性、立德成人为根本的，在家教内容和家教方法、原则方面有着许多科学的见解和宝贵的经验。然而，由于"家国同构"的政治模式和《大学》中奠定的政治教育逻辑，我国传统的家庭教育十分强调其对家庭、家族、民族、国家等整体利益的维护，注重在国家和社会发展中的重大作用的发挥。秦汉以后"表儒里法"的统治政策对家庭教育也产生了深远的影响。因而所谓德育，是指维护统治者利益的封建纲常伦理道德的灌输，而"蒙以养正"之"正"，也是为服务于历朝历代统治者利益的理想人格的模式设计。我国传统家庭教育所具有的厚重的政治教育色彩，致使我国传统家庭教育带上了鲜明的外显特征。传统家庭教育的专制性对人性的压抑和扭曲是严重的，对人的发展

和社会进步有很大的阻碍作用。

　　近代中国，由于西方国家的入侵，中国沦为了一个半殖民地半封建社会。因此，社会发展的核心问题是如何挽救民族危机、寻求民族独立。为了寻求中国近代社会的出路，先进知识分子掀起了一次又一次向西方学习的热潮。从魏源首先提出"师夷长技以制夷"的思想到洋务运动、维新变法再到辛亥革命、"五四"新文化运动，在这一过程中，中国传统社会结构开始逐渐瓦解，传统的教育制度和教育观念也逐渐崩溃，新的教育观念和新式学堂迅速崛起。家庭教育作为教育的一个组成部分，与近代社会的变革相一致，也开始了转折和变革的历程。纵观近代家庭教育的百年历程，近代家庭教育的转型和近代社会向西方学习的轨迹是相一致的。从家庭教育的内容上看，经历了从以传统内容为主的家庭教育到将西语、西技和西艺引入家庭教育内容中的转变，如曾国藩在家庭教育中曾主张儿子曾纪泽和曾纪鸿学洋务西语和西技，后来曾纪泽成为清末爱国外交家，曾纪鸿则精通算学，说明西学对他们的影响很大。此外，如李鸿章、张之洞、彭玉麟、吴汝伦等，他们都主张孩子应该兼学中西。而到维新运动时期，家庭教育中更是全面引进西方的思想文化和价值观念，如竞争观念、卫生观念、全面发展的观念和民主平等的思想。特别是在辛亥革命以后，蔡元培提出了培养"共和国健全人格"的目标，资产阶级民主、自由、平等的观念也深入人心，传统的儿童观、子女观又受到更为深刻的批判。在这场新旧文化的论争中，鲁迅先生一针见血地指出了传统家庭教育的弊端，即"所有的小孩，只是他父母福气的材料，并非将来'人'的萌芽"，这种"材料"的地位，也就决定了儿童的地位。正如有些学者指出的："中国人首先在家庭中就没争到过'人'的地位，他的奴性首先是在家庭中养成的，他是家长的奴隶。"正因如此，鲁迅大声呼吁"救救孩子"，要求父母对子女"应该健全地产生，尽力地教育，完全地解放"，要求改革家庭教育。鲁迅批评中国中流家庭教育子女的两种方式，一是"任其跋扈，一点也不管"，二是"终日给以冷落或呵斥，甚而至于扑打"。他认为这两种家庭教育方法都是错误的，同时他提出对儿童必须尊重、热爱、理解。经过"五四"新文化运动之后，一种符合时代精神的民主、平等的儿童观和子女观已在先进知识分子的思想中占据主导地位。尊重儿童的独立性、自主性，建立一种民主、平等的亲子关系已经成为"五四"时期儿童观、子女观的基本价值取向，在此以后的几十年中，家庭教育就是在这种观念指导下发展的。到辛亥革命尤其是"五四"新文化运动以后，家庭教育开始引进西方的教育理论和儿童心理学成果，从而把家庭教育建立在近代教育科学理论的基础上。1922 年由美国格尔夫人撰写、封熙卿翻译的《家庭性教育实施法》由商务印书馆出版发行。该书是最早引进国外性教育方法的家庭教育著作。

陈鹤琴以西方儿童心理学为基础，以自己的儿子陈一鸣作为研究对象，通过对其长达 808 天的连续观察和文字摄影记录，提出了一系列家庭教育的原则。1925 年，陈鹤琴《家庭教育——怎样教小孩》一书问世，此书一版再版，可见经得起时间和历史的考验。这些建立在对儿童心理和儿童教育规律深刻把握基础上的家庭教育原则，成为我国家庭教育原则由经验型转为科学型的重要标志。随着向西方学习的不断深入，西方国家的议会制度、法律制度也传入中国，直接推动了家庭教育制度的建立。1903 年，由张百熙、张之洞、荣庆拟定的《奏定学堂章程》中，有《奏定蒙养院章程及家庭教育法章程》，规定设立蒙养院，招收 3~7 岁的儿童，并提出"蒙养家教合一之宗旨，在于以蒙养院辅助家庭教育，以家庭教育包括女学"。尽管这一章程带有浓厚的封建气息，但毕竟是中国家庭教育立法之始，也是近代家庭教育学习西方的新成果。正因如此，法制化成为近代家庭教育的重要特征之一。

当然，我们也可以看到近代地主阶级改良派及先进知识分子在重视学习西方的同时，从未放弃对我国传统家庭教育精华的继承和发扬。道德教育作为我国家庭教育的优良传统，不仅没有削弱，反而始终受到重视。这表现在近代中国，一代又一代的民族英雄和民主革命战士，通过家训和其他形式，教育自己的子女、家人，发扬爱国主义精神，为救国救民而奋斗，从而构成了近代家庭教育的时代精神。他们既继承了古代爱国主义传统，同时又结合近代社会进行了发展，使家庭教育自始至终都内含着反帝反封建的要求，鼓舞着一代又一代人为争取民族独立和民族解放而奋斗。林则徐曾说："苟利国家生死以，岂因祸福避趋之"（《赵戍登程口占示家人》）。林纾说："汝能心心爱国，心心爱民，即属行孝于我"（《畏庐文集》）。林觉民在就义前曾教诲妻子陈意映"以天下人为念"，"为天下人谋永福"（《与妻书》）。近代家庭教育把古代的爱国主义精神发展到一个新的水平。张岱年曾经指出："以国家统一为乐，以江山分裂为忧，是中华民族天经地义的政治价值取向。这种大一统观念，逐渐转化为民族文化深层社会心理结构，成为中华民族的政治思维定式，有力地推动了中华民族的整体发展和社会文化的进步。"事实上，这种政治价值取向在某种意义上也成为近代家庭教育的价值取向，使家庭教育在近代反帝反封建的斗争中发挥着重要作用。

我国家庭教育的近代转型是在社会结构近代转型不断深入的情况下逐步实现的，也可以说是外在压力逼迫下的转型。中国古代家庭教育经过几千年的发展，已经形成相当成熟、稳定的形态，但是在鸦片战争后不到 100 年的时间，它就基本上转变为近代形态。因此我们也可以说家庭教育的近代转型是未完成的，近代形态的家庭教育还只是在官僚、地主阶级改良派、资产阶级维新派及知识分子等社会阶层中存在，远远没有在中国社会各阶层普及。传统家庭教育思想尤其是"长者本位""利己思想"等的影响依然根深蒂固。

（二）陶行知的家庭教育思想

陶行知（1891—1946），我国现代杰出的教育实践家和教育思想家。曾任南京高等师范学校教务主任、中华教育改进社总干事。先后创办晓庄学校、生活教育社、山海工学团、育才学校和社会大学。提出了"生活即教育""社会即学校""教学做合一"三大主张。生活教育理论是陶行知教育思想的理论核心。

陶行知非常重视家庭教育。早在1924年他就指出："婴儿出世后，仅仅取一个名字是不够的，要想婴儿成家立业，必定要用尽心血去教他，养他才行。"1925年，陶行知给陈鹤琴的《家庭教育》一书所写的书评中评陈著之《家庭教育》系迄今为止中国出版教育专书中最有价值之著作，它是中国做父母的必读之书。陶行知反对以家长制为中心、以封建伦理道德和等级观念为主要内容的旧式家风，并身体力行。陶行知不溺爱他的子女，也不像庸俗的父母把子女当私有品过分照顾，但他对母亲的爱和对子女的感情、教育，却丝毫不弱。陶行知的次子陶晓光在《回忆父亲给我教育》一文中这样写道："父亲要我们从小动手做事劳动，不要学少爷小姐。年长一些，就要求我们向自助助人、自立立人的方向去做。他忙于事业，和我们孩子相处时间不多，但对我们世界观的形成都很重视，要求我们逐渐树立起独立自主的信念。"

陶行知在家庭教育思想方面的贡献主要表现在家庭教育的实施原则和方法方面。他提出的家庭教育原则和方法主要有：

1. 家庭教育要及早施教

社会上有些人认为孩子幼小不懂事，等他们长大了再教育不迟。陶行知不同意这种看法。早在1928年，他就指出："教人要从小教起。儿童比如幼苗，必须培养得宜，方能发荣滋长。否则幼年受了损伤，即不夭折，也难成才。"他曾打比方说："人才幼苗当从小培养，如果家庭里、学校里、铺子里的孩子，在小的时候，已被发现有特殊的才干，那么，立刻就应该给他以适当肥料、水分、阳光，使他欣欣向荣。"他还以爱迪生成才成家为例，深有感触地说："爱迪生幼年的故事，给了我深刻的印象：一是科学要从孩子学起，科学的幼苗，要像爱迪生的母亲一样爱护才能保全。必须唤醒国人明白幼年的生活是最重要的生活，幼年的教育是最重要的教育。"

2. 父母要尊重儿童的人格，建立民主合理的家庭关系

1944 年，陶行知在《敲碎儿童的地狱，创造儿童的乐园》一文中，提出给儿童"除苦造福"的首要任务是应当承认儿童的人权，其先决条件是政治经济的民主。"倘使政治经济不民主，小孩子的幸福必然限于少数的少爷小姐，如果政治经济民主了，那自由神必定是立即飞到他所关心的最不幸的小孩子当中，而把他们抱在温暖的怀抱。"成人要尊重儿童的人权、人格，关心和爱护他们。当孩子有缺点时，大人要根据事实，指出其错误，不伤害他们的自尊心和上进心，使他们得以健康成长。陶行知说："在民主生活中学民主。专制生活可以培养奴才和奴隶，但不能培养人民做主人。"他说要把儿童培养成新时代、新社会的主人，在家庭教育中，要建立民主平等、互助合作的关系。要教育孩子们学会关心、尊重家庭中的每个成员，共过民主、和谐的家庭生活，创造和形成民主家庭的气氛。陶行知强调的建设民主、和谐的家庭氛围，今天尤其值得我们提倡。

3. 父母要了解儿童，要按照儿童的心理进行教育

早在 1922 年，陶行知指出："我们教育儿童，第一步就要承认儿童是活的，要按照儿童的心理进行。要按照儿童的需要力量为转移。有的儿童天资很高，他们的需要力就大些；有的儿童天资很钝，他们的需要力就小些。我们教育儿童，要根据他们的需要力量，不能拉得一样。男女遗传下来的生理不一样，他们的能力也不一样。我们教育儿童，就要顺导其能力去做。"他呼吁人们只有真正深入地了解儿童各方面的特点，才能找到教育他们的正确方法。陶行知常常呼吁："父母要跟孩子学习，不愿向孩子学习的人，不配做孩子的父母。一个人不懂孩子的心理、小孩的问题、小孩的困难、小孩的愿望、小孩的脾气，如何能教孩子？如何能知道小孩的力量？"他希望中国的父亲，都学做富兰克林的父亲；中国的母亲，都学做爱迪生的母亲。父母应当了解孩子的心理和个性特征，结合家庭的实际情况，开展家庭教育。

4. 父母应以身作则，言传身教

家庭是儿童生长的摇篮，父母是子女的第一任教师，也是终身教师。儿童易受暗示、喜欢模仿，又由于儿童生活经历浅薄，判断是非能力欠缺，因而父母就成为孩子最早、最直接、最经常的模仿对象，并具有权威性。他们的一言一行、一举一动，甚至个人爱好、志趣、习惯都会对子女产生深刻、持久的影响。陶行知曾写道："孩童最易受影响人者也，父母之言行举动，子女多于不知不觉中被其激触，效而尤之。今日之学子，即他年之父母也。为学子而行欺，是不啻引将来之行欺矣。可不慎哉？"由此可见，做家长的，尤其是做父母的，必须重视以身作则，言传身教，给孩子做出表率和榜样。这正如陶行知在《儿子教学做》一文中所指出的："我希望每个儿

子做成一个什么样的儿子，我得把自己先做成那样的儿子。我要教儿子自立立人，我自己就得自立立人。我教儿子自助助人，我自己就得自助助人。"陶行知本人就是这样做的，他不仅要求孩子"追求真理做真人"，他自己一生也在"追求真理做真人"；他不仅要求孩子治学认真，他自己也用好学的精神去感染孩子。次子晓光曾这样写道："别看父亲担负育才学校三百多人的生活学习和民主运动的担子，但消磨不了他学习研究的精神。每晚很迟才拖着奔跑了一整天的沉重双脚回到家，稍加休息，又开始阅读英文名著、诗集、报章杂志，怎不令人肃然起敬。"在陶行知的精神感召下，孩子们没有不振作、不进步、不加紧学习的，由此养成终身好学的习惯。

5. 父母应宽严并济，注重方法和谐

陶行知在 1925 年评陈著之《家庭教育》中曾指出："我国传统的家庭教育素主张刚柔并济。父母所用的方法不一致，宽严不同，子女无所适从，不能了解事理之当然。方法过严则易失子女之爱心，过宽则易失去子女之敬意。"他认为："教育儿童，应当严格的地方便须严格；应当放任的地方，便须放任。太任虽是富于自由，不免溢出范围；太严格了，虽是谨守规则，却有些枯干气味，都不是应当有的现象。"他认为正确的做法应当是："自由中有规则，规则中有自由。"显然，陶行知先生的这些观点，充分体现了家庭教育的艺术性，很值得为人父母者深思。

6. 家庭与学校应密切合作

早在 1919 年，陶行知就明确指出："小学教育的功效，一部分要靠学校与家长的联络。在儿童成长的过程中，学校要主动帮助家庭，家庭要争取学校的帮助，彼此互相支持和合作，紧密配合，使儿童更好地健康成长。"陶行知在南京晓庄办学时，燕子矶多水，父母不放心，所以不太愿意学校放假。于是，学校星期日只放半天学，学生可以在学校里补习各种功课，甚至暑假完全不放。为保持学生喝茶卫生，学校规定每人从家里带一个茶杯来，放在学校里，自己洗，自己管，自己用。茶水每人每星期出铜板两枚合办。育才学校与学生家长联系也非常密切，学生在校表现，如身体健康、学习进步等情况均能及时告诉家长。1940 年 8 月 20 日，陶行知亲自给育才学生高云贞的家长回信，告之"高云贞仍在校安心学习，曾一度生病，现已告愈，唯身体尚弱，须再加以保养"。为使该父母了解孩子的学习情况，他特地抄上高云贞近作《凤凰山素描》一篇。由此可见，陶行知不仅倡导家校合作，并且身体力行，在他所创办的平民学校中形成社会、学校同家庭密切结合，相互支持、相互配合的局面。

为了搞好家庭教育，以更好地完成其使命和任务，陶行知还郑重提议需要成立新的父母学校来培养新父母，以培养更幸福的后一代。他说做新时代的父母，首先要改变旧观念，必须力戒有害儿童的两种心理：一是忽视，二是期望太切。忽视则任其像茅草一样自生自灭，期望太切不免揠苗助长，反而使其夭折。所以合理的教导是解除儿童痛苦、增进儿童幸福之正确路线。

陶行知在反思传统家庭教育方法的同时，学习和借鉴他人的先进教育方法并结合自己的教育实践深入思考，提出了许多宝贵的家庭教育思想，堪称我国家庭教育遗产中的瑰宝。因其科学性，故他的家庭教育思想时至今日依然熠熠生辉，显示出强大的生命力。

（三）陈鹤琴的家庭教育思想

陈鹤琴 (1892—1982)，中国现代著名儿童教育家、儿童心理学家，对中国儿童教育和小学教育等事业有过重要贡献，被誉为"中国儿童教育之父""儿童教育的圣人"。陈鹤琴的儿童家庭教育理论是其儿童教育理论的重要组成部分。其思想观点集中体现在 1925 年出版的《家庭教育》一书及其后续公开发表的数篇论文中。陈鹤琴家庭教育理论建立在对其长子陈一鸣自出生起长达 808 天的观察研究的基础之上，是我国儿童家庭教育科学化研究的开创者。陶行知称其《家庭教育》一书是以"科学的头脑"和"母亲的心肠"做成。

陈鹤琴的家庭教育思想具有完整的体系，包括家庭教育的作用、意义，家庭教育的内容，家庭教育的原则、方法以及有关父母教育的思想，以下分而述之。

1. 家庭教育的作用和意义

"五四"时期，许多教育家希望通过"民主"和"科学"来强国救国，但各位教育家的观点不尽相同。陈鹤琴认为可以通过对广大儿童的教育来富强国家。他指出："幼稚教育，是一切教育的基础，因为它的对象早于学龄儿童。它的功用，正如培植树苗，实在关系于儿童终生的事业与幸福。推而广之，关系于国家社会。"陈鹤琴辩证地看待国家富强与儿童幸福健康之间的关系，没有国家的富强，儿童的幸福和健康无从谈起；没有儿童的幸福和健康，国家的富强如建在沙丘，不会稳固。而"一个人的知识丰富与否、思想发展与否、良好习惯养成与否，家庭教育应负完全责任"。因此，家庭教育的近期目标是儿童的幸福与健康，而家庭教育的长远目标则是国家的富强。

2. 儿童家庭教育的内容

在陈鹤琴 1934 年发表的《怎样做父母》一文中提出实施儿童教育应该从根本问题着手。根本问题又可分为两个层面：一是健康和发育，二是父母教育与儿童教育。在健康与发育这一层面上，陈鹤琴又将其划分为心理的健康与发育、生理的健康和发育以及服务的习惯三个方面。可见，陈鹤琴注重培养身心健全并有良好社会服务习惯的"健全人格"。如何培养健全人格？陈鹤琴在《家庭教育》一书中从卫生习惯养成、学习待人接物、游戏活动等方面展开阐述，涵盖了儿童健康、情感、社会性、科学、语言、艺术等多方面发展的内容。

陈鹤琴认为健康是第一位的。要发展儿童健康的心理，第一是要多给儿童主动和发问的机会，增加他们的自信心和探索的兴趣；第二是不可恐吓儿童，使他们产生一种无谓的恐惧。要培养儿童健康的身体，一要注意饮食，要区分儿童和成人的食物，养成良好的卫生习惯。二要改良服装，使儿童穿着灵便、舒适宜于运动。三要有儿童游戏的设备、儿童多活动的机会，身体方面便可得到发展了。

在待人接物方面，陈鹤琴重视儿童合作精神、同情心和服务精神的培养。具体要能顾虑别人的安宁，要会向病人表达同情，对人要有礼貌，不可傲慢，不准作伪，不准打人，要帮父母做点事，要爱人等。

陈鹤琴重视儿童的智力发展。认为儿童应具备的智力有：研究的态度、充分的知识和表意的能力。具体的做法有：为小孩子提供适宜的玩物、支持小孩子的游戏如穿珠、画画、剪纸、着色、浇花、锤击等。也要经常带孩子上街看看，允许儿童去试探物质、指导小孩子求学等。

陈鹤琴的儿童家庭教育的内容很丰富，既秉承了我国传统家庭教育的精髓，也结合了对儿童身心发展特点的认识以及时代的需要，为儿童良好个性的养成奠定了全面的基础。

3. 儿童家庭教育的原则

陈鹤琴在其《家庭教育》一书中共提出了 101 条原则，又分纲要性的原则和针对具体内容的原则。陈鹤琴称为"普通教导法"的纲要性原则共有 11 条。

第一，对于教育小孩子，做父母的最好用积极的暗示，不要用消极的命令。

第二，积极的鼓励比消极的刺激好得多。

第三，小孩子好模仿，做父母的一方面要以身作则，一方面还要替他选择环境以支配他的模仿。

第四，做父母的不可常常用命令式的语气去指挥他们的小孩子。

第五，做父母的不应当对小孩子多说"不！不！"，事属可行，就叫他行；事不可行，就禁止他行。

第六，别人做好的事情或坏的事情的时候，做父母的应当以辞色来表示赞许或不赞许的意思给孩子听，给小孩子看。

第七，我们应当按照小孩子的年龄知识予以适当的做事动机。

第八，待小孩子不要姑息，也不要严厉。

第九，不要骤然命令小孩子停止游戏或停止工作。

第十，做父母的应当同小孩子做伴侣。

第十一，游戏式的教育法。

这十二条原则是针对当时中国父母存在的较为普遍的问题（父母对待子女或过于专制，严厉苛责，限制太多；或不注意教养，放任姑息）并结合儿童心理发展特点及学习的一般原理提出。这十二条原则体现出陈鹤琴家庭教育思想的科学性和实用性。这十二条原则蕴含了陈鹤琴对儿童心理特点的把握：小孩子是好游戏的，好奇的，好群的，好模仿的，喜欢野外生活的，喜欢成功的，喜欢别人赞许他的。

陈鹤琴强调一定要"了解小孩子再教小孩子"甚至是"变成小孩子再教小孩子"。这体现了"以儿童为中心"的现代教育理念。陈鹤琴基于科学研究而提出的儿童家庭教育的原则至今依然可作为广大父母的养育指南。

4. 儿童家庭教育的方法

陈鹤琴在儿童家庭教育的具体方法层面有许多创见。郑宗海在为陈所著《家庭教育》一书所作的序中称"有数处神乎其技，已臻乎艺术的范域"。陶行知在其序言中还专门列举了陈鹤琴的游戏式教育法。概括陈鹤琴儿童家庭教育的具体方法有榜样示范法、环境熏陶法、暗示法、游戏教育法、主动经验法、代替法、鼓励法等。今天看来这些方法已是教育理论中常常列举的方法，但当时陈鹤琴提出这些方法均是建立在对儿童的观察、理解和体贴的基础上。我国现代著名心理学家潘菽在为《陈鹤琴教育文集》所作的序中说道："为什么陈鹤琴同志在处理儿童教育的问题上能达到'神乎其技'的艺术境界呢？他之所以能达到这样高度的成就，主要还是因为他全心全意扑在孩子身上，要当孩子们出现问题时要精心考虑，仔细琢磨，以求得出正确合理的处理方法，而绝不简单粗鲁地予以解决。他又为什么能对孩子们那样真心诚意，体贴入微，以至能考虑周到，设想精细呢？那又是由于有一颗炽热的热爱孩子们的心。"这一评语可谓点明了陈鹤琴在儿童家庭教育方法上的创造源泉。

5. 关于父母教育

陈鹤琴认为"讲到儿童教育，根本上还是要从父母教育讲起"。父母与儿童最亲近，接触的时间也最长，"如果父母的知识习惯好，儿童早已受到好的家庭教育，再加上学校教育，自然就相得益彰。父母的知识习惯不好，那么儿童在未进学校之前，无形之中早已养成不良的习惯，学校教育就算很好，也只能收效甚微。"由此可见父母教育的重要。陈鹤琴进一步提出，在父母与儿童的关系中，母亲与儿童更加亲密，母亲如果受过良好的教育，她的习惯行动自然就很好，她的孩子就能在无形中受到良好的教育，反之则反。因而，陈鹤琴提出要重视母亲教育。而现在的母亲即从前的女子，女子教育的良否决定母亲教育的程度。因此陈鹤琴提出"儿童教育的根本，可以说在女子教育"。

6. 关于家长与学校机构的合作

陈鹤琴在 1927 年《我们的主张》一文中提出："幼稚教育是一件很复杂的事，不是家庭一方面可以单独胜任的，也不是幼稚园一方面可以单独胜任的；必定要两方面共同合作方能得到充分的功效。"家长如何与幼稚园或学校进行合作？陈鹤琴提出在幼稚园可以采取"恳亲会""讨论会""报告家庭""探访家庭"等方法，学校除了上述具体组织方法外，还可以成立"教师家长会"这样的团体。

陈鹤琴的儿童家庭教育思想自提出至今虽近百年，但由于他的思想是建立在科学研究的基础上的，体现了儿童身心发展的规律和儿童教育的基本原理，所以至今不乏参考价值和启发意义。1979 年，陈鹤琴在南京召开的全国儿童教育研究会成立大会上提出的"要重视儿童家庭教育的科学实验"的建议依然是今天的儿童家庭教育研究需要努力的方向。

四、西方近现代家庭教育思想与实践反思

欧美各国经过文艺复兴后的几个世纪，通过夸美纽斯、卢梭、裴斯泰洛齐、福禄培尔、蒙台梭利、杜威等人的不懈努力，对儿童的认识和理解越来越深入，近现代立场的儿童教育观念也逐步确立和完善。而这些伟大的思想家、教育家又无一例外重视家庭教育的重要作用，这也正说明他们是尊重儿童的生活的。中国对"儿童的发现"晚于西方。20 世纪初叶，伴随着"五四"新文化运动的激情，作为"人的发现"的重要成果，完成了对儿童具有独立地位和价值的生命存在的观念建构。尤其是鲁迅、周作人、叶圣陶、郑振铎、茅盾、郭沫若等人还明确提出了"儿童本位"思想。此后，陶行知、陈鹤琴等人揭开了探索中国近现代儿童教育的序幕。然而，历史的航船并非总是一帆风顺。20 世纪 50 年代、60 年代以及"文革"时期对儿童教育的错误批判，使刚刚破土的对儿童（童年）的研究及对儿童的教育停滞甚至倒退。尤其是杜威的"儿童中心主义"思想，可谓被批倒批臭。改革开放以来，学界虽有人出来为杜威讲几句话，但总体而言，对"儿童中心主义"的评价以貌似公允的"一分为二"为主。

"不了解儿童就不能成为教育者。"有什么样的儿童观就有什么样的儿童教育观。卢梭"发现了儿童"并提出了"否定教育"，蒙台梭利发现了儿童，提出了"follow the child"（跟随儿童），杜威发现了儿童，提出了"以儿童为中心"。"儿童教育

应以儿童为中心，这一观念是近现代教育观念演进的结果，是苏霍姆林斯基、马拉古齐等一批伟大教育家教育实践的结晶。它应当被视为不证自明的教育学公理。"而这样的"教育学公理"在我国可以说尚未被认识。即便教育研究领域，对西方的近现代儿童教育的立场的"移植"也是徘徊犹豫，更谈不上融入中国文化的血液之中。对儿童的认识和理解是从事家庭教育的前提。然而，正如卢梭指出的，具有深远眼光的观察家"在成千上万做父亲的人当中，也许连一个也找不到的"。卢梭对家长的要求是："你自己必须有很深刻的判断力，才能评价孩子的判断力。"因而理解儿童、走入儿童的精神世界是父母开展家庭教育必须具备的实际能力。父母要想胜任家庭教育的职责，就必须成为儿童生活的研究者、引导者和帮助者。当然，我们不可忽视的一点是，随着全球化进程的推进和信息时代的来临，中国许多家庭尤其是年轻一代家长能通过网络等手段获取家庭教育的各种观念和方法，因而当今家庭教育的面貌可以说是"五味杂陈"。有崇尚"西式家庭教育"主张自由民主的，有崇尚"传统家庭教育"主张严格教养的。然而由于对儿童的生命本质没有深入的理解，对儿童生活的价值没有确认，也由于父母所受传统家庭教育印刻式的影响，家庭教育常处于或放任、或高压、或无所适从的状态。儿童是未成熟的、发展中的人，他们持续不断的建构是基于成人与他们共同构成的生活事实，他们的发展是由他周围的人共同参与的。父母作为子女生活中关系最密切的人，该以怎样的态度去对待和子女之间的交往和互动？

卢梭的《爱弥儿》正是为了"一位善于思考的贤良的母亲看了高兴而写的"。罗曼·罗兰曾写道："一切现代教育学说都受到他的《爱弥儿》和他的关于儿童的知识的启示。"卢梭因"发现了儿童"，故系统提出了西方近现代教育的基本立场、基本观点和基本方法。之后在裴斯泰洛齐、福禄培尔、杜威、蒙台梭利等人的努力下，西方近现代教育理论不断发育成熟。当我们将目光投向历史深处，重新穿越夸美纽斯、卢梭、裴斯泰洛齐、福禄培尔、杜威、蒙台梭利等人所编织的西方近现代教育史上这段辉煌的思想历程，我们会有所收获。

（一）夸美纽斯和《母育学校》

夸美纽斯 (J.A.Comenius，1592—1670) 是捷克著名的教育理论家和实践家。他是中世纪教育和近代教育的衔接者。他的《母育学校》是西方第一本家庭早期教育著作，他写作的目的是"应为做父母与做保姆的人写一部手册，把他们的责任用白纸黑字写出，放在眼前"。在这本著作中，夸美纽斯明确地提出了尊重儿童的思想。"儿童是无价之宝，是上帝灵魂之所在。"儿童产生于父母的实体本身，是他们实体的一部分，生来是没有被玷污的纯洁的种子，保持着谦虚、善良、和睦、可亲的美德。

同时从社会的角度讲，儿童是国家未来的主人，他们必然会发育长大，成为未来博学的学者、哲学家和科学家，成为国家的领导者。基于这样的思想，夸美纽斯借助上帝的口吻强调："成人应当热爱儿童，就像基督那样，不仅希望他自己作为塑造儿童天性的参与者，而且把儿童当作一种乐趣和爱好。"同时，夸美纽斯也指出："儿童比黄金更为珍贵，但是比玻璃还脆弱。它是易于震荡和受伤的，甚至成为不可补偿的损伤。"据此，他阐明了早期教育的价值。他提出"一切都有赖于开端"的主张，认为谨慎、全面、科学地组织儿童的早期教育可以更好地保护儿童，防止不良恶习、粗鄙邪恶的种子进入儿童的心灵。而儿童的德行、智慧和知识的生长必须经过专门的教育活动，否则这些品质不会自发地进入他们心中。故父母应当"殷勤教育你的儿女，无论你坐在家里、行在路上、躺下、起来，都要讨论"。"不付出勤勉的劳动而能把儿童教养成人，是不可想象的。"教育的方法与原则必须依循自然的秩序。要依靠感官来对儿童进行知识传授；通过游戏对儿童实施教育；要注意个体差异，避免用一种方法教导所有的孩子；要根据儿童的年龄特点而教；要考虑教育时机，适时而教。夸美纽斯还提出了家庭教育要与学校教育相衔接的观点。他认为："儿童到达一定年龄后，就应当离开母亲，进入学校，接受教育。"但又劝诫家长不要急于求成，儿童应在有一定的自理能力、相应的思维发展水平以及有进一步学习的愿望的时机下进入公共学校。

夸美纽斯教育思想的要点主要是尊重儿童、师法自然。他通过对大自然种种现象和运动的类比揭示了儿童成长和教育活动存在的自身的规律，批判成人对儿童成长和儿童教育任意妄为是违背自然的错误。夸美纽斯早期家庭教育理论不仅包含教育哲学层面的深入浅出的阐述，并且提供了大量可资借鉴的教育方法和原则。《母育学校》一书虽是不足 5 万字的小册子，但先后被译成多种文字，在许多国家和地区传播，成为家长们的实用手册和母亲们进行家庭教育的指南，所产生的社会影响是不可估量的。

（二）卢梭与《爱弥儿》

卢梭（1712—1778），是法国著名的启蒙思想家。他接过人文主义的大旗，继续批判压制人性、忽视儿童特点、束缚人的自由发展的封建教育，要求从根本上转变用成人社会的标准对待儿童的传统，确定儿童是有其固有法则的"自然"存在，因而被称为是"发现儿童"第一人。卢梭自述其著作《爱弥儿》的创作源于为了"一位善于思考的贤良的母亲看了高兴而写的"。在该书中，他阐明了关于儿童的观念：儿童既不是生来就有"原罪"的存在，也不是可以教育的"白板"，更不是"小大人"。"在万物的秩序中，人类有它的地位；在人生的秩序中，童年有它的地位；

应当把成人看作成人，把孩子看作孩子"。儿童是人，同时他又是与成人不同的人。这种不同第一体现在儿童的生理和心理层面都处于尚未成熟的状态，第二体现在儿童有着自己的快乐和幸福。卢梭指出儿童是有其特有的看法、想法和感情的。在自然状态下，有时在成人看来是痛苦的事，在儿童却感到其乐无穷。卢梭还告诫我们："大自然希望儿童在成人以前就要像儿童的样子。如果我们打乱了这个次序，我们就会造成一些早熟的果实，它们长得既不丰满也不甜美，而且很快就会腐烂：我们将造成一些年纪轻轻的博士和老态龙钟的儿童。"我们应当把儿童当作儿童看待。

卢梭根据他对儿童发展的自然进程的理解，在《爱弥儿》中将儿童的发育过程分为四个时期，并根据每个时期的特点，确定了相应的教育任务。

1.0~2 岁是人生的第一个阶段——婴儿期

卢梭强调了母亲的养育在孩子婴儿期的重要性。卢梭在第一卷开篇便说："出自造物主之手的东西，都是好的，而一到了人的手里，就全变坏了。"人携天性降临到这个世界，但人生来又是软弱的，如若没有别人教养，那么社会的偏见、权威、需要、先例以及其他许多制度都会扼杀他的天性。因而卢梭说道："我恳求你，慈爱而有先见之明的母亲，因为你善于避开这条大路，而保护这株正在成长的幼苗，使他不受人类的各种舆论的冲击！你要培育这棵幼树，给它浇浇水，使它不至于死亡；它的果实将有一天会使你感到喜悦。"卢梭认为母亲逃避教养职责是脱离自然的做法。"母不母，则子不子。"做母亲的为了美貌不愿哺乳，为了寻欢作乐而把孩子交给保姆，不愿自己承担做母亲的职责，这都是不幸的开端。卢梭还提出了在孩子婴儿时期，父亲也应当担负起教养的职责。"既然真正的保姆是母亲，则真正的教师便是父亲。"一个生养了孩子的父亲便担负了对人类、对社会、对国家的神圣的职责，不能以任何借口免除亲自教养孩子的职责。卢梭认为一个人所受的教育首先应该是做人的教育，而最好的教育是能容忍生活中的幸福和忧患。人生是变化无常的，生活是动荡不安的，因而"要教他成人后怎样保护自己，教他经受得住命运的打击，教他不要把豪华和贫困看在眼里，教他在必要的时候、在冰岛的冰天雪地里或者马耳他岛的灼热的岩石上也能够生活"。过于保护孩子，让孩子远离种种痛苦，沉浸在温柔舒适的生活中，其实是另一种脱离自然的残忍的做法，因为孩子如果在童年时候少受痛苦，将来达到他有理智的年龄时会遇到更多痛苦。婴儿期具体教养内容是锻炼体格、训练感官的能力、磨砺性情习惯。即发展大自然赋予婴儿的一切自然的力量。卢梭在这方面还提出了许多具体可行的方案，从乳母的营养卫生到婴儿出生后的饮食、衣着、睡眠、游戏等各种养育行为。一切的教育方法都要以遵循自然法则为原则。卢梭认为孩子生来就是喜欢学习的，"他什么东西都想去摸一摸，什么东西都想去弄一弄：他这样地动个不停，你绝不要去妨碍他，因为这可以使他获得十分需要的学习"。父母要尽可能地帮助他满足智慧或体力方面的需要，但又必须分清哪些需要是出于自然，哪些需要是胡乱的想法或没有道理的欲望。"应该趁早就让他支配他的自由和体力，让他的身体保持自然的习惯，使他经常能自己管自己，只要他想做什么，就应该让他做什么。"父母要多给孩子真正的自由，不要使他养成驾驭别人的习惯，把欲望限制在他力所能及的范围内。

2.2~12 岁是人生的第二个阶段——儿童期

卢梭认为这一时期是"理性睡眠期"。在这个阶段，儿童在认识上只能接受形象，而不能接受观念。卢梭主张用"消极教育"的办法，成人不要试图去造就不成熟的思想，而是"在直接授予知识前让知识工具的器官美化"，所以必须先训练儿童的感觉器官，为儿童准备能够用来获得学问的工具。卢梭认为在任何事情上都要遵循自然的法则。孩子天性活泼，有很强的模仿心，特别是有快乐的天性，因而教育要顺应儿童的天性，让他们在游戏中、在他们自己的生活中学习。"消极教育"并非无所事事，一事无成。对孩子而言，"他周围的事物就是一本书"。他要用他的手、脚、眼睛去实验"物理学"。比如说，要撬动一块庞大的物体，如果他用的棍子太长，他使出的力气就太多；如果他用的棍子太短，他使出的力气就不够；经验将教他如何选择适合他的需要的棍子。容积相同的一桶木花和一桶水，只有在亲自拎过后才相信一桶水比一桶木花重。要善于利用生活中的各种资源，引起他们的测量、观察和估计距离的兴趣，而这又是很容易的。例如，"那里有一棵很高的樱桃树，我们怎样才能摘到樱桃呢？用仓房的梯子行不行？那边有一条很宽的溪流，我们怎样才能走过去？把院子中的一块木板拿来搭在上面可以吗？我要在两棵树中间做一个秋千，用一根两浔长的绳子够不够？"。在夜间（黑暗中）做游戏，不仅可以使听觉灵敏、触觉敏锐，也可获得黑暗给内心带来的各种不同的情绪体验，锻炼胆量。卢梭举了很多例子来说明生活中可以让孩子的各种感官得到锻炼的资源随处可得。锻炼感官并不仅仅是使用感官，而是要通过使用感官学会正确地判断。这样的活动越多，孩子累积的经验就越多，慢慢地养成习惯，对自己的一切动作先想一想它的效果，并且按照自己的经验纠正错误。这样的孩子才是真正聪敏的孩子。卢梭强调在儿童期要能激起孩子学习的欲望、强调理解力重于记忆力、强调养成思考的习惯重于读书写字，这些都是基于对儿童期的认识。同时卢梭指出要实行这样的儿童教育不会被世俗所接受，因为只有眼光深远的人才懂得它的意义。而具有这种眼光的观察家，"在成千上万做父亲的人当中，也许连一个也找不到的"。卢梭对家长的要求是："你自己必须有很深刻的判断力，才能评价孩子的判断力。"如何形成这种判断力？卢梭在 200 多年前对家长提出的要求，依然是当今社会、当前时代的家长们迫切需要去思考和面对的问题。

3.12~15岁是人生的第三个阶段——少年期

卢梭认为这个阶段的儿童已经有了强健的体魄和发展较好的感官，因而教育的任务是引导他们接触学问，但不是教他们各种学问，而是培养他们有爱好学问的兴趣，并且在这种兴趣充分增长起来的时候，教他们研究学问的方法。卢梭主张要关注学生特有的天资，给予发展其爱好和才能的机会，让他们选择某一门职业去从事学习和研究，目的是"他必须像农民那样劳动，像哲学家那样思想，才不至于像蒙昧人那样无所事事地过日子"。卢梭认为教育最大的秘诀是"使身体锻炼和思想锻炼相互调剂"。思想锻炼绝非用现成的许多知识去充填，而是通过操作、实验去判断、推理，从而重新经历知识生产的过程。重要的不是知识渊博，而是拥有意愿去了解更多知识的心胸和获得知识的能力，这是卢梭认为在该阶段实行教育的整个方法的精神所在。

4.15~20岁是人的发展的第四个阶段——青春期

卢梭认为这是人的第二次诞生，并主张教育要从这个时期真正开始。该阶段的教育的主要任务是情感、意志和品德的教育。关于性教育，卢梭认为要尊重儿童的天真，要以简洁和坦诚的语言和他们交流，应使儿童远离不正当诱惑避免刺激早熟。关于道德教育，卢梭认为应该从发展人的自爱自利开始，进而扩大到爱别人，把自爱变成美德，进而得到别人的爱。教育方法上注意要用行动而不是以言辞去教育。相信正是因为做了好事才变成了好人，因而要让孩子做他所能理解的一切良好行为。宗教教育也是这一时期重要的道德教育内容，但卢梭反对灌输，认为一个人依从天性的发展到一定程度便能运用完备的判断力和健康的心灵自然而然地理解宗教，信奉上帝。

卢梭对"儿童的发现"引起了世人对儿童问题的瞩目。对儿童教育问题的思考影响了后来的教育家和思想家。从与卢梭同时代的康德、裴斯泰洛齐到20世纪的杜威、皮亚杰等都不同程度受到了他思想的影响。卢梭儿童观和儿童教育思想将西方近代教育推入了一个新的境地。尊重儿童的天性、尊重儿童的身心发展特点，给儿童自由发展的时间和空间，这是卢梭留给天下为父为母者的谆谆忠告，也是留给全人类的宝贵遗产。

第二节　我国家庭教育的沿袭精华与消极因素

一、中国传统家庭教育精华分析

中华民族是一个十分重视家庭教育的民族，中国之所以被称为文明古国，就包含着古老的家庭教育文化传统。因此，研究我国的家庭教育，创建中国特色家庭教育学，必须用辩证唯物主义和历史唯物主义的态度和观点，认真总结我国数千年来延续、积淀下来的家庭教育优秀传统，取其精华、去其糟粕，使我国家庭教育的优秀传统在社会主义新时期更加发扬光大。

研究中国传统家庭教育的精华和糟粕，主要应从对家庭教育的认识，家庭教育的目的、任务、目标、内容、方法等方面入手。

中国传统家庭教育的精华主要表现在以下方面。

（一）对家庭教育的重要性有比较深刻的认识

数千年来，中华民族之所以十分重视家庭教育，是因为对家庭教育的重要性有着比较深刻的认识。这可以从历代著名学者、高层人物及民间流行的言论、家训中反映出来。

西周周公的《姬旦家训》，是至今可查到的我国最早的"家训"。姬旦，史称周公，是西周杰出的政治家，他是周文王（姬昌）的儿子、周武王（姬发）的弟弟、周成王（姬诵）的叔父和老师，是帮助武王伐纣灭商，建立西周的开国元勋。周武王死后，其子姬诵（即后来的周成王）年幼，由周公摄政。周公在摄政期间，亲自担负起教育侄子成王和儿子伯禽的责任，并写下了《戒子伯禽》和《戒侄成王》两部家训（合称为《姬旦家训》）。《姬旦家训》的主要内容是教育儿女要守之以恭，守之以俭，守之以卑（谦虚），守之以畏（居安思危），守之以愚（做人要低调、内敛），守之以浅（要勤奋学习和注重学习方法）。《姬旦家训》的核心，是要成王和伯禽勤政爱民，谦恭自律，礼待贤才。

成王和伯禽都没有辜负周公的教导。在周公的精心教导下，成王成为一代明君，把西周建设成了生产发展、人民安居乐业的太平盛世。伯禽也把他的封地鲁国治理成为民风淳朴、农耕发展、社会文明的礼仪之邦。

经典著作《大学》，把搞好家庭教育和家风建设提到了国家兴盛、社会安定、天下太平的高度，说"欲治其国者，先齐其家"，"家齐而后国治，国治而后天下平"。

"齐家"，就是搞好家庭教育、树立正派的家风。

陈亢曰："问一得三，闻《诗》，闻《礼》，又闻君子之远其子也。"宋代学者张家颐则说："人生至乐，无如读书；至要，无如教子。"唐太宗不但是治国的明君，也是"齐家"的"明父"。晚年时，他预感自己余日不多，便认真总结历代，特别是隋朝统治者成败的经验，亲笔写下《帝范》12篇，传授给太子李治（后来的高宗）。他对李治说："修身之法，治国之道都说在这本书里，我死时不用再作其他遗言了。"太宗在《帝范》中告诫太子：要建立一个国家，成功很艰难，破败却很容易；要保持一个稳固的帝位则更难，而要失去它却是很容易。你要千万爱惜，千万谨慎！李治即位后，没有辜负父亲的教导，使唐朝继续很好地发展。

针对数千年流行的"男管外""女管内"，妻子的任务是"相夫教子"，教育孩子的事是母亲的事的传统，宋人编写的《三字经》公开提出："养不教，父之过。"这就明确了家庭教育的责任不但是母亲的，也是父亲的。

清朝李西沤在《老学究语》中说："不怕饥寒，怕无家教；唯有教子，最为重要。"清代大画家郑板桥说："吾五十二岁始得一子，岂有不爱之理！然爱之必以其道。"

1918年鲁迅在一本书中看到一个故事：清朝末年，某省初开师范学堂的时候，有位老先生听了颇为诧异，不解地问："师何以还须受教，如此看来，还该有父范学堂了！"鲁迅先生看后，在《随感录二十五》中写道："儿童家庭教育与改造中国社会有密切联系。将来是子孙的时代，看十来岁的孩子，便可以预料20年后中国的情形；看20多岁的青年——他们大抵有了孩子，尊为爹爹了，便可以推测他儿子、孙子，晓得50年后、70年后中国的情形。"于是，他严厉地批评那种"只要生，不管他好不好；只要多，不管才不才"的父母，呼吁所有做父母的都要进"父范学堂"，都要担当起国家、民族赋予的使命，不做那种只会生孩子不会教育孩子的人。

从周公到鲁迅的话，充分反映了中华民族重视家庭教育的优良传统，也反映了对家庭教育重要性的认识。

（二）对家庭教育的目的、任务、内容有十分明确的认识

我国历代的家庭教育，都有明确的目的、任务、内容。远在夏商时代，《周礼·保氏》中就提出："养国子以道，乃教之六艺：一曰五礼，二曰六乐，三曰五射，四曰五御，五曰六书，六曰九数。"礼，属于德行教育；射、御属军事和体育；书、数属于生产和文化科学知识教育；乐，属于美育。后来，又加上"三德""四教"。"三德"，即至德、敏德、孝德；"四教"即诗、书、礼、乐。

宋代学者张家颐说："教子有五：导其性、广其志、养其才、鼓其气、攻其病、废一不可。"

明朝学者王守仁提出，儿童和青少年每天的课程有五项：一考德，二背诵书文，三习礼学艺，四诵书讲经，五读诗应对。

上述这些内容已包含了今天所说的德、智、体、美等方面。

中华民族的传统家庭教育，在教育目的、教育任务、教育内容上，还具有以下特点：

1. 重视德行教育

中国的传统家教，历来重视德行教育，以德行教育为本。关于德行的标准，有不同的具体要求。《中庸》中说，"智、仁、勇三者，天下之达德也"，还说，"好学近乎知，力行近乎仁，知耻近乎勇"；孔子认为，孝、悌是最重要的德行；西汉的董仲舒，发挥孔子提出的"君君臣臣、父父子子"和"仁义礼智"的思想，在《春秋繁露》中提出，人的德行就是遵守"三纲""五常"（"三纲"：君为臣纲，父为子纲，夫为妻纲；"五常"即仁、义、礼、智、信），并要求在家庭教育、学校教育中都要把"三纲""五常"作为最基本的任务和内容。

综合历代的各种提法，德行教育可以概括为忠、孝、礼、仁、义、勤、志、廉八个方面。

忠即忠于国家、忠于皇帝。这是几千年来封建社会最大的、最高的、最根本的"德行"标准，也是包括家庭教育在内的一切教育的最大的、最高的、最根本的"德育"内容。

由于历史的原因，在封建社会里，皇帝即国家的代表和化身，所以，忠于国家与忠于皇帝紧密联系在一起。爱国必须忠君，忠君才是爱国。在忠君爱国思想的教育下，涌现出了以岳飞、文天祥、李广、霍去病、卫青、郑成功、戚继光、林则徐、陈化成等为代表的爱国英雄。而且，这些英雄人物的成长，家庭教育起着很大的，有的甚至是关键性的作用。

孝即孝敬父母。它是中国家庭教育、民族精神教育的另一根鼎柱，也是中华民族教育的一个十分突出的优良传统。最早在《诗经》里，就有"哀哀父母，生我劬劳""无父何怙，无母何恃"的诗句。诗句既是对父母辛勤养育儿女的赞颂，也是在教育人们要牢记父母的养育之恩。

孔子把"孝"和"悌"视为做人的根本准则。他说："其为人也，孝与悌"，"孝悌者，其为人之本与！"《论语》全书有245条对话，而讲"孝"的就有11条。孔子要求儿女不但要从物质上关心、孝敬父母，而且要从精神上关心、敬孝父母。他说："今之孝者，是谓能养。至于犬马，皆能有养；不敬，何以别乎？"意思就是说，如果只是从生活上"养"父母，而不从精神上尊敬父母，这跟养犬养马有什么区别？

为了规范"孝心教育"，春秋战国时代产生了世界上第一本专门讲述"孝道"

的书——《孝经》，执政者还将其定为儿童启蒙必读教材。唐天宝年间，玄宗下令每个家庭都必须备有《孝经》。而《孝经·开宗明义章第一》就说："夫孝，德之本也，教之所由生也。"

忠与孝，是中华民族德行的两根支柱，是包括家庭教育在内的一切教育的核心，而且，当"孝"与"忠"发生矛盾的时候，必须舍"孝"顾"忠"。因此，自古至今，中国的家庭教育都十分注重对孩子从小进行忠于国家、维护国家利益的教育。当国家利益与个人利益、家庭利益发生矛盾的时候，要牺牲个人的、家庭的利益，乃至要勇于付出自己的鲜血和生命。

"礼"在传统教育中，不仅是礼貌，它还包括社会的法规制度。家庭中的"礼教"，就是教育孩子思想言行必须符合社会的法规制度。"克己复礼"，就是要约束好自己，认真遵守"礼制"。

"仁"即仁爱、仁慈、善良。家庭中的仁的教育，就是教育孩子要互相关心、互相友爱、互相帮助、互相忍让，要尊老爱幼，要同情和帮助弱者。孟子提出的"老吾老，以及人之老；幼吾幼，以及人之幼"，就是尊老爱幼的具体要求。

"义"即义气、正义。家庭中的义的教育，就是教育孩子做人要讲义气，要讲信誉，要有正义感，要言必信，行必果，要见义勇为，不能见利忘义，不能自食其言、出卖原则、出卖朋友。

《弟子规》提出："凡出言，信为先，诈与妄，奚可焉？"《笠翁对韵》则推崇："管鲍相知，能交忘形胶漆友；蔺廉有隙，终为刎颈死生交。"讲的都是"义"。义的教育，还包括善于择友、善于交友的教育。古人已经认识到朋友好坏的重要性。孔子说：交好朋友，就像"与善人居，如入芝兰之室，久而不闻其香，即与之化矣"；而交坏朋友，"与不善人居，如人鲍鱼之肆，久而不闻其臭，亦与之化矣"。他还说，"丹之所藏者赤，漆之所藏者黑，是以君子必慎其所与处者焉"。《礼记·学记》指出没有朋友的害处："独学而无友，则孤陋而寡闻。"

怎样择友、交友呢？孔子提出了"三慎"：一是慎选，"道不同，不相为谋"；二是慎察，"不患人之不己知，患不知人也"；三是慎从。据《孔子家语》记载：有一次孔子见一罗雀者所得皆黄口小雀，随问之曰："大雀独不得，何也？"罗者曰："大雀善惊而难得。黄口从大雀则不得，大雀从黄口也不得。"孔子谓弟子曰："善惊以远害，利食而忘患，自其心矣，而以所从为祸福，故君子慎其所从。"曾子针对以酒肉交友、会友的不良风气，补充提出第四个"慎"，即慎会。他主张"君子以文会友，以友辅仁"。

《荀子·大略》提出，交友必须坚持原则，反对以金钱、地位、权势、美色交友。他说："友者，所以相有也，道不同，何以相友也？"《战国策·楚策一》指出，"以财交者，财尽则交绝；以色交者，华落而爱渝"。《史记·郑世家赞》则讲，"以权利合者，权利尽而交疏"。《礼乐》中说，"以势交者，势倾则绝；以利交者，利穷则散"。

唐太宗教导儿子，要"交有德之朋，绝无义之友"。宋代欧阳修在《朋党论》中说："大凡君子与君子以同道为朋，小人与小人以同利为朋，此自然之理也。"

"勤"，即勤劳、勤快、勤俭、勤奋、勤政等。家庭教育中的"勤"的教育，包括教育孩子从小要勤于做家务，生活要勤俭，学习要勤奋，长大了做事要勤劳，做官要勤政。《朱子家训》《治家格言》《弟子规》中有关"勤"的教育都有明确要求。清代朱用纯在《朱子家训》中提出了家庭教育的"一日常规"："黎明即起，洒扫庭除，要内外整洁。既昏便息，关锁门户，必亲自检点"这些已成为数百年来人们朗朗上口的名篇名句。

清代大书画家、大文学家郑板桥，给儿子留下临终诗写道："淌自己的汗，吃自己的饭，自己的事业自己干，靠天靠人靠祖宗，不算是好汉。"

"志"即志向、志气。家庭中的志向教育，就是教育孩子要从小立志，要有远大的理想志向，做人要有志气。孔子说他之所以能"三十而立，四十而不惑，五十而知天命，六十而耳顺，七十而从心所欲"，其根本原因是"十有五而志于学"。他还说："三军可夺帅也，匹夫不可夺志也。"诸葛武侯在《家训》中告诫孩子："夫君子之行，静以修身，俭以养德。非淡泊无以明志"，还要求孩子"志当存高远，君子之志，所虑者岂止一身，直虑及天下千万世"。

以上这些都是"志教"的典范，都反映了中国传统家庭教育十分重视"志教"。

"廉"即清廉、廉洁。家庭中的"廉"的教育，就是教育孩子从小要学会清白做人，不贪不占，不取不义之财；长大了如果做官，要清正廉洁、秉公为国，一心为民，不贪污腐败，不贪赃枉法。

北宋史学家司马光不仅自己正直坦荡，为官廉俭，他还以李沆、鲁宗道、张文节等清官清廉俭约的故事教育自己的儿子司马康，他要求儿子要以俭、以廉为美德。他用家书的形式写了《训俭示康》的"家训"，在信中他写道："吾本寒家，世以清白相承……众人皆以奢靡为荣，吾心独以俭素为美。"

南宋杰出诗人陆游一生节俭、刚正不阿，在次子子龙要去吉州（今江西省吉安市）任司理参军时，写下《送子龙赴吉州掾》一诗，他用诗告诫儿子为官一定要清正廉洁，一定不要忘记百姓。诗中写道："汝为吉州吏，但饮吉州水；一钱亦分明，谁能肆谗毁？……衣穿听露肘，履破从见指，出门虽被嘲，归舍却睡美。"

梁朝中书令徐勉，一生身居高位，他严于律己，行事公正而谨慎，节俭不贪，不营置家产。他的朋友劝他为后代置点产业，他回答说："别人给子孙留下财产，我给子孙留下清白。子孙如有德能，他们自会创家业；如果他们不成材，即使我留下财产也没用。"

综上所述，高度重视德行教育，是中国家庭教育的优良传统；中华民族是十分重视德行的民族。

2. 重视文化教育

中国传统家庭教育的第二个重要内容，是重视鼓励孩子努力学习文化科学技术。

在私塾和学校教育形式还没有出现之前，家庭是孩子学习文化科学技术的场所，父母是向孩子传授文化科学技术的教师。为了教育和鼓励孩子勤奋学习，人们编写了许多刻苦学习的故事。如凿壁偷光、悬梁刺股、萤光映雪、程门立雪、断齑划粥等，都是激励孩子勤奋学习的榜样。

重视德行教育和文化教育，是中国传统家教的两大突出特点。这两大特点，显示了我国自古以来对人的培养就是德才兼备，德行为首的思想。孔子说："德之不修，学之不讲，闻义不能徙，不善不能改，是吾忧也。"《中庸》也说："君子尊德性而道学问。""德性"和"学问"都重要，但"德性"在学问之前，更为重要。

宋代教育家朱熹提出教育儿童应从"洒扫应对"开始，首先教孩子学会"爱亲敬长睦师亲友之道"，进而再教他们"礼乐射御书数"。

3. 重视早期教育和超常儿童培养

早期教育的概念，西方人是近一两百年来才提出的，对此，我国远走在世界前列。在《论语》中，孔子就说："少若养成性，习惯成自然。"南北朝时期的颜之推在《颜氏家训》中也指出："人生幼小，精神专利，长成以后，思虑散逸，固须早教，勿失良机。"

《礼记·曲礼》对不重视孩子的早期教育，要等孩子长大了、发现问题了才来教育的做法进行了批评。文中说："爱其子者多曰：'儿幼，未有知耳，俟其长而教之，是犹养恶木之萌芽，曰俟其合抱而伐之，其用力顾不多哉？又如开笼放鸟而捕之，解缰放马而逐之，曷若勿纵勿解之为易也！"

宋代学者袁采在他的《袁氏世范》中，也指出不抓早期教育的害处，他说："等到孩子逐渐长大，家长对孩子的爱渐渐少了，孩子稍微有一点小毛病就大发雷霆，恨得咬牙切齿，拾取孩子一点小毛病就认为是了不得的大错。如碰上亲朋故友，就用言过其实的话，诉说孩子的缺点和不孝，把孩子说得一无是处。其实，孩子并没有什么严重的过错。"

为了鼓励家长对孩子实施早期教育，及时培养和发现"神童"，唐五代时期就开设了"童子科"，专门选拔大器早成的超常童子。由于统治者的倡导，部分条件好的家庭十分重视对孩子的早期教育，因而，中国历史上出现了许多大器早成、少年得志的"神童"。如，战国时代的甘罗，12岁即为宰相；唐代的王勃，6岁善文辞，9岁读《汉书》，并写下了脍炙人口的《滕王阁序》；唐代大诗人白居易，五六岁即能作诗，9岁通晓声律。北宋时期，接连出了15名"神童"，其中的晏殊，14岁就因才华洋溢而被朝廷赐为进士，之后到秘书省做正字，后又升任集贤殿学士。范仲淹、欧阳修均出其门下。

4. 重视胎教

重视胎教，也是中国家庭教育的又一创举。我国的胎教，可上溯到西周时期。当时的学者不但认识了胎教的重要性，而且提出了许多至今仍有价值的胎教方法。

据《辞海》释：古人认为，胎儿在母体中，能够受孕妇的言行的感化，所以孕妇必须谨守礼仪，给胎儿以良好的影响，叫作胎教。胎教是我国传统家庭教育中的重要内容。自西周至近代的2000多年中，胎教理论得到了逐步发展和完善。西周最著名的胎教实践是大任育文王及周武王后妃育成王，大任有妊时"目不视恶色，耳不听淫声，口不出敖言，而生文王。文王生而明圣"。周武王后妃在孕期"立而不跛，坐而不差，笑而不喧，独处而不倨，虽怒而不詈，胎教之谓也"。尽管西周时期对孕妇所提出的各种要求带有封建礼制的色彩，且过于绝对化，但可以说明早在2000多年前我们的祖先就粗浅地认识到胎儿受母体所感化的影响。汉代贾谊提出了优生思想，刘向则从西周的胎教经验中概括出了"慎感"思想，王充丰富了前两人的优生优育思想，逐渐形成了基本的胎教论。南北朝教育家颜之推对胎教也颇为重视，总结了前人的胎教经验："古者圣王有胎教之法，怀子三月，出居别宫，目不斜视，耳不妄听，音声滋味，以礼节之。"至唐代，医学家孙思邈根据自己的妇科实践对前人的胎教思想做出了医学角度的解释，为"慎始"及"外像内感"的胎教思想提供了理论依据，并据此提出了一些基本的胎教方法，如"口诵诗书、古今箴言""弹琴瑟""调心神、和情性"等。孙思邈的胎教理论与实践开拓了运用医学知识指导胎教的新的前进道路，开创了我国古代胎教的新天地，也标志着我国古代胎教发展的重要转折。明清的胎教思想沿隋唐以来以医学为基础的道路前进，在总结前人胎教经验的基础上逐渐形成了以调节情志为重点，节饮食、适劳逸、慎寒温、戒房劳、谨服药等身心全面调护的基本理论。至清末，康有为在继承前人胎教思想的基础上，主张设"人本院"形成胎教制度，使受孕妇女能入院接受系统的胎教，这一思想在中国胎教史上又是一大进步。当然，中国传统胎教理论也有不尽合理之处，比如，现代科学不能支持的"（妊娠三月）欲生男者操弓矢，欲生女者弄珠玑""（孕期）禁食水果鱼鳖"等经验之谈，但总体而言，我国传统胎教理论中有许多熠熠生辉的思想为现代科学所证实，这是值得我们自豪的。

（三）重视教育方法的研究

我国传统家庭教育，不但重视教育内容的研究，也重视教育方法的研究。在长期的实践中，人们总结出了许多至今仍可借鉴的方法。

1. 既重言教，更重身教

孔子提出："正人先正己，其身正，不令而行，其身不正，虽令不从。"荀子说："以善先人者，谓之教。"曾子杀猪教子的故事，反映的也是身教的道理，它告诉为人父母者，对孩子说过的话必须说到做到，不能食言。

北宋理学家程颐在《伊川易传》中说："治家之道，以正身为本，故云反身之谓。威严不先行于己，则人怨而不服。"要治家，必先修身，要使子弟信服，长上必须严于律己。孟子也说："身不行道，不行于妻子；使人不以道，不能行于妻子。"当家长的必须以身作则，才能有教子女的威信。元代郑太和的《郑氏规范》中提出对家长的要求首先就是家长必须严于律己，以身作则。"家长总治一家大小之务，凡事令子弟分掌，然须谨守礼法以制其下。""为家长者，当以至诚待下，一言不可妄发，一行不可妄为，庶合古人以身教之之意。"以身作则方能以身教教之。明清时期的孙奇逢将"以身作范"视作最重要的家教原则。他认为："身范不端，向妇人女子求齐，道无由矣！"自己身行不端，却要妻子、子女做得很好，这是没道理的。孙奇逢还强调，以身作范虽主要是对家长提出的要求，但同时也是对全体家庭成员的要求。

在强调以身作则的同时，古人也懂得"身教""言教"不可偏废的道理。相传晋朝时刘实品行高尚、为官清廉，对自己的要求极其严格，但其子女并未跟他学。儿子当官后，贪赃枉法，受到制裁，甚至刘实也因此受到牵连。刘实苦恼而向朋友求教，他朋友说："你儿子出了问题，首先要由他自己负责。但你作为父亲，只知道严格约束自己，却没有用心去教育子女。'身教'固然重要，但'言教'也是不可或缺的。"刘实深受启发，从此既重"身教"，又重"言教"，把其他子女教育得很好。

2. 爱严结合，反对体罚

古代的家庭教育，既强调父母要爱孩子，要通过爱教育孩子，但也强调在爱孩子的同时，要严格要求孩子，要把爱和严结合起来。

《周易·家人》中有着丰富的家教思想，在教子之道上突出"严"字。我国家教历来讲究"严"即发端于此。但这里的"严"并非仅是动辄打骂的意思，而是包含了几层意思。第一，指家长在家庭中有至尊的地位，即所谓"家人，有严君焉，父母之谓也"。第二，指家庭成员各正其位、各尽其责："父父，子子，兄兄，弟弟，夫夫，妇妇，而家道正。"第三，指家教之严并非仅是事后惩罚，更在于防微杜渐。第四，指严爱结合，即光有严厉尚不能使人心服，真正教子之道"非能使之顺从而已，必致其心化诚合，交相爱也"。第五，指家长要有威信。"有孚，威如，终吉。"家长光有威严尚不足，还必须诚信，这也是说家长应将教子与律己结合起来。《周易·家人》中"严"的丰富内涵为我国古代家教奠定了理论基础。

　　春秋末年，父子相残现象普遍，孔子提出"父父、子子"的主张，要求做到"为人子，止于孝；为人父，止于慈"。父慈子孝的观点成为孔子处理父子关系和进行家庭教育的基本立场。"父慈"并非是单纯的父爱，更不是溺爱，而是对子弟为学、择友等方面的关注。孔子还反对当时颇为盛行的体罚，认为"小箠则待，大杖则逃"，过度体罚会损伤父子之间的慈爱之情。孔子对当时家长制的绝对权威也有批评，认为"父命不可违"也须看具体情形，倘若父亲有错误就要指出，这样也是免于将父亲陷于不义。孔子的教子思想将爱与教统一起来，对后世产生了很大影响。孟子在家庭教育爱与教的矛盾问题上有一个基本观点：父子不责善。意为父亲不要责子为善。他说："责善，朋友之道，父子责善，贼恩之大者。"互相督促是朋友之道，为父的若批评儿子会伤害父子感情。因而他提出"易子而教"的主张。南北朝时颜之推第一次提出较为系统的家教理论，其中家教原则中重要的一条即是"威严而有慈"。他指出"父母威严而有慈，则子女畏惧而生孝矣"。"父子之严，不可以狎；骨肉之爱，不可以简。简则慈孝不接，狎则怠慢生矣。"意思是父母应将威严与慈爱相结合，父子间应严肃，不可以因过于亲密而不庄重，那样会使孩子对父母生出怠慢；父母子女之间又必须有骨肉之爱，但又不可简略礼节，否则就做不到父慈子孝。颜之推还提出要戒溺爱，指出溺爱害子，严教才是真正爱子的观点，并指出家教失败究其原因多为舍不得体罚。古人在家庭教育中爱与教的矛盾问题上，有着很辩证的思考，这是值得我们后人学习的，但古人在"严"的方面有主张体罚等严酷的做法是需要我们摒弃的。至清代，清人一般与前代一样，主张教子宜严。但也有不少新的见解。王夫之在论家教须严的原则上提出严格要求并非动辄打骂，而是以理服人，使之自省。严须有一定的根据，这根据便是礼。礼的核心是爱与敬，严根据礼，则严是爱的表现。李惺提出教子不可一律严，对乖戾成性的孩子要防止因督促过急而产生逆反心理。刘沅则提出，严是"端严"，是以身作则的意思，认为世人误解了"严"字，以为是宽严的严，实际是指父母师长正身作则。这实际上是说父母欲严以教子必须先严于律己。

3. 生动形象，情理交融

古代虽然还没有心理学这门学科，但是，人们从实践中逐步认识了儿童的一些心理特点，并根据所认识的心理特点提出了一些与现代心理学相吻合的教育方法。其中，比较典型的是教育要根据儿童的心理活动因势利导地进行。比如，《学记》就提出："知其心，然后能救其失也。"汉代教育家徐干说，教育人"必先度其心志，本其气量，视其锐气，察其坠衰，然后唱焉以观其和，导焉以观其随"。

为了适应儿童的心理特点，古人创造了许多形象化的教育方法，把一些家庭教育的好经验编成故事。比如，孟母通过剪断织机上的布教育学习漫不经心的儿子；岳飞的母亲通过在岳飞背上刺字，教育岳飞要精忠报国等，都是千古流传的好方法。其次，《二十四孝图》、"孔融让梨""司马光破缸救人""龟兔赛跑""狼来了"等故事，至今仍然具有教育的力量。

4. 环境感染，潜移默化

人的素质发展，除遗传因素外，更多的取决于后天的教育和环境的影响。环境影响，是一种潜移默化的教育，这是现代科学研究的成果。我们的祖先早已认识到了这一点，所以，古人除十分重视对孩子的教育外，还十分重视孩子居住环境的选择。"与善人居，如入芝兰之室，久而自芳也；与恶人居，如入鲍鱼之肆，久而自臭也""染于苍作苍，染于黄则黄，所入者变，其色亦变""莲生麻中，不扶而直，白沙在涅，与之俱黑""近朱者赤，近墨者黑"等观点，都反映了环境影响的作用。正因为如此，有条件的父母，都努力为孩子选择比较良好的家庭周边环境，孟母三次搬家就是最典型的例子。

5. 教材编写，灵活多样

对儿童的教育，不能完全靠父母面对面的说教，还必须有相应的"教材"。古代中国所编写的可供儿童学习的启蒙读物，其数量之多、质量之高、形式之灵活多样，全世界都少有。

我国古代儿童启蒙教材的形式主要有家规、家训、家诫、家仪、家约、庭训、内训、诗歌、韵文、绘画、故事、对联等。帝王家还有《帝范》。家规、家训类的代表作有：《朱子治家格言》《颜氏家训》《太公家教》、司马光的《家范》等。清朝李毓秀的《弟子规》、朱用纯的《朱子家训》等，也都是当时受人们欢迎的家庭教育书籍。

诗歌韵文类的代表作有：《幼学琼林》《增广贤文》《三字经》《童蒙训》《千字文》《弟子规》《童蒙须知韵语》《神童诗》《百家姓》等。《唐诗三百首》《千家诗》《笠翁对韵》等，则是较高层次的启蒙读物。

故事类代表作有：《二十四孝》《劝报亲恩篇》《名贤集》《孔融让梨》《司马光破缸救人》，以及悬梁锥股、映雪囊萤、负薪挂角、凿壁借光等。中国古代的许多蒙学读物，还配有图画。图文并茂的儿童读物，特别受孩子欢迎，其中，流行最广的是陶赞廷的《蒙养图说》。

图文诗画，不但用于教育儿童，也有的用于教育成年子女。宋代宰相寇准，幼年丧父，母亲含辛茹苦把他抚养成人。寇准考中进士后，其母因操劳过度，一病不起，临终前她亲自绘了一幅画，交给家中仆人，并嘱咐仆人：寇准日后若做官忘本，就把此画交给他。寇准做了高官后，生活开始奢侈起来，仆人便将此画送给了他。寇准打开一看，母亲画的是《寒窗课子图》，画上还题有一首诗："孤灯课读苦含辛，望你修身为万民；勤俭家风慈母训，他年富贵莫忘贫。"寇准看后内疚不已，深感对不起母亲，他饱含泪水，默默向母亲保证，一定要做一个为国为民的清官。寇准履行了对母亲的诺言，果然成为一代颇有建树的清官。

唐代的"诗圣"杜甫，一生颠沛流离，潦倒贫困。他希望他的儿子宗武向圣贤看齐，写了《示宗武》诗：

觅句知新律，摊书解满床；试吟青玉案，莫羡紫罗囊。

假日从时饮，明年共我长；应须饱经术，已似爱文章。

十五男儿志，三千弟子行；曾参与游夏，达者得升堂。

近现代的许多名人学者，继承发扬中国"诗教"的传统，结合时代的特点也写了许多教子诗。比如，无产阶级革命家陈毅，长子将去"哈工大"上学时，他写诗勉励："小丹赴东北，升学入军工。写诗送汝行，永远记心中。汝是党之子，革命是吾风。汝是无产者，勤俭是吾宗。汝要学马列，政治多用功。汝要学技术，专业应精通。勿学纨绔儿，变成百痴聋。少年当切戒，阿飞客里空。身体要健壮，品德重谦恭。工作与学习，善始而善终。人民培养汝，报答立事功。祖国如有难，汝应作前锋。试看大风雪，独有立青松。又看耐严寒，篱边长忍冬。千锤百炼后，方见思想红。"

二、中国传统家庭教育的糟粕

中国古代的家庭教育，既有许多值得继承的优良传统，也有许多不能继承、需要批判的糟粕。

（一）愚忠教育

在古代，虽然孟子提出过"民为贵，社稷次之，君为轻"的观点，但是，在从私有制为基础的封建社会，孟子的观点毫不现实。

封建私有制决定了国家是帝王的私有财产，帝王是国家的代表和象征，王法就是国法。孔子就极力维护这种体制，说"君君、臣臣、父父、子子"，必须上下分明，不能"犯上"。《诗·小雅·北山》就说："普天之下，莫非王土；率土之滨，莫非王臣。"因此，爱国，必须忠君；忠君才是爱国。被皇帝重用，就是被国家重用；报皇帝的恩，就是报国家之恩；为皇帝而死，就是为国家献身，这些已经成了封建社会占统治地位的价值观。在这种价值观的统帅下，爱国主义教育，基本上就是忠君思想教育。被赞为反帝英雄的清朝大臣左宗棠，因受道光皇帝的重用连连高升，便感激涕零地说："我一书生乖窃至此，从枯寂至显荣不过数年，可谓速化之至。绚烂之极正衰歇之征，惟当尽心尽力，上报国恩。"

康熙皇帝在读《离骚》时说："读《离骚》，当识其大意所在，屈原以忠君爱国之心，原本山川，极命草木，微文见志，一篇之中三致意焉，遂为千古风骚之祖。"

在帝王就是国家，国家就是帝王的价值观支配下所形成的伦理道德，也必然是以对皇帝是否忠诚为根本标准。于是，"犯上"既是最大的不忠，也是最大的对道德的背叛。皇帝的话是"圣旨"，对圣旨必须无条件执行，乃至"君叫臣死，臣不得不死"，而且，君叫臣死，是"赐死"，是皇帝的"恩典"，被"赐死"者还得高呼"谢主隆恩"，如果君叫臣死臣不死，就是最大的不忠，就是大逆不道，就是十恶不赦。

总之，封建社会把爱国与忠君混为一体，把爱国主义教育与忠君思想教育相结合的做法，必须批判、必须抛弃。马克思主义和现代社会反对个人崇拜，就是对封建社会把爱国与忠君融为一体的思想的批判。

（二）愚孝教育

古代中国的家庭教育，十分重视孝心教育，以至有"百善孝为先"的说法。

古代中国的孝心教育，既有值得继承的精华，也有需要批判、需要抛弃的糟粕。

古代的孝心教育，是建立在私有制基础上的愚孝。"愚孝"与"愚忠"一脉相承，都是封建私有制的产物。封建私有制社会，把国家视为帝王的私有财产；在家庭里，把孩子视为家长的私有财产。愚忠讲"君叫臣死臣不得不死"，愚孝讲"父要子亡子不得不亡"。因此，什么是最大的"忠"？就是绝对服从圣命。什么是最大的孝，就是绝对服从父命（包括母命）。

古人讲孝，是讲孝顺，是以"顺"为孝。现代人讲孝，是讲孝敬，以"尊敬"为孝。以尊敬为孝，不是盲从，不是愚孝，儿女对父母要尊敬，但有不同意见可以用尊敬的态度和方式提出；可以既尊重父母的意见，也保留自己的看法。以顺为孝，那就是无论父母说得对不对，儿女都必须听命，都必须顺从，即使父母做的明明是错误的，儿女都不能说错，否则，就是不孝。如果指出父母的错处，就是犯上。犯父母之上与犯皇帝之上一样，都是大逆不道，都要受到口诛笔伐，要受到严厉惩罚。

在愚孝教育的影响下，出现了许多荒唐的、可笑的、违背情理和人性的孝子和"孝事"，最典型的如《二十四孝图》中的"老莱娱亲""郭巨埋子"等。

有的地方对于传统的孝心教育，不加选择、不加批判，原封不动地搬来教育今天的儿童和青少年。比如，把二十四孝的故事刻画在公园或大庭广众之处作为人们学习的楷模；要求儿童和青少年诵读《弟子规》等。

《二十四孝图》是封建社会愚孝的典型和榜样，鲁迅早就批判过。他在回忆录散文集《朝花夕拾》中的《二十四孝图》中，谈到他童年听二十四孝故事的感受时说："我听人讲完了二十四个故事之后，才知道'孝'有如此之难，对于先前痴心妄想，想做孝子的计划，完全绝望了。哭竹生笋，就可疑，怕我的精诚未必会这样感动天地。但是哭不出笋来，还不过抛脸而已，一到卧冰求鲤，可就有性命之虞了。我乡的天气是温和的，严冬中，水面也只结一层薄冰，即使孩子的重量怎样小，躺上去，也一定哗啦一声，冰破落水，鲤鱼还不及游过来。自然，必须不顾性命，这才孝感神明，会有意料之外的奇迹，但那时我还小，实在不明白这些。"

（三）读书做官名利教育

古代的家庭教育与学校教育、社会教育一样，教育儿童和青少年刻苦学习的目的，就是中举做官、衣锦还乡、光宗耀祖、名利双收。如，"天子重英豪，文章教尔曹；万般皆下品，惟有读书高""朝为田舍郎，暮登天子堂；将相本无种，男儿当自强""一举登科日，双亲未老时；锦衣归故里，端的是男儿""书中自有颜如玉，书中自有黄金屋"等名诗名句，都对学童们产生了极大的影响。古代的读书人，几乎都是为中举登科、衣锦还乡而刻苦学习。许多家贫学子，之所以能忍耐"十年寒窗无人问"的孤苦，大多数都是为了"一举成名天下扬"。

读书做官，本没有错，任何时代的官员一般都接受过良好的教育。我国现在招考、选拔公务员也强调文化科学教育素质，所以，问题不在读书做官，而在于做官的目的。在私有制的时代，家庭、学校、社会及各个方面鼓励儿童和青少年刻苦学习，其目的都是为了一举成名天下扬，获得黄金屋、得到颜如玉，衣锦还乡、光宗耀祖、名利双收。

最近几年，有的地方大力宣传《二十四孝图》《弟子规》等传统家教读物，有的中小学和家长，还要求学生诵读《弟子规》，这种不加批判的全盘接收古代传统的做法并不可取。

在批判传统家庭教育糟粕的时候，有两个问题需要划清界限。

首先，要分清封建时代的爱国主义教育与新中国的爱国主义教育在本质上的区别。新中国成立以来，中国共产党十分重视对人民进行爱国主义教育，而且都把热爱新中国与热爱中国共产党、热爱人民结合起来，把忠于祖国与忠于党、忠于人民的教育结合起来。这种结合，与封建社会把爱国教育与忠君教育结合有着本质的不同。中国共产党是由中华民族优秀分子组成的工人阶级的政党，是中国工人阶级的先锋队，也是国家和民族的先锋队，过去是中国人民解放事业的领导核心，今天是中国特色社会主义事业的领导核心。代表中国先进生产力的发展要求，代表中国先进文化的前进方向，代表中国最广大人民的根本利益。因此，爱党、爱国、爱人民，忠于党、忠于祖国、忠于人民完全是一致的。我们的家庭教育、学校教育、社会教育，都必须把爱国主义教育与爱中国共产党、爱人民的教育融为一体；必须把教育孩子忠于党、忠于祖国、忠于人民结合起来，统一起来。

其次，要分清古代教育鼓励儿童和青少年刻苦学习与现在教育鼓励儿童和青少年刻苦学习的本质区别。古代的教育，包括家庭教育，都十分重视教育鼓励儿童和青少年刻苦学习，而刻苦学习的目的，是中举做官、衣锦还乡。今天，我们也十分重视鼓励儿童和青少年刻苦学习，也鼓励学成后报考公务员及其他行业的员工，也宣传通过刻苦学习改善个人的、家庭的生活状况和命运，但是，今天教育鼓励儿童和青少年刻苦学习，是为了建设强大的祖国。因此，孩子无论将来是当官还是成为其他行业的员工，都是为建设社会主义强大国家服务，为人民服务。当然，国家建设好了，个人的、家庭的生活及命运自然都会得到改善。

以上两个问题，是在批判传统家庭教育糟粕时需要特别分清的。

三、我国家庭教育消极因素分析

长期以来我国封建社会形成的思想文化，具有与小农生产相适应的保守性和与强权政治需要相结合的专制性的特点。这些特点在家庭教育中也有反映和体现。

（一）家长本位的亲子关系

"父为子纲"是封建社会亲子关系的道德规范，它强调子女应对父母尽"孝"。而"孝"就是"无违"，即父亲在家中具有绝对的权威，子女必须绝对服从。朱熹在《童蒙须知》中写道："凡为人子弟，须要常低首听受，不可妄自议论，长上检查或有过失，不可便自分解。"这种家长本位的教育模式，一味地强调家长的意志与要求，完全忽视和否认子女的需要与想法，这在一定程度上扼杀了子女的创造精神，对其个性的健全发展起了消极的作用。

（二）禁锢保守的教育方式

中国传统家庭养育子女的方式是以传统的理想人格模型为标准来引导教育下一代的。子女出生后，尚在襁褓之中，就要被绑紧四肢，这样长大成人后才会循规蹈矩。子女成人后如果行为不端，常被认为是在乳婴时未被绑住手脚的缘故。

传统的家庭教育以顺从听话为标准来衡量子女能否成才。为使子女听话，常常施以体罚以示训诫。故孔子云："小儿好博，管达及之。"据记载，敦煌民间育儿风俗有三：一为"三岁断奶"；二为"移干就湿"，指母亲须将尿床小儿移至干处，自己睡湿处；三为"精心养育"，包括"抱持、洗濯、治病、防事故"。这种对子女过分保护、过多满足、过于代替的养育，其结果是形成了子女的依赖心理，抑制了子女的探究欲及创造性，培养出拘谨、顺从、安分守己的后代。

（三）利己小农的教育观念

封建社会以小农经济为重心的社会生活是以家族为主要运作单位的，家族的利益至高无上，子女是家庭的私有财产。为了维护家族的利益，就要培养子女出人头地、光宗耀祖，由此形成了严重的利己观念，从而满足传宗接代的家族要求。作为子女则须守在家长身边，安守祖业。《太公家教》中说："言不可失，行不可亏。他离莫远，他事莫知，忿能积恶，必须忍之。心能造恶，必须戒之。口能招祸，必须慎之。见人善事，必须赞之。见人恶事，必须奄之。"这样的教育，使人自幼便养成对自己不利的话不说，对自己不利的事不做，学会回避矛盾，明哲保身。

长期的封建社会文化背景所形成的中国传统的家庭教育观念根深蒂固，有些至今仍禁锢着人们的头脑，甚至成为某些家庭的价值观念，如乐天从命的"宿命论"，"上智下愚"的"天才论"，"重男轻女"的"生育观"等，都在不同程度和方面影响着现代人的思想观念。为了促进儿童更好地发展，提高家长的素养，形成与发展具有中国特色的家庭教育理论与实践体系，对我国传统的家庭教育理论与实践就必须加以总结、分析研究，汲取精华、剔除糟粕。

第三节　新时期家庭教育的发展现状

一、家庭教育的现状分析

（一）学习型家庭受到推崇

根据社会发展对人才的需要，不少家庭成功地将孩子培养成才，这种成功的家庭教育案例吸引了不少尚在家庭教育这条道路上摸索前进的家长们，越来越多的家长开始努力把自己的家庭打造成学习型家庭。

学习型家庭是一种新的家庭形态。作为一种新的家庭形态，不论是双亲、单亲或是其他特殊形式的家庭，也不分富裕或贫困家庭，以学习动机高低和学习能力的强弱组合为标准，划分成四种家庭形态：无学习动机和无学习能力的非学习型家庭，低学习动机和有学习能力的学习型家庭，高学习动机和低学习能力的学习型家庭，高学习动机和高学习能力的学习型家庭。

学习型家庭是一种以家庭为单位的新的学习组织形式，具有持续不断的学习、亲密合作的关系、彼此联系的网络、集体共享的观念、创新发展的精神、系统思考的方法。

其成功经验是：父母应带头学习。不管家长自身的文化水平是高是低，只要意识到自身的不足，敢于并坚持去学习，在家庭中营造一种浓厚的学习兴趣，就会感染到孩子，这样，孩子就会从小养成一种良好的学习习惯。《颜氏家训》云："而信，信其所亲；同命而行，信其所亲。"子女的教育，正是"信其所亲"在起着极大作用。父母可根据自己工作与生活的需要，跟孩子一起制订学习的内容、学习的形式及学习的时间等。家庭人际关系应和谐。和谐的人际关系，有助于家庭成员的平等交流与对话，有助于共学与互学。家庭人际关系指的是家庭成员之间相互作用的结构和方式。核心家庭的人际关系主要指夫妻关系与亲子关系。和谐平等的亲子关系有助于孩子接受父母的教育，同时，父母也乐于向孩子学习。这种互动式的学习，有助于推动学习型家庭的创建。亲密和谐的夫妻关系、民主平等的亲子关系，是推动学习型家庭创建的十分重要的软环境。

学习型家庭之所以受到推崇，恰是因为它反映了家长的心愿，孩子的学习是当前家庭教育最重视的内容，符合家长对子女的教育期盼。

（二）把智育看作家庭教育的核心内容

现在越来越多的家庭把对孩子的智育教育当成家庭教育的核心内容，追溯其源头，就是我们传统的"学而优则仕"的名利思想在影响我们的整个教育方向，大多数家长认为，只要孩子能出人头地，这些长辈也会跟着享受荣华富贵。

这主要表现为在家庭教育的指导思想上，过分强调孩子学习成绩的优劣。他们对孩子提出许多过高要求。孩子们感到压力很大，有的因此对学习失去信心，甚至产生逆反心理。

现在的家长都有很强的不服输精神，害怕自己的孩子会掉队，所以现在在家长出现了一种随大溜的现象，人家的孩子学什么，自己的孩子也一定要学。就如当年众人追捧的奥数班，不管自己的孩子在这方面有没有天赋，都硬逼着他去学。还有上音乐培训班，上美术培训班，上书法培训班，等等。

事实上，一个人是否能成才，并不能仅仅由成绩来决定，成才包括很多方面，人生的机遇如此之多，谁能说得清呢？我们应该全面地培养孩子，关注孩子与别的孩子的不同之处。

（三）亲子沟通障碍问题越来越突出

当前，亲子问题越来越受到关注，家长与孩子之间的矛盾冲突越来越突出，有的甚至到了不可调和的地步，发生了悲剧性的事件，尤其是处在青春叛逆期的孩子，与家长的矛盾更为激烈，这也成了许多教育者特别关注的问题。

很多家长把自己的愿望构筑在孩子身上，毫不考虑孩子的想法，想把自己未实现的理想交由孩子来实现，认为孩子来到这个世上是帮自己实现梦想，以弥补心中的缺憾的。家长的引导需要以家长对孩子精神成长的无条件看护与支持为基础，当孩子开始在生活中找寻自己的位置时，家长需要在孩子身边，告诉他们行为的界限，做支持他们的后盾力量。这种力量超越了所有的方法与策略，也是家长帮助面对青春困惑的孩子们的一种根本性力量之所在。其实，孩子产生这种叛逆思想，不是他们的错，处于叛逆期，说明他们正在走向成熟，开始思考自己的未来，开始思考自己的人生价值。作为家长，在此时，应该给他们正确的引导，但要注意方式，如果方法不正确，会起到反作用。

（四）家庭德育受到关注

教育家陶行知先生说："道德教育是做人的根本。""没有道德的人，学问和本领愈大，为非作恶愈大。"从我国当前社会发展来看，对儿童进行道德教育，打好做人的基础，不仅是儿童自身发展和完善的需要，也是现代社会发展的需要。加强对儿童的道德教育是我们始终不能放松的工作。

现实中，由于父母"轻德"的教育价值观，导致孩子尚未成年便走上了犯罪道路。

因此，忽视思想道德教育是家庭教育最大的失误！让我们来分析一下造成这种状况的原因。

1. 教育观念

第一，过分重视智育而轻视德育。中国家长的潜意识里有一种自古以来的传统教育思想，如受"书中自有黄金屋，书中自有颜如玉"等思想的影响，把智育放在第一位，再加上现代社会日趋激烈的竞争和对人才不合理的评价制度助长了家长的这种价值观，很多家长"望子成龙""望女成凤"，使广大家长围绕在分数的指挥棒下，将大部分精力都放在孩子的学业上，认为德育可有可无，甚至认为分数是评价将来孩子是否能成才最合理的方式，从而忽视了对孩子进行最起码的文明礼仪教育和思想教育。

第二，过度放纵。有些家长错误地认为严格的德育教育是封建时期才会采用的教育模式，不适应现代家庭教育，故反其道而行之，过度地放纵孩子，他们认为这就是"民主"。在家庭教育中，表面上看起来是民主，而实质则是一种娇惯放任。即使一些孩子会帮着做一些家务，但他们还要理所当然地向家长要劳务费。这些虽然有利于培养子女独立的人格和个性的形成，但会伴随着自以为是、我行我素、"老子天下第一"的"小皇帝"观念。

2. 教育方式

家长不能言传身教。有些家长认为只有骂孩子、打孩子，他们才能听话，其实他们错了。大家都说孩子是父母的影子，这话不无道理，父母的日常行为、说话方式都会对孩子有很大影响。有些家长自身的道德修养很低，夫妻俩总是打打闹闹，对外人际关系也很糟糕，留给别人的印象总是虚伪、市侩、对长辈不孝敬，家长的这些所作所为，会对孩子产生很大的影响。这样的家庭，即使有再多的钱为孩子请家庭教师，也难圆望子成龙之梦；同时在家长中普遍存在着狂热追求物质利益、对生活贪图享乐、精神追求茫然的风气，对孩子的身教起着负面的影响。

一个家庭就是一个小社会。家长要注重对孩子的德育教育，努力为孩子营造一个幸福、快乐而又健康的小家庭，让孩子在这样一个环境氛围中长大成才。苏霍姆林斯基说过："儿童的心灵是敏感的，他是为接受一切好的东西而敞开的，如果教师诱导儿童学习好的榜样，鼓励仿效一切好的行为，那么，儿童身上的所有缺点就会没有痛苦和创伤地、不觉难受地逐渐消失。"因此，重视对子女的思想道德教育，努力使子女成为有道德、有理想、有文化、守纪律的人应成为家庭教育的主要内容，并应为更多的家长所重视。

（五）独生子女的教育问题

独生子女在全儿童总数中的比例逐渐增大，这给子女教育和心理学带来了一个新的课题，即"对独生子女开展研究工作的问题"。目前社会上差不多凡是有独生子女的家庭，对独生子女的教育方式都存在一些问题，有些孩子受到过度溺爱，自理能力很差，遇到挫折就无法承受，这已经成为一个我们不得不面对的问题。

造成溺爱现象的原因是什么呢？

第一，独生子女在家庭中处于小公主、小皇帝的地位，造成他们怪异的脾气。独生子女犹如太阳系中的太阳，外面有父母亲、祖父母、外祖父母六颗行星围绕着这个家庭中的小太阳转。这些孩子过着"衣来伸手，饭来张口"的生活，他们从不知道什么叫苦，不要说自己去干一些力所能及的事情，只要他们离开这个家，他们自己都照顾不好自己。

第二，无论什么事，家长都顺着孩子的心意，久而久之，养成了他们以自我为中心，不为他人考虑的坏习惯。在成长过程中的一些不良习惯由于家长的放纵不能得到及时有效的纠正，使这些独生子女的性格有些偏颇。

二、家庭教育的发展趋势

随着时代的变迁，社会发生了巨大的变化，家庭的结构、功能以及家庭成员间的关系也发生了很大的变化。这些变化给家庭教育提出了新的课程、新的挑战。

（一）家庭教育的发展背景

在社会学家看来，家庭教育是家庭的一种功能，它必然随着家庭和社会的变迁而变迁。美国社会学家 T– 帕森斯考察 20 世纪 50 年代美国中产阶级家庭的变迁，指出家庭作为一种经济、政治和福利机构的重要性正日益下降，而作为一种社会化和抚养子女以及为成年人提供心理支持设施的重要性在不断上升。他认为，现代家庭恰好是与工业经济相适应的，工业经济促进了劳动的流动和儿童的社会化，并且家庭还给在竞争激烈、不稳定和没有个人情感的社会中的成年人提供了一个情感依托的根源。

随着改革开放的步伐不断加快，教育事业形势也一片大好。外国文化团体来本地区举办展出、演出，外国教育团体和个人来本地区办讲座、招收学生或者充任教师的情况逐年增多，如最近几年广州每年都有十几家国外教育机构前来招生，在上海几乎每间私立学校都把拥有众多的外籍教师当作吸引学生的金字招牌，少年儿童直接同外国人接触的机会大大增加。这无疑在潜移默化之中对儿童的发展产生了积极影响，儿童的眼界不仅仅局限在国内这片有限的领域内，对国外生活文化诸多方面的了解，对他们的成长及未来人生的规划都会有强大的推动力。但过分地在意这些东西，也会有不利影响。

目前，还有许多城镇文化市场管理机构不健全，人员编制不足，涉嫌色情、赌博、暴力、吸毒活动的录像厅、游戏机室、卡拉 OK 歌舞厅、桑拿室遍布城乡，淫秽、迷信、反动的书刊到处售卖。这种黄色文化，不仅使一些辨别是非能力不足的少年儿童中毒受害，甚至使一些思想道德不够坚定的中青年家长误入歧途，造成一些家庭的堕落和毁灭。

随着生活水平的不断提高，居民的口袋逐渐鼓起来，但这并不代表我国的教育事业的文明进程也是直线上升的。调查反映出以下问题比较突出：一是有些家长经常参加封建迷信活动，为此还花费相当多的时间和金钱；二是赌博现象比较普遍，甚至还酿成了家庭悲剧；三是不少家长热衷于讲排场、比阔气，浪费现象相当严重，使孩子也跟风行事，穿衣打扮讲究牌子；四是有些家长喜欢看黄色录像、听不健康歌曲，更为严重的是，家长也让孩子参与这些不健康的活动，使孩子的身心都受到污染。这些消极的生活方式往往对子女的成长带来负面的影响。据有关部门调查，现在儿童犯罪呈低龄化、暴力化、团伙化的趋势。

（二）家庭教育发展的大趋势

现代家庭与传统家庭相比已经发生了显著变化，结构简单、人口少、对外交流多已成为现代家庭的主要特征。21 世纪家庭教育的新趋势具体表现在以下几个方面：

1. 素质教育成为家庭教育的主旋律

20 世纪末，中国教育界发生了一场深刻的变革，即由"应试教育"向"素质教育"的转变。素质教育的大讨论及各级各类学校的素质教育实践活动，必然波及家庭教育，一些家长在家教实践中已经自觉地由"应试教育"向"素质教育"转化。这使我们不得不去思考：素质教育究竟是什么？

（1）素质教育是孩子的笑

素质教育是唱歌、跳舞、捉蚂蚱、扑蝴蝶。理想总是那么美好，但现实总是那么残酷如今的素质教育却是压在孩子身上越来越重的课本，每到夜深人静之时，还能听到孩子沙沙的写字声。

就这样，久而久之，素质教育成了表面文章，一有任务，见招拆招，敷衍了事。

（2）素质教育是棋逢对手勇者胜的战斗

学校一味地追求升学率，也确实在这方面动足了脑筋，学校甚至肯花钱去买高分学生来本校就读。对于家长来说，孩子的分数不够重点学校的要求，拿钱就好，这就是所谓的择校费。当素质教育遇上应试教育，素质教育只能乖乖让路。

（3）素质教育是一条弯弯曲曲的小河

在家长的心中，学习对于孩子和整个家庭来说是头等大事，其他一切都不能与之相提并论，如果教师组织学生出去进行什么调查研究，在家长眼里，这个教师是不称职的，是不务正业的。

溪水清澈明亮，使人联想起聪慧，因为弯曲才会发出悦耳动听的声音，这正是素质教育给我们的启示。素质教育这条路要想继续走下去，需要社会、学校、家长付出更多的耐心，需要各界的支持与体谅。

（4）素质教育到底是什么

素质教育应该是追求最高境界的教育。笔者认为，新课改培训、新理念培训，都应该先从上面的头头脑脑开始，让素质教育不再是挂在嘴边的口号，让所有的人把我们的孩子真正看作孩子，树立起大教育观念。

随着新时代的到来，素质教育是我们不得不面对的发展趋势，即使目前还存在着很多问题和不足，我们也不能就此而全面否定它。"全面推进素质教育是全社会的大事""素质教育应贯穿家庭教育的方方面面"的理念将进一步为家长所接受，素质教育将成为家庭教育的核心内容。在具体的家教实践中，家长也该转化一下观念，把孩子的道德教育当成头等大事来抓，从孩子生活中点点滴滴的小事抓起，从纠正孩子的每个不良行为开始。新世纪家庭教育应该重视从小培养孩子的求知、生存、共处和做人能力，其中，以培养做人能力为核心。

2. 道德教育成为家庭教育的主要内容

道德教育是家庭教育的首要任务。家庭教育具有与家庭关系上的情感性、与日常生活上的融合性、教育形式的多样性、过程上的反复性和时间上的终身性等特点。帮助儿童完成道德修养的提高，是家庭教育的核心任务，是每位家长应该努力的方向。

家庭道德教育，主要是指父母对子女看待事物和问题的是非标准、价值观念、处世原则等的培育、引导和熏陶，从而使他们形成相应的道德观念、道德情感和道德习惯，并使遵守这些道德规范和行为准则成为子女自觉的道德需要。

相对于学校教育和社会教育来说，家庭教育在塑造儿童的道德品质方面有着得天独厚的优势，家长的一言一行，一举一动，都将成为儿童模仿的对象，所以家长一定要从自身做起，凭借这种特殊的血亲关系、感情关系，来帮助实现儿童的道德品质培育和道德行为习惯的养成等，并且使这些观念、行为习惯能够纳入儿童经验体系和行为体系中，对其一生产生深刻的影响，成为其将来生活的参照系。

家庭德育环境，主要包括人际环境、心理环境和文化氛围等。家庭成员之间要有良好的人际关系，彼此和谐相处、互相尊重、互相学习、共同进步，家庭成员真正做到人格上的平等、心理上的宽容、情感上的融洽。

家庭德育环境的建设应注重文化环境的熏陶和优秀传统道德的熏染作用。家长要加强自身的文化修养，父母要"晓之以理，以理服人；动之以情，以情感人"，即注重情感的作用。父母和孩子在和谐、融洽的气氛中一同"成长"、共同提高。只有塑造这样良好的家庭氛围，才能让孩子有个健康快乐的成长环境。新世纪的道德教育与传统道德教育相比，在体系、内容上都应有所突破，培养健康心理，提倡人与自然、人与人和谐相处成为题中要义。

3. 社区家庭教育是家庭教育新的增长点

中国人的教育思想一直受传统观念的影响，实行"关门教育"，自己的孩子自己教，不允许别人插手，另一方面也是碍于面子问题，所以家庭教育与"社区教育"的联系沟通很少。但是当拥有一个教育团体时，家庭教育也许会得到事半功倍的效果。西方谚语"教育孩子需要一个村"高度概括了孩子成长与社区教育的关系。社区不仅是人们生活、居住的共同体，同时也是实现现代化的基础。在21世纪里，随着现代化建设步伐的加快，社区建设的力度将会明显加强，以"社区为主，政府协调，社会参与，共建文明，共育新人"为核心的社区教育模式，将对家庭教育产生重大的影响。健全的社区教育机制，使家长有机会接受各种家庭教育培训，讲究科学的育人方法；优美的社区环境，使家长带孩子走出家庭，学习知识，感受生活；文明的社区氛围，对家长的文明素养提出了更高的要求，使之成为孩子学习的好榜样。家庭教育走出家庭、融入社区，已成为新世纪家庭教育的基本走向。

新世纪家庭教育将走出家庭，充分借助社区资源来实施家庭教育，特别是0~3岁的社区家庭教育。

4. 家庭教育更注重个性化

长期对学生评价方向的单一化以及对"好学生"定义的传统和片面化，导致培养出来的人才就像同一个厂家生产出来的产品，太标准，太整齐，连棱角都没有，学校总是拿一把标准尺子来对学生的各方面能力进行评价，这套标准是好是坏，我想，应该已经有了定论；学校实施的依然是统一教材、统一进度、统一作业、统一考试、统一答案的模式化教育，学生们在数不清的追求唯一"标准答案"的考试中，失去了好奇、探究的天性，失去了原本千差万别的个性，最终成为事事"听话"，时时、处处低眉顺眼的"好孩子"，成为模式化教育机制下生产的"标准件"。

20世纪80年代初，河南省安阳市曾有一位中学生，爱好体育且有跳高的特长，据专家测试，其各项身体素质和体能指标都优于同龄其他孩子，如能创造条件，精心培养，充分发展其特长潜能，完全有可能为国家培养出一个世界跳高冠军。然而，学校领导、家长教师、社会却协同一致地要求该生同大家齐步走，向"门门优秀"

的方向奋斗，结果，不仅"短"没有补上来，而且由于错过了最好的培养时机，"长"也被去掉了，个性特长就这样被扼杀掉了。在应试教育模式的桎梏下，像这样被压抑、泯灭的人才何止千万。

是时候该对我们的教育进行反思了，是时候该做些什么了。个性化教育 (IEP) 主要借鉴加德纳的多元智能理论，它认为每个儿童都是一个潜在的天才儿童，只是经常表现出不同的方式，表现出不同的个性而已。每个儿童的优势和薄弱环节都是不同的，表现各异。教育最重要的目标就是让每个儿童充分发展自己的个性。

世界上的每个人都是一个独立的个体，都有着不同的个性和特点。就像世人所说的，世界上没有两片相同的叶子，别人的经验我们只能借鉴，但不能照搬，每个人都有自己的发展方向。作为家长，应该充分挖掘自己孩子的优势和潜力，帮助他们在此方面有所作为。而不是一味地要他们向着整齐划一的方向发展。教育是没有权威的，即使再高明的研究者也只能为家长提供某种思考方式和解决方式。教育家只能帮助家长成长，但绝对不能代替家长成长，真正了解孩子的还是家长。无论能为孩子提供多大多好的发展条件，这都没有关系，只要我们有耐心和爱心，去支持他们，去鼓励他们，这就够了，关键是发自真心地去支持孩子的喜好。新世纪家庭教育以道德为核心，重在培养人的创造性，同时，更加关注孩子个性化的培养，强调生存交往能力是人获得成功的关键。

5. 家庭文化多元化发展

家庭文化打破了封闭、单一的传统模式，向开放、多样的现代化模式转变，包括家庭成员间形成平等民主的人际关系、亲子之间形成开放互动的相互学习关系、家庭生活中消费娱乐等开支占消费的比例越来越大。

6. 儿童参与是家庭教育的关注点

现代家庭教育更尊重儿童，倾听儿童心声，儿童的参与权要贯穿家庭教育全过程。儿童在参与过程中，极其需要家长给予平等的对待，那么家长应该怎样平等地对待孩子呢？

学会倾听孩子的心声。孩子和我们的地位是平等的，我们不应仅仅把他们当成孩子来对待，他们的想法我们应该去倾听，去理解。作为孩子的倾听者，我们也需要注意一些问题：在倾诉时，倾诉者的心理最脆弱、最敏感，他彷徨、脆弱、无助，倾听者只要有一丝的不耐烦或不屑，就会使他感到难堪，受到打击——尤其是孩子。所以，父母在倾听时要心无旁骛。

向孩子阐述自己的观点。孩子毕竟还不够成熟，我们有时因急于纠正他们思想上的错误，会选择一些并不起什么作用的方法，要注意，你可以在倾听的基础上向孩子表达自己的思想，让自己成为倾诉者，孩子成为倾听者。你以忠实听众的代价换来的必将是另一个忠实的听众。孩子会认真地听你倾诉，在倾听中思考你的话，接受你的思想。

7. 委婉地建议孩子怎样做

当家长用很强硬的态度要求孩子去做什么事情的时候，孩子就会产生一种排斥的心理，想和家长对着干。所以家长要换位思考，尝试用一种委婉的方法告诉他们怎样做才是对的，例如，可以说："你看这样做怎么样？""你这样试试好吗？"请求总是令人难以拒绝的。所以当父母认为孩子错了或者希望孩子怎样去做时，千万不要用"你必须"之类的字眼，而要以建议的方式，让他们去判断和思考。一个高明的教育者总是善于使用建议的方式。

近几年来，在报纸和电视上常见这样的事：许多非常优秀的学生经过 12 年的寒窗苦读，终于考上了一所离家很远的名牌大学。但由于从小就一门心思地学习，自理能力非常差，离开父母后，连洗衣服、打饭都不会，无奈之下，只能退学，甚至有些选择极端方式结束了自己的生命。甚至报纸上还有报道，广州一位即将出国攻读硕士研究生的本科毕业生，由于担心不能照顾好自己，而患上了精神分裂症。当我们为这些不该发生的事的主人公们痛心惋惜之际，也该从这一幕幕的悲剧中吸取教训，冷静地思考一下：怎样使孩子真正健康茁壮地成长？怎样使孩子稳稳地立足于竞争激烈的社会之中？

与新世纪家庭教育发展的新趋势相应，要建立新世纪家庭教育的新理念，具体包括：发挥家长在家庭教育中的主体作用，树立以儿童为本的观念，变家教中的被动为互动、主动。

确立现代化的家庭教育观念。家庭教育，起决定性作用的是家长的教育观念，观念正确了，就可以使每个家庭找到正确的教育方法。现代化的家教观念要求家长认识到儿童是成长中的人，是独立的人，应当根据儿童发展的不同阶段、不同程度因材施教，帮助他们独立成人。

探索多样化的家庭教育模式，带儿童走出家庭，走向社会，走向自然。

家庭教育是提高国民素质的基础。我们要始终把家庭教育放在一个关键的位置上，对它未来的发展充满希望与期待。

第四节　二孩政策：我国教育面临新课题部分

"全面实施一对夫妇可生育两个孩子政策"，党的十八届五中全会公报中的新政一公布，立刻引发社会热议。这是继2013年十八届三中全会决定启动实施"单独二孩"政策后的又一次人口政策调整。虽然专家认为，全面放开二孩有利于改善人口结构，但一方面是因经济压力加大，教育投资、社会消费支出等加剧，另一方面是养儿防老、传宗接代的思想逐步淡化等，这一政策不一定能与人们的生育意愿完全吻合，所以并不会造成人口激增。即便如此，"二孩"新政也会给教育资源带来压力，未来可能会增加多少新生人口？教育等公共服务的供给能力是否能满足新的人口形势？孩子的未来教育计划肯定是需要调整的，在孩子的成长教育中，一方面素质教育要全面发展，另一方面成绩又是异常重要的衡量标准。在经济压力大的情况下孩子该如何培养，如何保证教育质量呢？

一、幼教早教质量有待提高

统计数字显示：国家实行二孩政策后，各地反响并不相同。小学、幼教和早教的发展程度，直接影响了二孩生育率。二孩政策实施后，山东省新生儿年出生人口数明显增长，二孩出生数甚至超过了一孩，儿科医疗保健需求将更加迫切。山东省教育厅会同省卫生计生委，对"十三五"期间儿科医师需求情况认真进行分析研究。2016年，青岛大学、泰山医学院、滨州医学院、济宁医学院4所高校均开设临床医学（儿科方向）本科专业，在山东中医药大学开设中医学（儿科方向）本科专业，安排5所高校儿科方向本科专业招生计划460人。山东中医药大学还安排了中医学"5+3"一体化，研究生阶段儿科方向招生计划30人。济南儿童师范高等专科学校今年"3+4"招收济南市初中毕业生200人，其中80个名额专门分给小学教育专业，另外，今年该校还首次开设早期教育专业。校长黄祖杰表示：这几年毕业生供不应求，很多学生在实习期间就被用人单位"预定"了。2016年校园招聘会上，来自全国各地182家用人单位为1259名毕业生提供了2656个就业岗位，音乐教育供需比最高达1:17。"基本上每个专业都是一个学生至少有3个岗位等待其挑选。"

二、整体上早做规划

在2016年两会期间，多地教育部门表示要对"二孩"效应早做谋划。成都已开工建设公办幼儿园 73 所，同时，根据公办幼儿园标准化提升工程建设公办幼儿园 150 所，2016 年 9 月 1 日实现开园招生。到 2016 年底，全市将新建、改扩建公办幼儿园约 450 所，新增公办幼儿园学位约 14 万个。此外，成都市还于 2014 年启动了第二期学前教育三年行动计划，预计到 2016 年全市 3~5 岁儿童入园率达 98.5% 以上，幼儿园专任教师大专以上学历达 85% 以上，普惠性学位覆盖率达 85% 以上。广州市教育局表示：广州今年将正式启动全市学前教育的布点规划，这也是首次编制学前教育的布点方案。目前，全市公办园占 30% 左右，普惠园占 50% 左右，一共达到 80% 左右。广州市教育局政策法规与发展规划处副处长胡标发介绍：经测算，从单独一孩实施之后，大概一年有 1 万名左右新生儿的增量。"按这个测算，目前几年的学位可以保证。"他透露："十三五"期间，广州将新建、改扩建大约 200 所中小学，其中到 2017 年之前，新建、改扩建 126 所，学位在这几年内可以充足保障。北京 2016 年"两会"上，北京市教委主任线联平表示：随着二孩政策全面放开，北京计划 3 年新增 15 万个学前教育学位，满足全面放开"二孩"后孩子入园的需求。北京市教委预测今后几年新生儿数量会逐步增多，每年增加 5 万人左右。为此，北京市已经启动"学前教育三年行动计划"第二期，公办幼儿园进一步扩大招生规模，并动员社会各界举办学前教育。据测算，北京市符合"全面二孩"政策、可生育第二个子女的常住育龄妇女数量约增加 236 万。深圳市教育局相关负责人透露，"全面二孩"政策给深圳学位供应带来压力。近年来，随着深圳市中小学、初中入学人数不断增长，公办学位已经出现一些缺口。2016 年 4 月对深圳 10 区公办小学学位供需情况调查显示：由于人口增长快、新楼盘建设速度快、学位建设进度滞后等多方面原因，深圳 10 个区的小一公办学位均出现不同程度的缺口。而在 2015 年 3 月深圳市政协有关教育工作情况专题通报会上，市教育局的一项数据显示，2012 年深圳出生人口比 2007 年净增 7.7 万人，预测到 2017 年，深圳小一学位缺口达 5.2 万个，初一学位缺口为 2 万个。全面放开二孩政策后，会否使基础教育阶段公办学位缺口进一步加大？深圳市教育局负责人说："肯定会有压力。需要早做谋划，及早应对。"

三、家庭同胞接纳问题凸显

国外学者针对头胎对"二胎"的接纳做了大量研究。Kramer 和 Ramsburg 发现头胎儿童会因为二胎出生而产生行为问题和心理不适应。对于接纳时期，研究结果显示：不管头胎儿童处在什么年龄（儿童期、童年期还是青少年期），他们对弟妹的出生都会有利和不利的接纳反应（Kramer 和 Ramsburg, 2002），而在第二胎出生前后的过渡阶段，头胎儿童会表现出更多的抵触、嫉妒、伤心等消极情绪和退化行为（Gottlieb,

1990； Gullicks, 1993）。对于影响因素，研究涉及儿童个人因素，如年龄（Kramer & Ramsburg, 2002）、性别（Baydar, 1997）、气质（Chess & Thomas, 1989）；家庭因素，如依恋关系（Hart & Behrens, 2013)、亲子关系（Tippett & Wolke, 2015）、父母婚姻质量（Kim et al., 2006； Szabó, 2012）。

在全面放开"二胎"政策出台后，学者们探讨了它对人口、经济、医疗、教育等宏观层面的影响，但对于家庭教育的研究较少，对于家长和儿童如何适应这一新变化的措施和干预方案还几近空白。随着"二胎"政策的全面放开，我国的家庭结构将向"2+2"模式过渡，独生子女也面临着地位、角色的转变，同胞接纳问题凸显日益明显。青岛市某小学四年级学生成立了"反二胎"联盟；13岁女孩以死相逼，怀孕妈妈含泪放弃二胎；东北小男孩对妈妈哭诉：你要生我就死……在转变过程中，头胎儿童能否顺利接纳"二胎"同胞会影响其心理健康水平和家庭的和谐安定，因而相关研究越来越引起教育界和心理学界的共同关注。风笑天（2015）论述了父母再生育一个孩子，对家庭中第一个孩子的心理冲击和所带来的不适应的程度。戴旒茜（2015）研究表明，超过一半的调查对象对"二胎"持消极、不接纳的态度，性别、年龄、接触程度等因素有不同程度的影响作用。张雪丽（2015 ）研究发现：头胎儿童同胞关系一般水平、教育方式和亲子关系是影响头胎儿童同胞亲密关系的重要因素。陈斌斌、王燕等人(2016)探讨了头胎儿童在向同胞关系过渡时的生理和心理变化。

可见，头胎儿童在面对二胎弟妹出生时，会有不同程度的接纳问题和消极反应，影响因素主要来源于儿童个人和家庭。当前，我国独生子女由于特定的成长环境，容易形成任性、自我中心、人际关系敏感等不良特征，这进一步会影响其对二胎弟妹的接纳和自身健康成长。因而，了解头胎儿童对二胎同胞的接纳情况，帮助家长正确引导独生子女顺利接纳"二胎"弟妹，成为当前教育亟待解决的课题。

/ 第三章 /

现代家庭教育的理念与形势分析

第一节　现代家庭教育的理念探索

　　家庭教育的理念作为一种家长在价值判断基础上的能动选择，是家长对子女及自己需求和利益的认识水平的反映，体现了家长的主观倾向和理性认识。这种主观选择和理性认识体现在家庭教育的诸多方面，诸如为什么要开展家庭教育活动，通过家庭教育活动将使子女达到何种发展水平，在这种活动中，采取何种措施将更利于达到这个目标等方面。总体上看，这些选择都体现了不同家长在三个方面的认识与判断，即什么样的家长是好家长，什么样的子女是好子女，好家长怎样的教育过程才有利于培养出好子女，这就是家庭教育的家长观、子女观和家庭教育的过程观。

　　家庭教育的理念受社会文化和制度的制约与影响，并在不同的社会发展阶段和不同的国家具有不同的表现形式和内容。在古代社会，家庭教育服务于小农生产、维护封建家长制权威，家庭教育的理念就体现为权威的家长观、附属性的儿童观和规训性的过程观。现代社会民主政治、市场经济、多元文化和素质教育的理念，要求家庭教育的理念有相应的变革，这就是围绕培养现代公民，家长应该确立起民主平等的家长观、独立自主的子女观和教学相长的过程观。

一、确立起"教育有智慧、交往有魅力"的现代家长观

　　确立起什么样的家长观，是衡量家庭教育理念的首要问题。现代家庭教育对家长的知识、能力和人格提出了全新的要求，培养现代公民，首先需要家长具有现代的人格素养和能力素养。现代家长的能力素养区别于传统社会家长的能力与素养。

在前现代社会，家长的能力是先赋的，是社会伦理与制度对家长权力的赋予，子女遵照和遵守家长的规范与约束是自明的、无条件的。在这样的社会中，家长的魅力在于家长的身份和家长的权力。现代家长的能力和素养是自致的，是家长自我修养和提高的结果，主要表现为家长的能力素养和人格素养。家长的能力素养体现为家长的教育智慧与教育能力；现代人格素养体现为家长的人格魅力与人格品质。前者体现着家长在促进子女成长中的能力和素养，后者体现了家长对儿童的感染与陶冶。

（一）家庭教育智慧是家长在促进子女成长过程中形成的综合性实践能力

如果说教育子女的知识，主要解决的是教什么的问题，那么，教育子女的智慧，则主要是解决如何教、怎样教，以及遇到问题和困难应该如何应对的问题。如果说家庭教育知识解决的是掌握与不掌握、了解与不了解的问题，那么家庭教育智慧，解决的是能与不能在家庭教育实践中运用的问题。因此，家庭教育智慧，是凝聚着家庭教育知识、情感和技能的综合性经验和能力。家庭教育智慧体现在以下方面：

1. 洞察和了解子女的能力

洞察和了解子女的目的不是窥探子女的隐私，而是作为子女监护人和培养人的父母促进子女健康成长，提高教育针对性的现实需要。观察和了解子女的外部行为容易，洞察内部状态十分困难。不少父母自以为每天和自己的孩子在一起，对自己的孩子很了解，甚至有的父母自我感觉孩子与自己"无话不说、无话不谈"，对孩子已经非常了解了，但当孩子出现大的错误和差错的时候，他们还觉得不可思议。这说明，父母了解和观察孩子，特别是了解和观察孩子的内心世界是一件十分困难的事情。特别是随着子女年龄的增长，儿童的行为和心理的"隐蔽性"增强，父母了解子女的难度加大。

父母了解和洞察孩子的所思、所想、所盼、所困，对于提高家庭教育的效果具有重要作用，为此可以从两个方面努力。一是要主动接近和走近孩子。孩子在年幼时，对父母有着较强的依恋性，这是了解孩子的前提和基础。随着年龄的增长，特别是到了青春期，孩子独立意识不断增强，要求摆脱父母的约束，独立活动的意愿不断增强。其内心的丰富世界逐渐走向封闭。在这样的发展阶段，父母应主动接近孩子、关心孩子，争取多参与孩子的活动，特别是尊重子女的兴趣和选择，与孩子在闲谈和聊天中，讨论共同感兴趣的话题，创造和谐愉悦的交往环境，消除子女的抵触情绪和戒备心理，让子女在无意识的聊天中，在随意性的活动中表达自己的真实情感和观点，父母正是在这种无意识和随意性的活动中，获取子女的观点和想法。二是全面观察子女的言行和思想情绪。父母要擅长做观察子女的有心人，要在日常的衣食住行中，观察孩子的一般表现与"异样"表现。父母要善于观察子女在语言、情绪、交往、习惯和行为方式中的各种特征，针对特殊的表现，结合生活中的事件和事实进行分析和判断，便于在子女产生新的不良行为之前采取干预和对策。诸如，一个每天回家兴致勃勃讲述学校发生故事的儿童，突然回家不愿意交流，表现出沮丧的情绪，父母要分析是不是在学校里有什么不愉快的事件；一个经常抵触和顶撞父母的儿童回家突然变得顺从和听话，父母也要引起注意，是不是最近有什么犯错误的事情等。这种基于经验的观察、分析、推理和思考，是做好家庭教育工作的重要的智慧和品质。

2. 抓住教育契机，分析问题和解决问题的能力

教育是一种生活，也是一种经验，特别是在家庭教育中，教育与生活相互交融，彼此不分。家庭教育与生活中无可避免地要处理各种矛盾与问题。这些矛盾和问题既给家庭教育提出了挑战，也为家庭教育提供了契机。家长如何面对矛盾和问题，进行合理的分析和化解，是家长的另一种智慧与品质。

所谓分析问题的能力，主要是家长对获取的信息进行分析和概括，做出切合实际的分析和判断，找到发生问题的原因的能力。子女身上出现的某一问题，原因常常是多方面的，有主观、直接的原因，也有客观、间接的原因。这要求父母做好认真的分析和梳理，不能主观臆断。例如，孩子学习成绩下降这一问题，有可能是上课不能用心听讲，有可能是对该门功课不感兴趣，也有可能是最近身体状况不好等，父母要结合孩子表现做综合分析，切不可不问青红皂白，简单训斥，甚至是谩骂和殴打，其结果是不但解决不了问题，反而加剧了抵触情绪。提高家长分析问题的能力，要求家长首先要养成全面看待问题的习惯，要从孩子的生活、学习、交往、情绪、身体等各个方面去分析和思考问题。其次要求家长要具备丰富的家庭生活经验和理性的反思能力。丰富的家庭生活经验建立在父母与子女的密切接触与多方面互动基础上，一个高高在上、很少与子女交流和沟通的家长是很难获得实践性家庭经验的，对发生在孩子身上的问题和现象就缺少洞察和分析的基础。家长的反思能力，要求家长避免教育孩子的刻板印象，避免先入为主，避免主观臆断，确立起全方位、多角度的思维习惯。

所谓解决问题的智慧，是指家长针对子女教育和生活中的问题，通过一定的方式和方法，采取一定的措施和手段，促使孩子思想转化、行为改变和进步的技能与技巧。处理问题的智慧首先表现为理性。孩子身上出现的问题表现和原因复杂多样，要求家长要避免极端，既不能袒护护短，大事化小，小事化了，听之任之，特别是对于那些涉及品德和社会公德的问题，要严肃对待，认真处理；也不可草木皆兵，大动干戈，火冒三丈。即使是严重的问题和错误，也不是靠发脾气、拍桌子、动板

子就能简单解决，要求家长认真分析，查找原因，寻找时机进行解决。处理和解决问题时还应表现出有耐心。家长面对的是有血缘关系的教育对象，这种教育对象的特殊性，既是教育的良好条件，也增加了家庭教育的难度。面对"疼爱"和"关爱"自己的父母，儿童容易表现出两种倾向，一是通过表达"痛苦、伤心、委屈"等消极情感，博得父母的同情与"心软"；二是通过"立竿见影"的改正错误行为，甚至是为自己的缺点寻找"美丽"的借口"伪装自己"，转移父母对问题严重性的注意力。这两种"速成式"的解决问题方式都不利于问题的真正解决，不利于孩子的健康成长，需要引起家长的重视。要求家长面对问题有耐心、有恒心、有信心，通过长期观察、自己分析、耐心帮助，持之以恒地关注孩子的成长，抓反复、反复抓，促进子女健康成长。

（二）家长的人格魅力和威望是成功家庭教育的先决条件

家长的人格魅力是家长开展有效家庭教育的先决条件，是因为，家庭教育具有潜移默化的作用，家长与儿童的全领域、生活化接触，使家长对于儿童而言，缺少了"神秘感"，家长对儿童的影响是潜移默化的。家长的命令、权威和管制固然有一定的作用，但真正对儿童起作用的因素还是家长"无意识"表现出的言行和举止，真正让儿童心悦诚服的还是家长的人格、性格和威信。家长的人格魅力，就是家长的威望和威信，是儿童发自内心的一种意志服从，区别于外在压力的意志服从。家长的人格魅力主要体现在孩子尊重、爱戴和信赖家长，能自觉自愿地接受、听从家长的建议，甚至是善于"揣摩"和"猜测"家长的心理和观点，不断地去迎合家长的意愿和观点，当然这种"揣摩"和"迎合"是建立在家长良好的品性和人格素养基础上的。父母的人格魅力和个人威望是子女成长的无形教育力量，是子女纠正错误、促进发展的内在驱动力。正如马卡连柯所言：威信本身的意义在于它不要求任何论证，在于它是一种不可怀疑的长者的力量和资望。成功的家庭教育无不是家长人格和威望对儿童影响的结果。

家长的人格魅力和威信，不是建立在强制和强权的基础上，而是建立在父母和子女之间平等民主关系的基础之上，建立在子女的尊重与信任的基础上。父母建立起良好的人格魅力和威望需要注意以下几个方面：

1.要改变权威式、命令式的家庭教育方式

这种方式企图通过重压和高压获得威信和威望，常常事倍功半，并在现实中有很多表现，诸如为一些无关紧要的小事或非原则问题，对孩子大发雷霆，甚至是训斥谩骂、拳脚相加；有的父母为了维护自己的虚荣心和面子，自以为是，高谈阔论，夸夸其谈；还有的父母以物质刺激为诱饵，诱导儿童听话和顺从；还有的父母通过"打击""贬低"或"训斥"配偶的方式，树立自己的威信。这些做法均不可取，不仅提高不了自己的威信，反而会让孩子蔑视与反感，降低了威信。

2. 要注重在细节处为孩子做好表率

所谓细节处为孩子做好表率，是指父母给孩子的表率不是体现在"大是大非"问题和"高谈阔论"上，而是体现在生活和交往的方方面面，在细微处见人格，在细节处树威信。因为孩子和父母的感情最深厚、最真挚，他们相信、崇拜、仰慕自己的父母，父母在日常生活中处处严格要求自己，事事起表率作用，要求孩子做到的，自己首先做好，这样孩子就会更加相信、尊重、仰慕和崇拜自己的父母，就乐意按照父母的意志行事。父母支持的事情，孩子就乐意做、自觉做，父母反对的事情，孩子就会抵触和反对，并坚决拒绝去做，这就是父母人格魅力和崇高威望的力量所在。

3. 父母必须和子女建立起民主平等的关系

父母和子女虽是不同的辈分，但在人格上并不分高下，都是同等的。父母不要以为对待子女居高临下，高出一等，才算有威信，不要以为事事独断专行，才算有权威。父母和子女讲民主平等，子女看到父母没有摆架子，尊重子女，他们才会亲近父母，才会相信父母，有话愿意跟父母讲，有事愿意跟父母商量。教育子女最好的方式是平等对话，共同讨论，共同协商，努力做到使教育内容和教育方式都能为子女所接受。子女自己的事，尽量听取子女的意见，让他们自己做主，自己支配自己的言行。家里的事情，也尽可能争取子女参与，给他们说话的机会，并注意倾听他们的意见。父母可以对子女提出要求和建议，子女也可以向父母提建议，父母犯了错误也要向子女表示歉意，这样不但不会降低父母的威望，反而给子女以真诚的印象，提高父母的威信。

二、确立起"培养人格健全、独立自主现代公民"的教育目的观

现代社会的最大特点在于变革，这种变革体现在制度、文化、经济和技术的各个层面，家庭教育不但承担着为一个未知和不确定的世界培养一个适应者的责任，更承担着为这个未来的世界培养一个变革者和改造者的责任，这需要家庭教育改变既往仅仅关注个体适应能力、关注个体知识和技能的片面教育目的观，确立起"培养人格健全、独立自主现代公民"的教育目的观。

（一）在现代公民的培育中，家庭教育中的人格教育超越智力教育

在现代家庭教育中，不少父母在浮躁与物欲的社会背景下，越来越偏重于孩子智力的发展和技能的提高，似乎孩子的分数和所读的重点学校决定着孩子的起跑线，决定着孩子一生的命运。这在家庭教育认识中是一种严重的偏差。智力、分数、学

历虽然重要，但是，纵观人类历史，绝大多数的成功者和那些被人们敬佩与牢记的人一定有着丰富的人性和情感，他们有责任感，有同情心，有关怀感，有博爱心，他们能自制，能付出，能分享，能够与人合作。而责任、爱心、自制、合作、付出等均属于人格范畴，不属于智力的范畴。

特别是进入 21 世纪的今天，人类社会已经由过分重视科学技术，发展到崇尚科学的同时，关注人的发展质量和发展水平，即以人为本的时代。家庭教育作为培养和造就社会合格人才，以促进个人福祉和社会完善的事业，自然应当全面体现以人为本的时代精神。因此，现代家庭教育应强调以人为本，把重视人、理解人、尊重人、爱护人、提升人和发展人的精神贯注于家庭教育的全过程。现代家庭教育在关注人的现实需要的基础上，更应关注人的未来发展；在关注人的能力发展的同时，更应重视人自身的价值及其实现，并致力于培养人的自尊、自信、自爱、自立、自强意识，不断提升人们的精神文化品位和生活质量，从而不断提高人的生存和发展能力，促进人自身的发展与完善。唯有如此，才能真正促进子女的生活幸福。

（二）在现代家庭教育中，子女的创新能力培养超越适应能力的培养

传统家庭教育向现代家庭教育转型的重要特征，就是实现由适应性教育向创新型教育转变。因为适应性教育假设人类社会的守旧性和僵化静止性，适应性教育假设儿童是被动的学习客体，是知识的接受者，因而，家庭教育的任务是掌握和吸收人类创造的知识和能力。而现代社会作为信息社会和知识经济社会，其最重要、最典型的特征就是创造性和变革性。与此相关，现代教育将儿童看成独立自主的学习主体，他们不仅是知识的吸收者和学习者，更是知识、思想和智慧的创造者和更新者。因此，现代家庭教育应该将家庭教育的过程看成一个点拨、启发、引导和指导的过程，是培养学生创新、创优和实践能力不断提升的过程。为此，家长应确立起以下两种理念。

1. 确立起尊重孩子独立性的理念

确立起独立性的理念和尊重孩子的理念互为因果，尊重孩子，就是尊重孩子的独立性，只有尊重孩子，孩子才具有独立性。父母重视孩子的独立性，就是对孩子的最大尊重。相反，即使父母对孩子关爱有加，甚至是过度关心，如果不能尊重孩子的独立性，孩子的发展依然是被动的、"去主体化"的，也就不可能有真正的发展。父母应认识到孩子虽然因你而来，但他是一个独立的个体和主体，有自己独立的人格和需求，有着自己的未来和趋向。正如西方父母所概括的那样，"孩子是上帝暂时寄存在我处的礼物，终究要走出家庭，走向社会"。因此，父母和孩子之间不仅有教育者和受教育者的关系，更有平等的人格关系。父母尊重孩子的主动性、独立性和自主性，就是尊重子女的发展权和选择权。只有这样，父母才能够平等地对待孩子、尊重孩子，理智地因材施教。而把子女看成附属品、私有财产的父母，在教育中往往忽视孩子的独立性，将自己的意见强加于孩子，感情用事，对孩子要求过高、过严，采取专制、粗暴的教育方式，这都不利于孩子的成长。

2. 要确立起尊重儿童独特性的理念

家长的儿童观是指家长对儿童的权利、地位和儿童发展规律的看法，它直接影响着父母对子女的教养态度和教养方式。对于父母而言，也许他们并不能很清晰地用语言阐述自己的儿童观，但基于每一位家长的价值判断、经验思考和理性认识，每一个家长心中都有一个"理想儿童"的形象，这个理想儿童的形象就是家长的儿童观。这一儿童观指导着父母的教养方式。作为父母不仅要认识到儿童作为独立的个体，有不同于成人的发展特点和发展规律，更要认识到每个儿童都有区别于其他儿童的特点，即儿童之间存在个体的差异。这主要是基于不同儿童的遗传素养、特殊经验和不同教育文化影响的结果。父母要充分发现和尊重儿童的特长和特性，鼓励孩子将自己的独特性和个性表现出来，鼓励儿童以其自己的速度成长，不盲目攀比，更不可用自己孩子的弱项去比较其他孩子的强项，对孩子提出过高和不切实际的要求。过高的要求容易给孩子带来挫折感和失败感，背离了家庭教育的愿望。因此，父母应该在尊重孩子的人格、爱好、兴趣和水平的前提下，引导孩子展示个性，循序渐进，健康发展。

三、确立起"亲子间教学相长、共同成长"的家庭教育过程观

父母与孩子这两个主体之间的关系是家庭教育的各种关系中最基本的一对关系。父母的教是为了孩子的学，为了孩子的发展和成长；孩子的学习又影响父母的教育。两者相互依存，缺一不可，互为条件。父母是教育活动的组织者、协调者和指导者。孩子在家庭教育活动中也是教育的主体，任何对孩子的影响和要求，都必须通过孩子的认可、理解和接受才能转化成他的发展。因此，家庭教育要顺利开展，就要求在父母与孩子之间，在教与学之间建立起相互协调、相互配合、相互促进的关系。这就要遵循家庭教育的教学相长原则。

（一）改变孩子应该先从改变家长做起

家庭教育的首要工作是"如何对家长们进行教育"，如何让父母了解孩子的心理成长过程，如何让家长在孩子出现问题时，能够有意识地主动发现自己的问题，先调整好自己。能做到这几点，家庭教育才具有真正的价值。

父母是孩子的第一任老师，在社会生活中，并非人们结了婚，生了孩子，成了

别人的父母就能胜任家庭教育工作，就能理所当然地当好自己孩子的父母和第一任老师。要胜任家庭教育就要注意不断学习。在现实社会生活中，孩子已经几岁了，夫妻对怎样教育好孩子还知之甚少的依然大有人在。这样的素质，不进行学习怎么能搞好家庭教育？在当前，有相当多的家庭之所以没能搞好家庭教育，就在于父母的素质低，又不善于学习或没有学习的兴趣和条件。这种情况是与家庭教育极不适应的。要搞好家庭教育，就必须教学相长，在教中学，在学中教。

　　信息社会、网络社会，使知识的普及和传递具有了高度的流动性和发散性。传统社会中成人和家长作为唯一权威的知识生产和传递者的情况已经发生了革命性改变。这就是玛格丽特·米德所说的"并喻文化"和"后喻文化"，以及国内学者概括的"反向社会化"，这一特点正在成为我们这个时代的文化特点。儿童具有极强的接受力和对一切新生事物特有的敏感性，加上现代信息传媒的发达，父母们常常在许多方面滞后于孩子，因为孩子们从各种途径所获取的知识，远远超出了成人世界。孩子们的眼光、见识、行为，也常常超出父母可预想可控制的范围。如果父母抱残守缺，固执己见，不能及时地学习和更新自己，不能不断地给自己充电，便会在知识上、观念上陷入被动，造成父母和孩子间的缺乏理解甚至造成沟通上的失语。父母应该站在孩子的成长背景上，从社会发展的角度，以变化的、动态的、前瞻的眼光看待孩子，感知他们的心理世界。无论是从家长个人发展的立场，还是从孩子成长的角度看，父母都应该虚心向自己的孩子学习。特别是当孩子走进学校、走上社会之后，往往能通过多种渠道并先于父母获得许多新知识、新理论、新思想、新信息。在这种情况下，父母要获得进步，就更要向孩子学习。这种学习，甚至要做到不耻下问。只有如此，父母才能在家庭教育中做到教学相长，并在此过程中，影响孩子，使他们养成虚心向别人学习、不耻下问的学习态度。

　　在现代家庭教育中，教学相长的原则是普遍适应的。它不但存在于知识较少、家庭教育的经验还不丰富的年轻父母的家庭中，也存在于接受过较高层次教育、家庭教育经验丰富的中老年父母的家庭中。不但存在于工农家庭中，也存在于商人、干部、知识分子等各类家庭中。总之，在一切具有家庭教育任务的家庭中，切实做到教学相长，就有利于父母和孩子的共同进步。

　　（二）家长的榜样和示范有利于促进家长与儿童共同成长

　　家长能以身作则、给孩子做出好的榜样，这是无声的语言，是最有说服力的教育。家庭教育是家庭中的父母或其他年长者在家庭内自觉地、有意识地对子女进行的教育；同时也含有不自觉地、无意识地对子女进行的教育。前者是家长有目的地对子女施加的影响，后者是指子女在家庭环境中受到家庭成员的潜移默化的影响。家庭作为子女接受教育的第一所"学校"，使家庭教育对人的发展具有了不同于学校教育和社会教育的独特优势，从这个意义上说，父母就是子女的第一任教师。父母与子女接触最早、时间最长，孩子的大部分时间都在父母的抚养和家庭成员的影响之中。因此，家庭成员特别是父母的道德品质、生活方式、语言行动等无不影响着孩子。此外，家长对孩子的心理发展有着不可低估的影响。家长身上的优点、长处或弱点、短处，直接影响子女的行为方式、心理发展和个性形成。不管父母是否意识到，他们的言行每时每刻都对孩子产生着影响，孩子将无法选择地、无意识地加以模仿甚至是接受。马卡连柯说过："不要以为只有你们在同儿童谈话，或教育儿童、吩咐儿童的时候才是教育，你们生活的每时每刻，甚至你们不在家的时候也在教育儿童。你们怎样穿戴，怎样同别人谈话，怎样议论别人，怎样欢乐和发愁，怎样对待敌人和朋友，怎样笑，怎样读报——这一切对儿童都有着重要意义。"从这个意义上说，家长的以身作则，对孩子成长所起的作用是巨大的。

社会学习理论的奠基人，美国著名心理学家班杜拉揭示了榜样作用的学习心理机制。他认为，人类的行为除少数属于无条件反射以外，绝大多数行为是后天通过对榜样的观察习得的。对孩子而言，父母是天然绝对的榜样，其一言一行、一举一动，都是孩子的一面镜子。俗话说，有什么样的父母就会有什么样的孩子，父母自身的生活态度、生活方式、品位情调，都是孩子无形的榜样。实际上，许多孩子的问题根源不在孩子，而在父母。因为问题儿童多是由问题家庭培养出来的，每一个问题儿童的背后，都会有一个问题家庭或问题父母。即如果形成问题的环境没有改变，父母自身的生活态度、生活方式，父母的教养态度、教育理念、教养方式不改变，那问题孩子的问题解决也会非常困难。因此，父母自身的审美素质，影响着孩子的审美眼光；父母的价值取向，引领着孩子的价值追求；父母的胸怀，决定着孩子的心胸气度。智慧只能靠智慧来培育，人格只能由人格来培养，良心要靠良心来熏陶。父母的智慧集中体现于父母的人格、人品、教养、思想、生活态度等。所以，要取得理想的教育效果，父母以身作则是最要紧的事，绝不能只是寄希望于某些具体的教育方法，而是要考虑如何最大限度地发挥父母以身作则的作用。正如马卡连柯所说："父母对自己的要求，父母对自己家庭的尊敬，父母对自己一举一动的检点，这是首要的和最基本的教育方法。"

家长的身教不但是提高家庭教育效果的前提，从某种意义上来说，家长以身作则也是一种教育目的。这是因为，家长自身做到以身作则，不但实现了家长提高自我素养的目的，也通过这种自我发展影响着孩子的成长和进步，从而实现了家庭教育的目的。

有些做父母的，不在加强自身修养上下功夫，不注意以身作则，却单纯指望能找到一种"巧妙"的方法，设想只要一使用这种方法，就可以把懒汉教成热爱劳动的人，把恶棍管教成诚实的公民。针对这种想法，卢梭也指出："我不能不反复地指出，为了做孩子的老师，你自己就要严格地管束你自己。"

许多事实证明，父母做某一件事，说某一句话，本不是有意做给孩子看的，也不是说给孩子听的，可孩子偏偏学了你的样子。日常生活中，这种现象常常发生。有时候，父母有意做给孩子看的，孩子偏不看；父母有意说给孩子听的，孩子偏不听。所谓"视而不见，充耳不闻"。而父母不希望孩子看的、听的，他们往往都注意看、注意听了。这是什么原因呢？我们平时欣赏文艺作品和文艺节目，往往有这样一种体验：越是真实的东西，对人的吸引力、感染力越强。这是因为这种作品和节目真实地反映了现实，有真情实感，容易引起读者和观众的共鸣。这和教育的道理是相通的：在日常生活中，父母无意的言行，是父母人格的自然流露，自然对孩子的吸引力和感染力要大。

家长的以身作则，并不是说在平时"注意一点"就行了，而是要求家长时时、处处、事事都要严格要求自己，给孩子做出好榜样，呈现给孩子一个有真情实感的、以身作则的家长。要做到这点，家长必须从根本上加强自身修养。家长还必须明白，以身作则并不是说家长像演员那样是给孩子"表演"。从根本上说，就是要求家长用自己的人格教育和影响孩子。

第二节 现代家庭教育多种原则的呈现

一、循序渐进原则

所谓遵循年龄发展特征，就是要求家长既要根据孩子不同年龄段的不同认知特点，给予相应的教育，不要错过最佳发展期；又要在教育中不能超越儿童的心理发展阶段，安排儿童无法接受的教育内容和教育方式。心理学研究表明，整个儿童心理发展过程中，各种心理现象的发展并不平衡，每一心理现象在各个发展阶段会对某种外界影响特别敏感，心理学上称之为最佳发展期或最佳年龄、关键年龄期。

（一）根据年龄发展顺序，合理安排教育内容

一般认为，孩子从出生时的生理、心理柔弱，到生理、心理发展成熟大体分为六个时期，亦称六个年龄阶段。每一个不同年龄阶段，在生理上和心理上都表现出

区别于其他年龄阶段的一般的、典型的特征：

第一阶段是乳儿期，从出生到生后第一年。这一阶段，孩子软弱无能，各种器官稚嫩而脆弱，功能不发达，适应环境的能力很差，经不住强刺激，缺乏抵抗能力，不能自由活动和行动。生活不能自理，处处需要成人的关怀和照顾。但是，乳儿期是人身心发展最快的时期，是人生中的第一个生长高峰。在出生后的第一年，孩子的身高、体重一般都要增加几倍，脑重量也增加很快，各种感觉器官的机能也迅速发展。

第二阶段是婴儿期，从一岁到三岁。这一阶段孩子身心发展速度比较快，学会站立、行走，具备一定独立活动能力，接触的事物也增加了，语言也得到发展，能与人交往，各种感觉器官进一步发达，情感也变得日益丰富。

第三阶段是儿童期，即二岁到六七岁，亦称"学前期"，指的是幼儿园阶段。这一阶段孩子的身心进一步发展，骨骼、肌肉的机能增强，活动能力提高，活动范围扩大，眼界更加开阔；兴趣广泛，求知欲增强，以游戏活动为主，是进入学校学习的最后准备阶段。

第四阶段是儿童期，从六七岁到十一二岁，亦称"学龄初期"，大致相当于小学阶段。这一阶段，孩子进入学校，其活动内容由以游戏为主转为以学习为主，开始了系统的学习。生活环境和生活内容的巨大变化，使他们的身心得到迅速发展。他们的骨骼进一步坚硬，肌肉力量进一步增强，大脑重量接近成年人，有强烈的求知欲望，其思维形式仍以形象思维为主。

第五阶段是少年期，从十一二岁到十四五岁，亦称为"学龄中期"，大致相当于初中阶段。这一阶段是人身心发展的第二个高峰，身高、体重迅速发展，男女孩子都出现第二性征。其思维形式逐步由形象思维向抽象思维过渡，理解、接受知识的能力大大增强。这一时期的孩子有强烈的成人感，强烈要求独立自主，自己支配自己的言行，对成年人不像以前那样依恋和依赖了，进入"心理的断乳期"（或叫"第二次断乳"）。但是，他们的自我意识、自我约束、自我控制能力还比较弱，思维比较偏激，好走极端，不愿意接受成年人的管束。

第六阶段是青年初期，从十四五岁到十七八岁，大体相当于高中阶段，进入学龄晚期。这一阶段孩子的身心发展基本成熟。人的身心发展是一个渐进的过程。特别是学习知识、发展智力，不是任意增加学习内容、加大学习难度、加快学习进程、大搞突击便可以奏效的。历来教育家都主张对孩子进行教育不能操之过急，要量力而行、循序渐进。孟子说："其进锐者，其退亦速。"就是说，知识学得太快遗忘得也快。孔子也说："欲速则不达。"是说违背事物发展的客观规律，单凭主观意志想加速事物的发展，那是不可能的。我国著名儿童教育家陈鹤琴在其著作中多次告诫家长，要遵循儿童的年龄特征实施教育。"小孩子究竟怎样学习的？他如何从无知无识到有知有识呢？明了这种学习的性质，我们就知道我们应当怎样教小孩子了。"

这就是说，家庭教育，要遵循儿童的年龄特征进行。根据孩子的实际理解能力，教以相应的知识。如果教给孩子的知识符合他们的年龄特征，他们就能理解、消化和吸收，学习的积极性就高，兴趣就浓。当他们通过自己的努力，掌握了知识，就会增强自信心，提高求知欲望，希望学习更新、更多的知识，形成学习的良性循环。俗话说"胜任愉快"，就是这个道理。孩子学习轻松自如，就会"以学为乐"，把学习当成一种乐趣。"其进自不能已"，就是想让孩子停止学习都不可能，所谓有"欲罢不忍""欲罢不能"之感。

"循序渐进"是一个普遍的教育原则。特别是在当前家庭教育中，这个原则显得尤为重要。即要求我们按照儿童身心发展的年龄特征，遵循科学知识本身的发展顺序，按照由浅入深、由简入繁、由易到难、由少到多，逐步提高的要求安排家庭教育内容。

（二）遵循年龄阶段特征，促进儿童自主发展

在日常的家庭教育过程中，家长往往有两种违背儿童年龄阶段的表现。一种是落后于孩子身心发展的水平，就是在应该实施某种教育的时候，家长却没有及时进行；另外一种是超越孩子身心发展的水平，对孩子进行教育和训练的内容，其难度超过了儿童的身体和心理发展水平。后一种倾向在家庭教育中较为普遍。

尊重儿童发展的年龄阶段特征，就是尊重儿童发展的自主性和自由性，尤其是在如今的"二孩"时代。自由是儿童的天性，游戏是儿童生活的主要方式。家庭教育必须顺应儿童的这一天性和心理发展的基本规律，而不能与这一规律背道而驰，更不能任由家长对儿童进行塑造、钳制甚至是压抑。蒙台梭利认为，儿童有一种与生俱来的内在生命力，这种生命力是积极的、活动的、发展着的，教育的任务就是激发和促进儿童内在潜力的发挥，使其按自身规律获得自然的和自由的发展。她主张不应该把儿童作为一种物体来对待，儿童不是成人和教师灌注的容器，也不是父母可以任意塑造的蜡和泥，不是可以任意刻画的木块，也不是父母和教师培养的花木和饲养的动物，而是具有生命力的、能动的、发展着的、活生生的人，父母应该观察和了解儿童，了解和发现儿童内心世界的秘密，热爱儿童，尊重孩子的个性，促进儿童的智力、精神、身体与个性的自然发展。她说："儿童只有在一个不受约束的环境中，即在与他的年龄相适合的环境中，他的心理生活才会自然地发展，并展现他内心的秘密，如果不坚持这条原则，那么今后的教育只能使人更深地陷入无

穷的混乱中。"因此，不压抑、不扭曲、不拔苗助长、不急功近利，关注孩子发展的关键期、敏感期，为孩子提供丰富的富有个性的成长环境，都是对孩子发展的无形投资。

但在现实家庭教育中，有些父母常常以孩子明天的幸福为理由，剥夺孩子今天的快乐，违背儿童的自主性，随意安排教育内容。卢梭认为，无视儿童成长和发展的年龄特征，实际上就是剥夺儿童发展的自由。他满怀深情地呼吁，要爱护儿童，珍视儿童的童年生活。"当我们看到野蛮的教育为了不可靠的将来而牺牲现在，使孩子受各种各样的束缚，为了替他在遥远的地方准备我认为他永远也享受不到的所谓的幸福就先把他弄得那么可怜时，我们心里是怎样想的呢？即使说这种教育在目的方面是合理的，然而当我看见那些不幸的孩子被置于不可容忍的束缚之中，硬要他们像服苦役的囚徒似的继续不断地工作，我怎么不感到愤慨，怎能不断定这种做法对他们没有一点好处？欢乐的岁月是在哭泣、惩罚、恐吓和奴役中度过的，你们之所以折磨那可怜的孩子，是为了他好，可是不知道你们却招来了死亡，在阴沉的环境中把他夺走了。"因为，"在所有一切的财富中最可贵的不是权威而是自由。真正自由的人，只想他能够得到的东西，只做他喜欢做的事情"。

我国近代爱国将领、民国年间的广东省省长朱庆澜先生，在他的《家庭教育》一书中，对超越孩子年龄阶段的教育方式进行过尖锐的批评。他认为，教儿子太急的父母，"一半是望儿子好，一半也有个要儿子替我挣个名誉的私心"。"不管他年纪到了没有，聪明长够了没有，一味遏着前进，或是把儿子聪明弄塞，或是把身体搞坏，那就是做父母的害了孩子。"

卢梭和朱庆澜的批评对今天的家庭教育依然具有借鉴意义。现在在有些孩子中出现的"厌学""弃学""逃学""辍学"现象，就是由于学校和家庭违背儿童的发展意愿，强行增加他们学习负担的结果。

二、因材施教原则

家庭教育的因材施教原则，是指家长要从学生的年龄特征、个别差异出发，有的放矢地进行教学，使儿童能够扬长避短，在原有的基础上有所提高，尽可能获得最佳发展。所谓"材"，就是儿童心理的个别差异，其中主要是他们的性格、能力、兴趣和气质、特长等心理特点。了解和掌握孩子的心理个别差异，既可为"因材施教"提供心理学依据，还可以为防止家庭教育中的成人化、"平均主义"等错误做法提供心理学依据。

（一）根据孩子的个性特征因材施教

所谓个性，就是一个人在其生活、实践活动中经常表现出来的、比较稳定的带有一定倾向性的个体心理特征。个性心理是由性格、能力、兴趣和气质多个方面组成，以及这些方面彼此有机联系在一起的复杂的完整体。个性包括一个人的倾向性（需要、动机、理想、信念及世界观等心理成分）、个性心理特征（性格和能力是个性的主要表现）以及个性的自我调节系统（包括自我认识、自我评价、自信心、自尊心和自我检查、自我控制等）。简言之，个性就是指一个人稳定的不同于别人的心理特征。

在同一年龄阶段的儿童中，我们可以发现有的聪明伶俐，有的比较迟钝；有的活泼好动，有的文静寡言；有的比较坚强，倒了自己爬起来，有的比较脆弱，动不动就哭；有的能歌善舞、喜爱绘画等。所有这些，都是人的个性差异。在家庭教育中，只有针对儿童不同的特点采取不同的教育措施，才能取得好的教育效果。而"二孩"时代，更要根据两个孩子的不同个性，进行因材施教。

在家庭教育中经常存在两种片面倾向。有些父母，一提到因材施教、培养个性，就想到尖子主义、精英主义。培养孩子在某个领域成为尖子，以后做社会的精英，无论在动机上，还是在结果上都没有问题。问题是，为了培养尖子、精英，而忽视儿童各个方面的基本素质，就会造成尖子主义、精英主义，最终导致儿童的片面发展。有些父母，一提到全面发展，就齐头并进，忽视儿童需求，不顾孩子个性，实施平均发展，最终走向平均主义。这两个"极端"，都是片面的，也是家庭教育应当努力避免的。

个性发展和全面发展是统一的。培养儿童健全的个性，是贯彻家庭教育的因材施教原则的根本目的。如良好的性格、能力、兴趣、气质等非智力因素的和谐发展，能有效地促进个人、社会和国家的发展。也就是智力因素和非智力因素都能获得全面发展。我们讲全面发展，是指德、智、体诸方面的发展，但不是平均发展。一个人在学识和能力上总有所长、有所短，否认个性，强调全面发展（主要指知识能力上），要求各个方面都达到优秀，不但不可能，而且最终导致无个性、无特长的平均发展。平均发展，不是家庭教育追求的目标。因此，我们所要培养的新一代，既要具有远大的理想、高尚的道德情操，有知识、有纪律的共性，又要具有坚强的意志品质，善于独立思考，有富于创造的鲜明个性。只有共性和个性的完美统一，才能成为具有健全个性的人。

家庭教育的因材施教，就是要做到全面发展与个性发展的和谐统一。一方面，要顺应当今市场经济的大潮和科技发展的社会需要，培养儿童形成与未来社会发展相适应的各个方面的基本素养，掌握未来社会需要的基本知识和技能；另一方面，对孩子的兴趣、爱好、气质、性格和能力等个性品质，不要加以人为干涉和扭曲，要顺其自然，因势利导，使其得到充分发展。允许孩子按自己的兴趣、爱好去选择参加活动，不要不顾孩子的兴趣爱好，光凭父母的主观意志强制做事，更不可让孩子去完成一些完全不适合自身个性特征的任务。尊重儿童的权利，给他们以表现自己的自由，这是现代教育的一条重要原则。孩子们的好奇心、想象力和兴趣爱好应该受到称赞，孩子们的选择、探索和尝试应该受到鼓励。

反对家庭教育中的"平均主义"和"片面发展"，还要求在家庭教育中促进孩子智力和非智力因素和谐地发展。智力和非智力因素的发展，一般说来是一致的。但这种一致性不是绝对的、自发的。这就要求每个教育工作者和家长加强引导和培养，既要重视开发孩子的智力，又要重视培养他们的非智力因素，使两者相互促进，协调发展。加强对儿童的非智力因素和健全个性的培养，就要把"四有"教育贯穿到家庭教育中，积极为孩子们的智力开发和非智力因素的发展创造条件，坚决克服片面强调分数和单纯追求考试成绩的现象。

（二）根据孩子的特长因材施教

发展孩子的特长，不仅对孩子的成长有好处，对于国家、社会也是一件好事。父母创造条件满足孩子的兴趣爱好，使之发展一技之长，不但可以使孩子的个性得到充分发展，也可以为国家、社会造就具有特殊才能的专门人才。

有些专门人才的培养，的确是从年幼开始就下了功夫。不仅从小下了苦功夫，而且更重要的是，孩子很小就表现出了对某一技艺的极大兴趣。这种对某一技艺所表现出来的专门的兴趣，是成功的必要条件。这都启示我们，父母必须重视儿童在先天素质中表现出的特长和后天活动中表现出的爱好，因势利导，帮助其成才。

从这个意义上讲，一个人长大以后的人生道路、精神追求、成就大小，与父母在儿童小的时候有针对性地施加的教育和影响密不可分。这里有一个典型的例子："安徒生的父亲是一位鞋匠，家里很穷，只有一间小屋子且非常简陋。然而安徒生的父亲却把这间小屋布置得像一个小博物馆：墙上挂满了图画，橱柜里摆了很多自制的玩具，书架上放满了收集来的各种书籍，父亲还常给安徒生讲故事，或者给他讲《一千零一夜》，或者给他念一段丹麦戏剧作家的剧本。为了扩大孩子的眼界，丰富孩子的精神世界，父亲鼓励安徒生到街头去看油嘴滑舌的生意人、弯腰曲背的老乞丐、坐着马车横冲直撞的贵族和伪善的市长牧师等人的生活，并由此获得各种人生体验。安徒生在他以后的写作生涯中，能够写出《卖火柴的小女孩》《丑小鸭》《看门人的儿子》等脍炙人口的童话故事，与父亲为他提供的成长环境和他小时候的生活经历有着密切联系。"然而，这并不意味着父母要不顾儿童的天赋、特点和爱好，生硬地对儿童实施特长教育。根据孩子特长因材施教，应注意以下两个方面。

1. 要尊重孩子的兴趣和个人选择

有些家长想把孩子培养造就成专门人才，不是从孩子的实际出发，不管孩子有没有某个方面的兴趣，而是根据家长的主观愿望，强迫孩子学习某个方面的技艺。孩子对某种技艺根本不感兴趣，仍强迫他去学、去练，孩子是不得已而为之，那是无论如何也不能成功的。更有甚者，有的父母，为了孩子早日成为有一技之长的人才，在孩子很小的时候就给确定了发展方向，让孩子专攻某一方面的技艺，如音乐、绘画、书法等，对其他方面的知识和能力的发展则弃之不顾。

发展孩子的特长没有错，但究竟发展孩子哪个方面的特长，不能完全凭父母的主观愿望和意志，不能把父母的兴趣爱好强加给孩子，也不要受社会上某种风气的左右，赶什么时髦，也不要刚刚看到孩子对某方面的活动产生了一点兴趣，就过早地给孩子定向。梁启超在这方面的家庭教育观念可以给我们以很深的启发。他曾经将自己的次女思庄送到美国攻读生物学，当得知思庄没有学生物的兴趣时，赶紧写信说："庄庄，听见你二哥说你不大喜欢学生物，既然如此，为何不早同我说，凡学问最好因自己性之所近，往往事半功倍，你离开我很久，你的思想近来发展方向我不知道，我推荐的学科未必适合你，你应该自己体察做主，不必要听爹爹的话。"这充分体现了梁启超对孩子个人选择的重视。

正确的态度应当是，从孩子年幼起，就要大力支持孩子参加各种兴趣活动，使他们的兴趣得到充分的发展。随着年龄的增加，当他们逐步对某方面的活动产生了较为稳定的兴趣爱好，并有了较为强烈的追求以后，再将孩子的特长发展方向确定下来。只有这样，才能使孩子的兴趣爱好发展为特长，而不能过早地确定方向，造成孩子特长发展的盲目性。

2. 在全面发展的基础上发展孩子的特长

要发展孩子的特长，培养造就专门人才，还必须以全面发展为基础。一个造诣很深的专门人才，除了具有专门的知识和技能技巧以外，还必须有十分广博的知识基础。这就有如建高楼大厦一样。房子盖得越高，地基就要打得越牢，打得越宽。一个知识贫乏、孤陋寡闻的人，在专门业务上的发展是有很大局限性的。就以搞艺术来说，一个电影演员缺乏深厚的文学修养和对生活的深刻体验，只凭一些表演技巧，最多只能成为一名"影星"，而成不了电影表演艺术家。一个歌唱演员，只有一副好的嗓子和一些演唱技巧，而没有较广博的音乐艺术修养，也只能成为一名"歌星"，而成不了音乐家。以学弹钢琴为例，如果不从小打下扎实的文化基础，连中学生、小学生该学的知识都没有学好，要成为一名钢琴家，那是根本不可能的。有些父母，为了使孩子的特长得到发展，将来成为专门人才，不惜将孩子在小学、中学应学好的基础知识弃之不顾，根本不注重孩子的普通文化基础知识的学习，只要求孩子学习某一专门知识，练习其专门技能技巧，孩子的文化知识学习如何，却一点也不关心。这种做法是很有害的。其结果是，孩子不但成不了专业人才，而且连普通劳动者的素质都不具备。

家长必须明白，各门知识之间是有内在联系的，它们互相依存、互相制约。普通文化知识学好了，可以促进专业知识的学习；普通文化知识学不好，反过来也会影响专业知识的学习；普通文化知识学好了，文化素质提高了，可以加深对专业知识的理解。

三、严慈相济原则

严慈相济，它广泛地存在于古今中外一切成功的家庭教育中，是成功的家庭教育之所以能成功的基本奥秘，也是对一切家庭教育的基本要求。

严、慈，在我国历史上分别是对父、母的省称和尊称。在我国历史上，人们在与外人讲话时，对自己的父亲一般可称为"家严""严父"或简称为"严"；对自己的母亲一般可称为"家慈""慈母"或简称为"慈"。严，即严厉、严格、威严之意。慈，即仁爱、慈祥，含恻隐之心。家庭教育中的严慈相济，既指父母亲的相互配合，对父母的任何一方而言，又都要做到严格要求与慈爱关怀相配合。一切成功的家庭教育必须做到父与母相配合，严与慈相结合。

（一）严格要求，持之以恒

所谓家长应该"严格要求"子女，就是说，在家庭教育中，家长要切实担负起对子女发展和成长的责任，提出并落实一系列适当的教育要求，帮助孩子形成良好的生活习惯和坚强的意志品质，促进孩子全面发展。

没有要求就没有教育，父母对子女的严格要求是家庭教育的题中应有之义。在家庭教育中贯彻严格要求的教育原则，是由儿童身心发展的特点和未来社会发展的需要决定的。就身心发展的特点看，儿童身心发展具有不稳定性、不成熟性，自觉遵守道德原则和规范的能力较差等特点。无论在知识能力方面，还是在道德情感方面，他们都离不开成人的引导和帮助。从未来社会发展的需要看，作为未来社会共同体生活的参与者和特定职业的岗位工作者，都需要遵守各种规则和要求，这些规则和要求的遵守，必须从儿童时期抓起。此外，在社会竞争日益激烈，生活节奏日益加快，个人生活、职业不确定性因素日益增多的现代社会，良好的意志品质和较强的抵抗挫折能力，日益成为个体发展的重要品质。而在家庭生活中对孩子提出严格的、一以贯之的要求，是养成这些品质的重要途径。

在日常生活中培养儿童顽强的意志品质。优良的意志品质不是天生的，而是在实践活动中、在克服困难的过程中逐渐发展起来的。儿童时期正处在意志品质发展的重要时期，而家庭生活则是训练儿童意志品质的有效途径。

我们经常看到，许多父母为孩子提供了过于宽松的生活环境，不忍心看到孩子受一点委屈。这种做法，看起来是爱护孩子，实质上是害了孩子。前苏联教育家马卡连柯对此做过精辟的论述，他说："意志——这不单纯是欲望和欲望的满足，同时也是欲望和制止，欲望和放弃。假如你们的孩子仅仅受到实现自己愿望的训练，而没有受到克制那种愿望的训练，他是不会有最大的意志的。"他运用一个非常通俗而又十分形象的比喻说："没有制动器就不可能有汽车，而没有克制也不可能有任何的意志。"一辆汽车，如果只有动力系统，而没有灵敏有效的刹车系统，这种汽车是不能开到马路上去的，否则肯定会出事故。同样的道理，如果一个人只有想得到什么就必须得到什么的精神，而不能在必要的时候克制自己的欲望，放弃不恰当、不实际的愿望，那么，这种人是不能适应复杂的社会生活的。他就会像没有制动器的汽车一样，胡乱冲撞，碰得头破血流。

17世纪英国资产阶级教育家洛克认为，为了造就资产阶级绅士，要有意识地让孩子从小吃一些苦头，经受一些锻炼，不能完全满足他们自然的和生理上的种种需要。冬天，孩子希望穿得暖一点。他主张不要穿得过暖。孩子的脚，冬天也要用冷水洗；鞋子要薄，到有水的地方，水要能渗得进去。饮食要清淡、简单。卧床应是坚硬的，宁可用棉絮，不可用羽绒。床铺的铺法不妨时时加以改变，有时让他头睡得高一点，有时让他头睡得低一点。他认为这样做很有好处，当将来外出旅行的时候，不至于因为床铺不软或枕头没放好而有失眠之苦，因为任何人都"不能永远睡在家里的床上"。卢梭更是指出，"人们只想到怎样保护他们的孩子，这是不够的。应该教他成人后怎样保护他自己，教他经受得住命运的打击，教他不要把豪华和贫困看在眼里，教他在必要的时候，在冰岛的冰天雪地里或者马耳他岛的灼热的岩石上也能够生存"。洛克、卢梭的这些具体建议不见得都很妥当，但他们这种严格要求、不迁就放任孩子的教育思想，却是很有道理的。

在物质需求的严格控制中培养儿童的节俭意识。作为年幼的孩子，不具备独立的生存和生活的能力，需要父母在生活上给予精心的照料。诸如衣、食、住、行等物质生活方面的需要都要由父母给予满足；在精神生活上，孩子也有多方面的要求，如爱抚、温存、体贴，需要有人陪他们玩耍、游戏，带他们到户外活动等，这一切需要都应该尽可能地给予满足。父母对孩子照顾得周到，物质生活优越、舒适、充足，精神生活充实、愉快，孩子才能健康成长。否则，在物质生活和精神生活上得不到应有的满足，他们的正常生活难以维持，身心健康就会受影响。父母通过自己的努力，满足孩子物质上和精神上的种种需要和要求，既是父母之爱的体现，也是父母应尽的责任和义务。

但是，对于孩子的种种要求和需要，不能一味地满足。有时候，对于孩子物质上和精神上的需求，父母不但不能完全给予满足，反而要予以限制，这也是父母爱子女的一种表现。"不能够因为你的孩子要什么就给他什么，而要看他对那个东西是不是有所需要。"因为孩子向父母提的要求，不见得都正确，都合理。而且，对孩子的要求一味地满足，直接受害的是孩子本身。久而久之，就会大大助长孩子的贪欲，养成不良习惯，甚至会走上邪路。

比如，有的孩子自己会独自游戏，也非要父母总陪他玩不可；有的只爱听表扬，不爱听批评；有的玩具已经有了，还非要买不可；有的孩子上学，自己能独立回家，还要父母接送；有的孩子写完作业，自己懒得检查，非要父母检查；书籍文具自己不收拾，每次都要父母代劳等。孩子的这些要求都是不正确的、不合理的，但在现实生活中，却常常存在。作为孩子，年龄尚小，缺少对生活的深刻体验，不懂得哪些要求是合理的，哪些需要是有益的，往往提出一些不合理、不正确的要求，这是情有可原的。但父母应当对孩子的要求和需要有个分析和判断：正确的、合理的，应当予以满足；不正确的、不合理的，哪怕是再强烈、再迫切，也要予以拒绝。

卢梭特别反对父母对孩子百依百顺的做法。他谆谆告诫做父母的说："你们知道造成你们儿童的不幸的最可靠的方法是什么吗？那就是他要什么便给他什么。"他举例说："儿童先是要你的手杖，然后要你的表，再要飞翔于空中的鸟，甚至要闪耀于天上的星，凡是他所看到的都要得到。你不是上帝，怎么能够使他满足呢？"这样做对孩子的将来是很有害的。他说："惯见一切事物都屈从于自己的儿童，一旦投身社会，到处碰到的尽是违逆自己意思的事情，从前以为世界上的事可以从心所欲，现在这个世界竟沉重地压倒了自己。"像这样在百依百顺的环境中长大的人，当步入社会生活以后，或是在复杂而又正常的社会生活中失去生活的勇气，或是走上反抗社会、铤而走险的道路。

正确的做法是，父母对孩子的需求要做具体分析，对于基本的日常需求，按照"够用、节俭"的原则给予满足；对于合理的丰富性需求，采取延期给予的方式予以满足；对于不合理的需求予以坚决拒绝。因此，在家庭生活中，应自觉贯彻"再富不能富孩子"的基本原则，培养孩子的节俭意识和节俭能力。

（二）理智施爱，爱而不溺

父母爱子女，这是人的天性，也是人之常情。爱是一种内心体验，是一种积极而强烈的感情，表现为一种倾向、一种态度，从而形成一种积极的推动力量。

父母之爱给子女以亲切感、幸福感。然而，爱子女也是有学问、有讲究的，不是怎样爱都有积极的促进作用。战国时期的思想家韩非说道："人之情性莫爱于父母。"同时，他又说："皆见爱未必治也。"这两句话的意思是说，父母对于子女的爱是其他任何人的爱都不能比拟的。虽然父母都特别爱自己的子女，但不见得都能教育好子女。事实就是如此。要使自己的爱对子女的成长发育有积极作用，必须对子女施以正确的爱。

爱子女的动机和效果要统一。父母爱孩子，究竟是为了什么？人们会说，当然是为了孩子好，使孩子过得更幸福。然而，在实际生活中，许多父母对子女的爱，并没有使孩子过得幸福，反而害了孩子，给孩子造成了痛苦。有的父母，为了让孩子生活得舒服，对孩子的穿戴、吃喝，照顾得无微不至。在秋季，担心孩子受寒生病，给孩子加衣服比别的孩子早一个季节；春夏给孩子减衣服，则比其他孩子晚一个季节。平时最怕孩子得病，孩子突然咳嗽几声，就特别紧张，过分小心，惶惶不可终日，一趟一趟地跑医院，看大夫、吃药、打针。饮食方面，生怕孩子营养不足，孩子吃饱了，还要硬往嘴里塞。父母以为这样对待孩子就是爱，对孩子有好处。其实效果恰恰相反。对孩子的身体健康越是担心，越是娇生惯养，孩子的身体状况就会越糟。比如，你怕孩子生病，不让孩子出门，进行户外活动，整天关在屋子里，风天怕吹着，雨天怕淋着，晴天怕晒着，不让孩子经受锻炼，他的抗病能力必然很差，弱不禁风，天气稍有变化就会得病。你越怕孩子营养不良，每天填鸭似的给孩子塞营养品，孩子反而越会出现厌食、挑食、营养不良等毛病。

同样，对孩子的教育，如果只讲动机，而不考虑后果如何，也是有害的。比如，孩子上学了，父母每天帮孩子收拾书包、文具，担忧孩子丢三落四，带不齐学习用具，学习受影响；孩子做完了作业，由他自己检查不放心，父母每天代替孩子检查。这种做法，父母的动机是好的，想让孩子学习成绩好，但父母没有想到，这样包办代替，就会养成孩子的依赖思想，很难养成良好的学习习惯，对孩子的学习最终是有害的。有的父母看到孩子学习上有了进步，就给孩子发"奖金"。这种做法体现了父母对孩子的鼓励、表扬，也体现了父母对孩子不断进步的肯定。

四、正确导向原则

正确导向原则是指在家庭教育中，家长应坚持以正确的价值观对子女的身心发展施加教育影响，使他们在正确价值观的引导下，朝社会与家庭期望的目标成长。

家长的教育行为受诸多因素的影响，如社会地位、人生哲学、个人性格、榜样示范等，其中，父母对人生的看法，决定着教育子女的方向。每个家长都是按照个人理解的人生幸福与成功的标准来教育子女的。对人生目标及信仰的认知，并据此在社会生活中确定个人的追求和选择，反映了一个人的价值观。家长的价值观受历史和社会的制约，并与其思想水平、社会生活环境、文化程度、职业特征、个性特点都有密切的关系。在社会演变、科技发展的形势下，人们的价值取向往往存在着新旧交替、矛盾多变的特点。这些特点在家庭教育的培养目标、教育态度和方式的理解、选择和运用上都会有所反映。在现实生活中，不同的家长有不同的价值观，对子女的教育导向也是不尽相同的，但人类社会面对的严峻挑战是同样的，应该提倡家庭教育的科学化，首先的问题就是要坚持正确导向，提高家庭教育在基本取向方面的自觉性。

（一）家长以正确的人生价值观为孩子的成长奠基

人生价值观是人们对人生的基本看法和基本观点，它包括人为什么活着，应该怎样活着，什么样的人生才是有意义的问题。在当代，社会对人生的价值在于不断地满足人的生存和发展的需要；人生对社会的价值在于适应和促进社会的存在与发展，为社会做出积极的贡献。一个人的价值观不是与生俱来的，它是随个体认识能力的发展而发展，并在家庭、学校和社会的影响下逐步形成的，兴趣、动机、情感、意志、理想、信念都是人生价值观的重要指标。父母的人生价值观对子女人生价值观的形成起着示范导向的作用，决定着教育子女成长的方向。因此，父母必须确定正确的人生价值观，才能对子女施加积极的教育影响，帮助他们抵制和克服消极因素，引导他们向正确的方向成长。

（二）家长以正确的教育导向对孩子实施良好的教育

当前，我国教育在现代化潮流中是以社会—个人为基本取向的。社会正面临着摆脱愚昧落后、走向科学与现代化的改革，正在探索发展市场经济、创建和谐社会的规律。为了实现我国社会主义现代化建设的目标，需要培养大批各级各类建设人才，这是立国兴邦之本。家庭教育的目标是使子女成才，促进现代社会的繁荣与发展，并实现个人的志愿和幸福——这种家庭教育的基本价值取向就是目前我国家长应遵循的正确的教育导向。只有坚持这种家庭教育的价值取向，我国现代化建设才具有人才保障和动力源泉，家庭幸福和个人发展才能充分实现。

（三）家长应以民主型的教育态度和方式对待孩子

家长的教育态度和方式是家庭教育价值导向的具体体现。只有当家长以培养能生活在现代社会的后代为教育子女的目标，充分重视并挖掘子女的潜能，促进其特性发展时，才能在家庭教育中坚持以现代化为目标的价值取向，尊重子女的人格，相信他们的前途是光明的，他们的某些缺点也将随着社会的改革和发展得到克服，从而挣脱传统世俗观念的束缚，与子女平等相处，关心他们的进步，注重情感交流，形成和谐、融洽的亲子关系；注重耐心说服，循循善诱，这种民主型的教育态度和方式，才是顺应社会和时代发展的良好的家庭教育态度和方式。家长的教育价值导向决定着其教育态度和方式，而他们的教育态度与方式又决定了其教育效果。子女身心的健全发展，开朗热情、独立自主、智能优良、善于交往、开拓创造等良好的个性品质，都是家长导向正确，采用良好的教育态度和方式教导的结果。

五、以身作则原则

以身作则原则是指在家庭教育中，家长应用自己的实际行动、模范言行给孩子做出榜样，潜移默化地影响子女、教育子女。

自古以来，人们特别重视以身作则的作用。早在 2000 多年前，我国古代大教育家孔子就认识到培养德行，言教不如身教。我国古代家庭教育十分强调家长要以身作则，以身示教，做孩子的表率。《礼记·典礼上》说："幼子常视勿诳。"即幼小的子女在父母身边生活，常常习效家长的言行，家长要以身作则，不可做出不好的榜样。在古代，父母注意给子女做出好榜样，培养他们良好道德品质的佳话有很多，曾子杀猪就是一个很好的例子。

有人说："孩子的心灵是一片奇怪的土地，播上思想的种子，就会获得行为的收获；播上行为的种子，就能获得习惯的收获；播上习惯的种子，就能获得品德的收获；播上品德的种子，就能得到命运的收获。"这种说法完全正确。如果父母严格要求自己，做孩子的表率，努力培养孩子，就会为孩子的美好前程创造条件。这样的父母是值得尊敬的。

（一）严于律己

"你们自身的行为在教育上具有决定意义。不要以为只有你们同儿童谈话，或教导儿童、吩咐儿童的时候，才是在教育儿童。在你们生活的每一瞬间，甚至当你们不在家的时候，都在教育着儿童。你们怎样穿衣服，怎样跟别人说话，怎样谈论其他的人，你们怎样表示欢心和不快，怎样对待朋友和仇敌，怎样笑，怎样读报——

所有这些对儿童都有很大的意义。"他还认为："父母对自己的要求，父母对自己家庭的尊敬，父母对自己一举一动的规范：这是首要的和最基本的教育方法。"因此，在家庭教育中，要求孩子言行端正、品德优良，父母必须先从自己做起。比如父母在服饰、仪表或言行举止上既要讲究个人色彩，又要分清场合，掌握分寸，给子女以良好印象；父母在行为习惯上，应自觉遵守社会伦理道德和社会生活规范；父母在人格特征上，应有广博的兴趣爱好，孜孜不倦地求知，健康、乐观的情绪，强烈的责任感、事业心，大事小事都恪守做人的要求，使孩子将父母做人的准则融入自己的心灵深处与个人性格之中。

（二）言行一致，表里如一

家长以身作则，给孩子做出好的榜样，这是无声的语言，是最有说服力的教育。要求孩子做到的，自己首先做到，家长威信就高，就可以取得教育者的资格，掌握教育的主动权，教育工作就会很有效。如果要求孩子做到的，家长自己并不做或做不到，就没有教育的主动权，教育效果肯定不好。朱庆澜先生说："无论什么教育，教育人（即教育者）要将自己身子做个样子与学生看，不能只凭一个口，随便说个道理，学生就会信的。"特别是在家庭里，做父母的，一天到晚同儿女在一起，一举一动，儿童都会看在眼里。比如教儿女不要抽烟，父母断断不可抽烟，如果父母抽了烟，不但叫儿女疑心，还从此不信父母的话，看不起父母，做出不服父母、不孝父母的事。因此，他要求做父母的"要禁止儿女不要做那件事，总要自己先不去做；要教儿女做那件事，总是自己先去做"。朱庆澜先生把家长的以身作则，看作家庭教育的"根本道理""根本方法"，并且断言："根本法一错，什么教法都是无效的。"这话是很有道理的。在日常生活中，父母应言行一致，表里如一，决不能做那种说一套、做一套，在外一套、在家一套，当面一套、背后一套的伪君子。"其身正，不令而行；其身不正，虽令不从。"家长要以身作则给孩子树立一个良好的榜样。

（三）言传身教相结合

身教与言传不能相互代替，它们是相互依存、相互促进、缺一不可的两种教育方式。因为孩子缺乏经验和知识，在家庭教育中父母既要以自身言行的良好形象去感染、影响孩子，又要用孩子能够理解和接受的语言告诉孩子为什么这样做，怎样才能做得更好。这样才能让孩子不只是机械地去模仿，而是创造性地去做。所以把言传和身教结合起来，有利于教育效果的巩固与提高，而且会保持和提高父母在孩子心中的威信。中国古代孟母"断织"教子的故事流传至今，其中蕴含的言传与身教结合的寓意，尤其值得我们深思和学习。

六、启发诱导原则

启发诱导原则是指在家庭教育中，家长要承认子女在学习成长中的主动地位和独立人格，注意调动他们的积极性、主动性和创造性，引导他们自觉地努力，以形成和发展良好的个性品质。

"启发"一词源于我国古代教育家孔丘。孔子说："不愤不启，不悱不发。举一隅不以三隅反，则不复也。"他主张要在学生有学习需要的条件下进行启发。孔子的这一教育思想为后世各家所认同和发展，形成了我国教育史中的启发诱导原则。在家庭教育中，家长也应运用启发诱导原则，调动子女在教育过程中的积极性，使他们的内在动因与学习、行为的责任感结合起来。只有言行一致，理论与实践统一，他们的个性才能得到充分发展。

（一）树立主体人格性观念

主体人格性是指在家庭教育过程中，必须以人为本，正确认识孩子在受教育过程中的主体地位，特别是要承认孩子的独立人格和尊严。贯彻启发诱导原则，首先要承认孩子的主体地位，只有这样，才能把孩子的积极主动性充分调动起来，才能使家庭教育的效果发挥出来。

（二）合理利用激励手段

启发诱导的重要手段是运用精神奖励、物质奖励、信息诱因、恰当期望等激励因素，激发子女的行为动机和为达到目标的意志行为。从我国家庭教育的现状看，许多家长都采用了各种激励手段对子女进行教育，有的偏重于物质奖励，有的偏重于精神激励；有的注重学习成绩的激励，有的注重行为品德的激励。当然，在激励过程中，也存在着有的家长期望值过高，施以高压强制性教育；有的激励无度，情绪无常；有的激励手段与意向相悖，使子女无所适从等情况。这些都是违背启发诱导原则而采取的片面性手段，往往会导致教育的不良后果。

（三）循序渐进，量力而行

凡是做父母的，都希望孩子早日成才，成为"出乎其类，拔乎其萃"的佼佼者。这种愿望是好的，是可以理解的。要想实现这一愿望，家长在培养教育孩子时，要从实际出发，量力而行；按照科学规律进行，不能操之过急，要循序渐进。

《孟子》一书中讲的"拔苗助长"的寓言故事就说明了这个道理。培养人也是这样，孩子还没到那个年龄阶段，心理水平还没有发展到那个程度，接受和理解能力还没有那么强，却非要教他提前学习他难以理解和接受的知识，就犹如"拔苗助长"，不但无益，反而有害。

第三节　适合社会发展的学习型家庭构建

21 世纪不仅是全球一体化的时代、信息技术的时代、知识经济的时代、可持续发展的时代，更是一个终身学习的时代。人类文明已发展到一个新的转折点：学习从来没有像现在这样成为一个人的最基本的生存能力，家庭的学习功能在诸多的家庭功能中从来没有像今天这样引人关注而进一步凸显。可以这么说，家庭是重要的学习资源，也是帮助其成员终身学习的首要机构。学习型家庭是适应学习型社会的新型家庭形态。

一、创建"学习型家庭"的背景解读

（一）科学技术的迅速进步

新时代，科技发达，新技术的发明和普及使就业技能和生活形态有了极大的转变。为了顺应这些转变，人们唯有积极不断地学习方能促使个人有良好的适应性。科技的进展改变了以往对人的学习、工作、养老三个阶段的划分，一方面使人类从事终身学习成为必要，另一方面也提高了人类实现终身学习的可能性。这一变化促使学习成了家庭的重要功能。

（二）知识的迅速成长与衰退

当前，我们正处于新时代，信息量快速增长与信息传播方式的革命性变化，使整个人类和每个人的知识形成过程也正在发生质的变化。新的知识可在一夕之间传遍世界，也可在很短的时间内就被更新的信息所取代。新的经济浪潮、新的知识结构以一日千里的态势现实地展现在人们面前，使人们对已有知识的老化速度急剧加快。人们为求生存，求发展，不被时代所淘汰，学习必然成为现代社会的基本生存方式。这种变化势必会撞击千万个家庭，促使家庭所有成员不断地学习新知识。

（三）家庭结构的变化与家庭教育新优势的出现

我国现代家庭正在向小型化发展，特别是在城市，从三口之家，逐渐有了二孩。家庭教育也随之出现了新优势。首先，人们的教育意识不断增强，许多家庭都把子女的教育摆在了优先发展的地位，这就使得家庭教育在理念上有了保障。其次，家庭成员注重自身文化素质的提高，使家庭教育的质量也不断提高。再次，家长更注重学习教育的方法，努力用现代的、科学的方法来教育孩子。家庭结构的变化与家庭教育新优势的出现为创建学习型家庭创造了有利的条件。

（四）生活文化的变迁

由于科技的进步、经济的发展，现代社会的人们比以往拥有更多自主的休闲时间，也更重视休闲生活的品质与内涵。休闲时间的增多，使人们有更充裕的时间从事学习，重视休闲生活的品质与内涵，使现代人需要通过学习来选择适当的商品和服务，以真正提高其生活品质。同时，学习活动的参与也成为消费文化的一部分，终身学习除了可帮助个人获得工作技能，顺应社会变迁外，更与文化内涵的提高息息相关，而家庭就是人们终身学习的基本场所。

（五）终身学习的理念被普遍接受

终身学习的理念自 20 世纪 60 年代经联合国教科文组织大力提倡以来，目前已成为世界各国教育发展的原动力和教育改革的指导原则。今天，我们正经历一场改变生活、交流、思维和发展方式的学习革命，这场革命决定了今天的社会必然是一个知识经济的社会，是一个学习化的社会，更是一个终身学习的社会。然而，无论是实现个体的学习还是群体的学习，都离不开家庭这个社会基本单位的奠基和中介，学习也必然会成为家庭的一种生活方式。

二、学习型家庭的概念界定

关于学习型家庭，现在国内对学习型家庭的研究刚刚起步，尚未形成被广泛认同的定义。世界各国因传统观念、文化习俗和经济发展等社会背景存在差异，对于学习型家庭有着不同的认识和理解。

（一）学习型家庭是一种新的家庭形态

我国学者厉以贤教授从社会学的角度分析了家庭形态的嬗变。他认为社会的性质决定着家庭的形态，家庭是一个能动的要素，它从来都不是静止不动的，而是随着社会从低级阶段向高级阶段的发展，从较低的形式进入较高的形式的过程。他把家庭的发展分为三个阶段，即家庭的萌生形态——生殖型家庭，家庭的基础形态——生活型家庭和家庭的高级形态——学习型家庭。

（二）学习型家庭是一种新的学习组织形式

一些学者认为，学习型家庭是以家庭为单位的学习组织形式，具有持续不断的学习、亲密合作的关系、彼此联系的网络、集体共享的观念、创新发展的精神、系统思考的方法。在这种组织形式里，通过成员的相互学习，共同创造新知识，并且通过知识的运用及转化，进而能保持整体的生命力和适应力，促进组织的成长与发展。

乐善耀教授在《学习型家庭》一书中，将学习型家庭界定为：以提高家庭的社会适应力和生活质量为目的的家庭成员共同学习、相互学习、自我改变、自我完善、共同成长的过程。并且，他指出了学习型家庭的要素有崇尚学习、共同时间、跨越代沟、沟通对话、情感支持、生活中学习、共同分享、自我改变等。同时，他还指出学习型家庭除了如廖永静教授所提出的"学习的家庭"和"家庭的学习"两大要素以外，还应该有更丰富的内涵，家庭的学习也有更多样的模式。如父母带头学习，成为学习型家庭的主导；父母向孩子学习，建立交互式学习的模式；合理配置学习时间，家庭共享学习成果；增加家庭的文化投入，提高家庭生活的知识含量等。

（三）学习型家庭是一种新型家庭文化

皮尔松在《一生的护照——终身学习与未来社会的个人生存》一书中指出，学习型家庭实质上是一种互动式的家庭成套学习、一种新型的家庭文化、一种与现代生活接轨的家庭生活方式。他认为家庭可根据学习动机及学习能力、自我改变两大因素划分为非学习型家庭、前学习型家庭、准学习型家庭和学习型家庭四类。非学习型家庭没有学习动机及学习能力，前学习型家庭仅有很低的学习动机和学习能力，而准学习型家庭已具备了较高的学习动机，但学习能力较低。真正的学习型家庭既有学习动机、学习能力，又有自我改变，是最优的学习化社区的一部分。另外，他还分别从"谁在学""学什么""在哪儿学""何时学""如何学"及"为什么学"六个方面来阐述学习型家庭的要素。

三、学习型家庭的要素解析

学习型家庭的要素即一个家庭要具备哪些因素才可称得上是学习型家庭。关于学习型家庭的要素已有许多学者进行过研究，如在《建构学习型家庭》中提出的"学习的家庭"和"家庭的学习"两大要素，"学习的家庭"是指能够催化及有助于学习的"环境"，即家庭的学习气氛与环境，而"家庭的学习"是指家庭的学习活动，包括自学、互学与共学，尤其是大家聚在一起的"活动"（有一段共同的时间，进行共同的活动）；而乐善耀提出的学习型家庭必须具备崇尚学习、共同时间、跨越代沟、沟通对话、情感支持、生活中学习、共同分享、自我改变等要素。学习型家庭有下列六个要素：

（一）自我超越

自我超越是指家庭成员不断实现自己人生目标的过程。这些目标是一个人真正心之所向的"愿景"，它是内在的而不是相对的，与他人不存在竞争关系。愿景是个体渴望得到某种事物的内在价值。

人永远处于"未完成"的状态中，这正是人能不断自我超越的原因。个体自我超越的意识与行为无处不在，而人们缺乏的只是把它上升到意识层面，而不是让它潜藏在无意识状态下。自我超越是不断反照个人对周遭影响的一面镜子；缺少自我超越的修炼，人们将陷入"压力—反应"式的结构困境。

自我超越背后包含两项动作：首先，应不断厘清到底什么对我们最重要。我们经常花太多时间来应付沿路上的问题，而忘了我们为什么要走这条路。结果，对我们真正重要的反而模糊不清。因此，要创建学习型家庭，家庭成员必须明确什么对他是最重要的，找到这一真心向往的"愿景"，避免为应付琐事而耗费精力，最终才可能实现自我超越。其次，我们应该不断学习如何更清楚地看清目前的真实情况。真实情况即我们的现状，现状与愿景之间能够产生创造性张力，创造性张力是实现自我超越的持续动力。

（二）责任感与爱

康德认为："（人的）德行是人的意志，在履行义务的过程中所体现的道德力量，其强弱只能由其克服障碍的大小来衡量。"另外，有人从道德性内隐的角度来定义，把道德性看作个体对道德义务的认同，即责任心。因此，责任感（心）与爱是个体对自然、社会、他人及自我之义务的认同。责任感与爱既属于道德范畴，又是人类的一种天然情感，在家庭中这种情感性体现得尤为明显。

责任感与爱是人的行为动力之一。"关爱与责任是教的行为发生的唯一的内在动力。"在知识快速更新、学习能力日益重要的时代，责任感与爱也是个体学习的内在动力。就家长而言，由于对社会、对长辈、对子女及自身存在的责任感与爱，他们必须不断学习，提高自身能力及个人修养，以满足社会和家庭成员的各种需要（物质需要与精神需要）；同样，就子女而言，也是因为对自身及父母心存的责任感与爱而不断激励自己努力学习，不断自我超越，达到一种完满的生活境界。

因此，在创建学习型家庭的过程中，责任感与爱也是必备因素之一。所有家庭成员只有充分调动其内心的责任感与爱，才能有不断学习与追求自我超越、自我完善的动力，才能为某一共同目标而努力奋斗。可以说，没有责任感与爱，就没有学习型家庭。

虽然责任感与爱是人类的天然情感，但不能说它们总是存在于人类的一切活动之中。责任感与爱可能成为人的行为动力而表现出来，也可能处于被压制状态或受到忽略。因此，培养和激发家庭成员的责任感与爱是至关重要的。

（三）家庭愿景

家庭愿景即家庭梦想，是所有家庭成员真心向往的目标。它是家庭成员对家庭未来状况所持有的共同意象或景象，它创造出家庭成员是一体的感觉，并使这种一体感遍布到家庭的各项活动中，而使各种不同的活动融合起来，使各项活动内含家庭愿景。家庭愿景是所有家庭成员都真心追求的目标，它同时反映出家庭成员的个人愿景。

家庭愿景对学习型家庭是至关重要的，它为家庭成员的学习提供了焦点与能量。用彼得·圣吉的话来说就是"如果没有共同愿景，就不会有学习型组织"。可以说，如果没有家庭愿景，就不会有学习型家庭，因为学习型家庭是学习型组织的实现形式之一。并且，如果没有一个拉力把家庭成员拉向真正想要实现的目标，维持现状的力量将牢不可破，而家庭愿景正是这样一个拉力。家庭愿景为家庭成员建立了一个高远的目标，以激发家庭成员形成新的思考与行为方式。有了家庭愿景，家庭成员将更可能发现其自身思考的盲点，放弃固守的看法，并承认自身及家庭所存在的缺点。要创建学习型家庭，必须持续不断地鼓励家庭成员发展自己的个人愿景，与拥有强烈目标感的个人结合起来，可以创造出强大的"综效"，朝向家庭成员及家庭真正想要的目标迈进。

（四）共同时间

共同时间是指所有家庭成员都能聚在一起的时间，这一时间可长可短，如家人一起吃饭、看电视、出游、散步、购物等时间，也可以是专门看书、读报、讨论家庭事务的时间。共同时间作为学习型家庭的要素之一，其重要性在于它为创建学习型家庭提供了一个平台，家长和子女通过共同时间里的接触，增进相互了解，促使家长反思自己对子女的认识，增加两代或两个孩子沟通与交流的机会。另外，这一平台也使了解家庭成员个人愿景，进而使个人愿景整合上升为家庭愿景成为可能。

共同时间是家庭成员共同学习的基础与前提，如果没有共同时间，就不可能有家庭成员的共同学习活动，也就没有学习型家庭。共同学习这一活动主要包括深度会谈和讨论，如果没有共同时间，就无法得知各家庭成员的意见与想法，也就谈不上相互学习与自我改变、自我超越。

（五）共同学习

这里的共同学习即彼得·圣吉在《第五项修炼——学习型组织的艺术与实务》中所说的团体学习。鉴于家庭成员本身就构成了一个团体，笔者采用了共同学习的说法。共同学习是发展家庭成员整体搭配与实现共同目标之能力的过程。它建立在发展家庭愿景和自我修炼的基础之上。

共同学习过程中必须精于运用"深度会谈"与"讨论"，这是两种不同的团体交谈方式，两者互为补充。深度会谈是自由和有创造性地探究议题，要求家庭成员先暂停个人的主观思维，彼此用心聆听。深度会谈的目的是要超过任何个人的见解，而非赢得对话。如果深度会谈进行得当，每个家庭成员都是赢家，个人可以获得独自思考所无法想到的见解。

进行深度会谈必须具备三项基本条件：第一，所有家庭成员必须将他们对问题的假设"悬挂"在面前，即首先要把自己的观点真实地呈现出来，并接受他人的质询；第二，所有家庭成员必须视彼此为伙伴，驱除敌意与成见；第三，必须有一位"辅导者"，即某个家庭成员来掌握深度会谈的要义与架构。另外，在深度会谈过程中要尽量避免"习惯性防卫"，习惯性防卫常用来保护自己或他人因为我们说出真正的想法而受窘或感到威胁，常使我们失去检讨自己想法背后的思维是否正确的机会，问题也因此得不到有效解决。在家庭深度会谈中，家长如果持有维护家长权威的想法，则容易采取习惯性防卫来掩饰或避免说出有损自身形象的意见。同样，子女也可能害怕暴露自身的弱点而采取习惯性防卫。习惯性防卫是家庭成员"悬挂"自己观点及反思的最大障碍。因此，要创建学习型家庭就必须有勇气承认自己的习惯性防卫，如此，习惯性防卫才能开始成为一种动力的来源，而不是阻力。

（六）反思与省察

学习型家庭中的反思与省察是指家庭成员尤其是家长对自身观念、思维模式、道德品质与行为方式的不断审视，弥补缺漏，实现自我超越与自我完善的过程。通过反思与省察，家长可以重新审视自己的家庭教育观念是否符合时代发展的潮流与需要，是否符合子女的身心发展特点；审视自己的家庭教育方法是否有效，是否与家庭教育目标一致；审视自己的言行是否会带给子女不良的影响，是否为子女提供了榜样示范。通过反思与省察，子女也可以审视自己的言行、品德，审视自己与父母的冲突及矛盾等。

中国古语中有"吾日三省吾身"的说法，可见古人早就认识到反省的重要性。反省是个体进步、完善的基础。学会反思与省察，是一个人不断塑造自我、实现自身价值的过程。如果家长和子女都能不断反思与省察，许多家庭教育问题与家庭冲突也就迎刃而解了。

以上对学习型家庭六大要素的阐述，实质上包含了创建学习型家庭的策略，即创建学习型家庭必须进行这六项修炼。如果哪一个家庭能按照这六大要素来实践的话，说明它已经在朝学习型家庭迈进了。

四、创建学习型家庭的意义

家庭是社会的细胞，构建学习型家庭是顺应知识经济和后工业社会潮流、提高个体学习能力和创造能力的重要举措。创建学习型家庭对个人、家庭及社会具有诸多意义。

（一）有利于个体的健康成长

我们每个人个体的发展历程，如果以家庭的依存作为参照物，大致可以分为三个阶段：家庭期，即学前儿童的学习期；学校—家庭期，个体受教育的主要途径是学校教育，其次为家庭教育；社会—家庭期，个体一离开学校，走上工作岗位，社会教育的影响成为主角，其次为家庭教育。从以上三个阶段可以看出，一个人正是以家为起点，逐渐走向学校、走向社会的，其中家庭教育贯穿始终。学习型家庭强调树立"终身学习"的理念，很好地把人生的三个阶段结合起来，它强调尊重学习者的主体性，强调学习的持续性，并强调学习场所的广泛性。在人生的三个阶段中，学习型家庭能够有力地带动学龄前学习（第一阶段），促进学校学习（第二阶段），以及强化社会学习的主体意识（第三阶段）。此外，学习型家庭强调互动学习，互有情感性，强调在学习互动竞争中培育一种独特的情感动力——亲情。作为家长，为了工作需要或者家庭责任需要不断地进修学习，学习的过程不仅是家长自我充实和完善的过程，也是影响孩子、感染孩子的过程。信息科技的发展使几代人同步学习成为可能，带有情感性、交流性的学习也必将增强双方学习的效果，促进家庭成员的共同进步。从这个意义上说，学习型家庭为一个人全程的教育与学习提供了有效的途径，从而推动了个体的健康发展。

（二）有利于家庭的和谐发展

学习型组织理论对家庭的管理带来许多有益的启示：家庭在很大程度上与组织相似，组织需要管理，家庭也需要经营。学习型组织理论的提出者——美国麻省理工学院教授彼得·圣吉认为，学习型组织的核心内容在于"五项修炼"：第一项修炼是自我超越；第二项修炼是改善心智模式；第三项修炼是建立共同愿景；第四项修炼是团队学习；第五项修炼是系统思考。对于家庭来说，这五项修炼是指鼓励所有的家庭成员自我发展。意即鼓励家庭成员不断扩展个人学习新知的能力，学习处理人际关系的能力以及学习解决问题的能力，学习应对各种突发状况的能力；寻找真正影响家庭成员个人或者家庭行动的决定性因素，进而反省、改变想当然的心智模式；家庭成员共同建立真正属于家庭的愿景或者期望，家是父母的也是孩子的，不管愿景是大是小，既然是影响家庭的决定，就应该让所有的成员共同参与进去；父母放下身架，营造家庭成员相互学习的气氛，父母转变角色，与孩子一起学习，这是学习型家庭创建的很重要的条件；系统思考方式在家庭中，就是使家庭成员意识到自己的行动如何造成了家庭目前的处境以及如何能够加以改变，运用这种思考方式可以使家庭成员认清整个变化形态、问题背后的真正原因并解释变化的情景。

对于一个家庭来说，有一个大人与孩子都向往的共同家庭愿景；每个成员的自我发展都得到鼓励与重视；父母都能放下身架与孩子一起学习；家庭成员能经常换位思考自己的行为对家庭其他成员及家庭总体发展产生的影响；这样的家庭虽然不能解决所有的问题，但是能增强家庭成员的凝聚力与亲和力，增强家庭解决问题和适应社会的能力，从而推动家庭的和谐发展。

（三）有利于学习型社会的建设

学习型社会是一个网络系统，它由以下几个部分组成：学习型个人、学习型家庭、学习型企业、学习型机关、学习型社区及学习型城市，这几个部分之间相互影响、相互制约。其中，学习型家庭在学习型社会网络系统中处于核心地位。学习型家庭同学习型城市、学习型机关等存在着相互影响、相互制约的关系。学习型家庭是塑造学习型个人的最佳场所；学习型家庭同时是学习型企业、学习型团体与机关、学习型社区、学习型城市形成的最佳通道。只有每个家庭成为学习型家庭，才会有力地提升社会学习的风气，实现全民族终身学习、迈向学习型社会的目标。

五、学习型家庭理念对家庭教育的启发

学习型家庭理念是近年来兴起的一种关于理想家庭的理念。学习型家庭实质上是学习型组织的实现形式之一，并且是最有可能和最有效的一种学习型组织。学习型家庭尤其强调学习，即家庭成员能力、倾向及观念等的持续变化过程，所有家庭成员都能不断反省、不断学习、不断改进，这是解决诸多家庭冲突及家庭教育问题的关键。因此，学习型家庭理念对我国当前的家庭教育也有所启示。

父母只有厘清自己对子女的培养目标，才能实现家庭教育过程与家庭教育目标的统一。在自我超越的修炼中包含两项动作，其中之一是要不断厘清到底什么对我们最重要。"我们经常花太多时间来应付沿路上的问题，而忘了我们为什么要走这条路。结果，对我们真正重要的反而模糊不清。"对于家庭教育问题，道理也是如此。一些父母并不清楚自己对子女的培养目标，也不思考要把孩子培养成什么样的人，因此，在家庭教育过程中就难免盲目与盲从。例如，对现在愈演愈烈的各类课外辅导班，有的父母根本不考虑自己孩子的个性特点与需要，盲目追随潮流，结果反而降低了孩子的学习效率和学习兴趣。

另外，关于培养目标，同样涉及什么是对孩子最重要的问题。目前，绝大多数家长对孩子的培养目标就是上大学。家长们应该反思的是，难道对于孩子的培养就仅止于上大学，以后能自立、能养活自己或有个体面的工作吗？如果孩子存在性格偏执、心理素质低下等问题，即使他以后能独立生活，他也是不健康的，甚至是不幸福的。因此，家长们首先应该反思自己的培养目标对孩子是否是最重要的，其次

应该反思家庭教育过程是否与培养目标一致，尽量避免过程与目标的偏离。

学习不仅是掌握文化知识，更重要的是个体思维模式、品德、观念、态度以及习惯的改变。在家庭教育中，普遍存在重智育、轻德育及心理素质教育的现象。而家庭教育的任务主要是非智力因素的培养，智育是学校教育的主要任务，并且有目的、有计划、有系统的学校教育比在家庭中进行智育更为有效。但许多家长在家庭中往往关注的是孩子的学业成绩，从而忽略了孩子的性格发展、思考及解决问题的方式、学习态度与学习习惯、品德养成、心理素质等。而这些非智力因素对智力活动起着动力作用、定型作用和补偿作用，缺少非智力因素的支撑，智力也难以发挥作用，有时甚至发挥的是反作用。

父母与子女进行深度会谈，深入了解彼此的观点才是家庭教育问题的"根本解"。深度会谈是自由和有创造性地探究议题，要求家庭成员先暂停个人的主观思维，彼此用心聆听。深度会谈要超越任何个人的见解，最终形成大家都满意的解决办法。要进行深度会谈，父母必须消除自己的"习惯性防卫"心理，真实地说出自己的经验和看法，并能够接受子女对自身观点的质询。子女也应该提出对父母或对某一问题的意见，消除误解与成见，并且学会用心倾听对方观点。

彼得·圣吉在《第五项修炼——学习型组织的艺术与实务》中提出了"症状解"和"根本解"两个概念。所谓症状解是指对某一问题局部的、暂时性解决的办法。症状解往往是显而易见的解，但它把问题从系统的一个部分推到另一个部分，甚至使问题变得更加复杂、更难以解决。所谓根本解是指运用系统思考的方式来深入了解问题的各个方面，寻找整体的、长远的解决办法。在解决家庭教育问题时，许多家长经常只是运用症状解来处理问题，而这样的解决办法往往使问题变得更糟糕。

不断自我超越的父母是子女的良好榜样。自我超越是个体不断实现自己人生目标的过程。根据文化期望与文化现实相矛盾的观点，每个人对自己的未来及各个方面的发展都持有美好的期望和设想，但是遇到诸多现实困难后，这些期望和设想难免夭折。个体的自我超越也是如此，父母应当明确自己的现状与目标之间的距离，不断产生创造性张力，促使自己实现自我超越，朝着自我实现与自我完善的目标前进。

当许多家长觉得自己的文化期望遭遇文化现实的扼杀后，便转而把这种期望寄托到自己的孩子身上。这种期望促使家长对子女更加严格要求，而结果却事与愿违，很难取得实际效果。唯有家长努力实现自己的目标，为孩子提供榜样示范，才是孩子积极向上、追求自我超越的真正动力。

父母反思并改进自己的家庭教育观念及方法才是提高家庭教育实效之根本。父母反思、吸取别人的家庭教育经验及科学的家庭教育方法，进而改进自己的家庭教育观念与家庭教育方法，实质上也是一种学习的过程。能够时时反观自己的家庭教育历程，总结经验教训，并勇于承认自己在家庭教育上失误的家长才有可能建成学习型家庭。

反思与省察作为学习型家庭的要素之一，其重要性体现在它是个体学习的基础。通过反思与省察，家长可以重新审视自己的家庭教育观念是否符合时代发展的潮流与需要，是否符合子女的身心发展特点；审视自己的家庭教育方法是否有效，是否与家庭教育目标一致；审视自己的言行是否会带给子女不良的影响，是否为子女提供了榜样示范等。如此，父母才能改善亲子关系，提高家庭教育方法的有效性和家庭教育实效。

学习型组织是一种充满生命力和凝聚力的组织，是一个不断追求卓越的组织。学习型家庭作为学习型组织的实现形式之一，比一般组织具有某些天然的优越性，如家庭成员间的责任感与爱、更密切的人际关系及更为统一的愿景等。因此，我们有信心普遍建立学习型家庭，创建和谐家庭乃至和谐社会。

/ 第四章 /

家庭生活理念与儿童心理素质的发展

第一节　家长教育与教养方式

一、家长教育重要性探讨

古今中外，论述家长教育重要性的观点并不少见。英国教育学家斯宾塞在《教育论》里提出：父母要承担起抚养教育子女的责任，就必须具备教育子女的科学知识。苏霍姆林斯基也强调要实现家庭教育的科学化，必须对家长进行教育和训练，以此提高家长作为教育者的素养。我国现代教育学家陈鹤琴在《怎样做父母》的文章中也强调，在做父母之前，一定要学习抚养子女的教育知识。

在多数论述家长教育的文章与著作中，可以说都有对家长教育重要性的论述。总体而言，有关家长教育重要性的论述基本可以分为以下三类：

其一，从家长抚育孩子的角度强调家长教育的重要性。该类观点认为家长抚育孩子需要一定的资质及知识，没有一定的科学知识就不能进行科学的家庭教育。傅国亮在《家长职业——更需要培训上岗》的文章中指出任何职业都必须培训才能上岗，唯独"家长"这个"职业"，许多人不经培训就直接上岗，这堪称是天下"职业"的第一大怪现象。李一华在文章《关注家长教育》中也指出家长对孩子的教育不惜付出一切，但是收效则需要家长教育来保证。焦彩丽与杨佳琪在文章《家长教育的资格及亲职教育》的文章中提出家长教育资格"不学而会"的观点是站不住脚的，必须学习家长教育才可以做合格的家长。类似以上观点的文章还有许多，这类观点从总体上来看是从家长抚育的角度来强调家长教育的重要性，通过论述没有关注家长教育的父母是不称职的父母来说明家长教育的重要性。

其二，从孩子发展的角度强调家长教育的重要性。该类观点从孩子发展的不同状态论证家长教育的重要性，如，有些孩子出现不良现象，有些孩子表现优秀，其背后更多地体现在家长对其进行的家庭教育，从侧面论证家长教育的重要性。如，卢春芝、耿文让在《论现代家长教育的重要性》文章中指出孩子的成绩与表现很大程度上与家长有直接联系，父母的教育对孩子的表现有时起到决定性的作用。卢曼在文章《家长教育的必要性和有效方式的探讨——以保定市早教机构为例》的文章中以早教中心的实证研究为基础提出家长教育的重要性及必要性，家长教育是保证孩子健康成长的有效措施。再如，雷雳、张钦、假志瑾在《学习不良初中生的父母教养方式及其自我概念》的文章中指出父母的教养方式与学习不良学生的自我概念、认知发展和社会性发展等方面有着密切的关系，从这一角度分析家长教育的必要性与重要性。郭玲在文章《浅谈家长在孩子学习中不可忽视的作用》中也提出失去家长的正确指导方式，学生就不可能成为认真学习的学生，家长是学生成长的重要方面，家长教育具有重要的作用。

其三，从家庭环境或家园环境的角度强调家长教育的重要性。该类观点从家庭教育以及学校教育的环境论证家长教育对于两者的重要性，家长教育与良好的家庭教育和有效的学校教育呈正相关性。良好的家庭教育离不开家长教育，有效的学校教育的开展也需要家长教育的配合，从这一角度来论证家长教育的重要性。如，刘建芹在文章《家长教育能力对家园共育的影响》中提出幼儿园有责任帮助家长形成科学的育儿观，提高观察、分析、解读儿童的能力，加强指导能力、游戏能力、表演能力，使教育更有目的性。李亚杰在文章《转移家庭教育重心提高家长教育素养》中指出当代家庭教育应当将所有家庭成员都纳入教育对象，尤其应以对家长的教育为首，作为家庭教育基础的家长教育，需要得到更多的关注，以提高家长的教育素养，促进家庭教育质量的全面提升。再如，李俐心在其硕士论文《小学生家长教育素质对家校合作影响的研究》中指出城乡接合地区家长的家校合作水平低于教师水平，家长教育素质的水平普遍不高，家长教育素质对家校合作的影响呈正相关。

以上观点从家长教育所影响的家庭教育和学校教育论述家长教育的重要性，家长教育的水平与家庭教育的质量，及学校教育对孩子的有效性具有直接的关系，因此，提升家长教育意义重大。

二、提升家长教育方法探析

第一，政府及非营利组织推动的家长教育。政府及非营利机构在推动家长教育的推广与普及方面负有直接的责任，这几乎是所有研究者均认同的观点。因此，在许多研究成果中都将推动家长教育的普及与政府及非营利机构进行结合，提出系列实施对策。

第二，家校结合推动的家长教育。从梳理文献资料中发现学校是推动家长教育最大的主体，几乎所有学者都认为学校应该与家长共同推进家长教育的开展。在学校推动家长教育的方式与策略上也有各式各样的形式与方法，如成立家长委员会、家长学校、家长培训中心等方式，以及为家长提供关于家长教育的书箱、资料、视频资料等方式。

第三，商业组织推动的家长教育。商业组织推动家长教育的对策研究相对于政府与学校来说比重明显减少，但是也有不少学者论述了商业组织举办家长教育培训市场的合理性，同时认为由商业组织推动家长教育可以促进家长教育手段的多样性。但是，从文献资料来看，单独论述商业组织推动家长教育的学者几乎没有，一般都是在认可政府、学校两大主体前提下，提出商业组织推动家长教育是辅助策略。

三、家长教养方式探索

家长素质是家长角色的内在要素，体现在家长承担和扮演角色的过程与活动之中。家长素质一般包括自然素质和社会素质两个方面。自然素质是指人的大脑、神经、体力等生理方面的素质；社会素质主要是指人的心理素质、思想道德素质、科学文化素质、教育素质等，其中生理素质、心理素质、品德素质、文化素质是社会成员都应具有的基本素质，而教育素质则是作为家长特定角色的特殊素质。犹如法官要懂法律，医生要有医术一样，教育素质也是家长们的一种"专业素质"。

家长的教育素质应当包括教育观念、教养方式、教育能力等。这些方面相互联系、相互作用，共同构成了家长教育素质的统一体。从一定意义上来说，家长的教养方式集中反映和体现了他们的教育观念和教育能力。由于篇幅所限，本节主要探讨家长的教养方式与家庭教育的关系。

（一）关于家长教养方式

方式是人们说话做事所采取的方法和形式。由于说话做事的对象不同，也就形成了各种不同的方式，如工作方式、生活方式、劳动方式、教养方式等。那么，究竟什么是家长教养方式呢？所谓家长教养方式，一般是指父母对子女实施教育和抚养时通常运用的方法和形式，是教育观念和教育行为的综合体现。它是对父母各种教养行为特征的概括，是一种相对稳定的行为风格，是家庭内外众多因素中影响儿童发展的重要中介。

（二）家长教养方式的方式

综合过去心理学家、教育学家对父母教养方式的研究，一般认为父母教养方式的类型大致可依据基本向度划分为单向度 (single-dimensional)、双向度 (two—dimensional) 和多向度 (multi—dimensional) 三种类型。

1. 单向度父母教养方式

过去对父母教养方式的类型划分多以单一向度来区分，单向度主要采取非此即彼的分类方法。例如，爱尔德 (Elder，1962) 认为"父母的支配性"是父母教养方式的单一向度，并依此最早将父母的管教方式分为独裁、权威、民主、平等、溺爱、放任、忽视七种类型；鲍姆令德 (Baumrind，1991) 则将父母的教养方式视为父母选用的一种实行家庭社会化最有效的方式，认为影响父母教养方式的向度是"父母的权威性"，并依此将教养方式分为专制权威型、开明权威型、放任溺爱型；而赫尔洛克 (Hurlock，1978) 将父母教养方式分成过度保护、民主、放纵、拒绝、接纳、支配、顺从、偏爱及期待九种管教类型。兰博 (Lamborn，1991) 等人则将父母教养方式分为民主权威 (authoritative)、专断权威 (authoritarian)、纵容 (indulgent)、忽视 (neglectful) 四种类型。

上述分类，基本上都是采用单一向度来划分的。由于研究目的和方法的不同，学者们提出的父母教养方式的类型也颇有差异。此种非此即彼的划分方式，类别间彼此独立且不重叠。但是，此种方式过于笼统，不能涵盖各种类型，且对相同类别的解释也因人而异。在现实情境中，有些父母的教养方式既专制又溺爱，或者既民主又放任，显然单一向度的分类无法解释这些现实的情况，双向度的划分标准便应运而生。

2. 双向度父母教养方式

在实际情境中，父母教养方式包含不同的层面，某一层面教养方式对儿童的影响，可能与其他层面的教养方式产生交互作用。因此，学者们提出了双向度的教养方式分类，以两个相互独立的向度交互构成四个象限，来区分父母的教养方式会倾向于某一向度，而在另一向度上的倾向则较不明显。

相关的研究包括：威廉姆斯 (Williams) 将儿童知觉到的父母教养方式分为"关怀 (loving)"和"权威 (authority)"两个层面，并依其高低程度区分成 4 种管教方式，即"高权威、高关怀""高权威、低关怀""低权威、高关怀""低权威、低关怀"。谢夫 (Schaefer) 对亲子互动的数据加以分析后，提出"自主 – 控制 (autonomy-control)""关爱—敌意 (love—hostility)"两个向度，将其教养方式分成四个象限，并构成一个包含 14 种类型的环状模式来解释不同的教养方式。

布朗芬布伦纳 (Bronfenbrenner) 以"支持"与"控制"作为划分教养方式的两个

向度，将其分为四种类型。罗伊 (Roe) 和斯格曼 (Siegelman) 将早期研究所编制的亲子
关系问卷中的父母教养方式分为：爱护、保护、宽松、命令、拒绝、忽视、精神奖励、
物质奖励、精神处罚、物质处罚等，经由因素分析方法归纳成"关爱—拒绝"与"忽
视—要求"两个向度。

麦科比 (Maccoby) 和马丁 (Martin，1983) 认同鲍姆令德 (Baumrind，1980) 的理念
架构，认为随着子女年龄的增长，父母的确会运用较多要求而非控制的管教方式，
因此以"反应"与"要求"两个向度区分父母对子女的教养方式，并依照这两个向
度高低程度的不同，组成四种父母教养类型：开明权威 (authoritative，高反应—高要求)、
专制权威 (authoritarian，低反应—高要求)、宽松放任 (indulgent–permissive，高反应—
低要求) 以及忽视冷漠 (indifferent–uninvolved，低要求—低反应)。

综上所述，大部分学者经过因素分析所归纳出的家长教养方式的区分向度往往
大同小异，离不开"关爱 (或温暖接纳) 对敌意 (或冷淡拒绝)"与"要求 (或控制)
对宽容 (或自主)"；其中关爱 (或温暖接纳) 对敌意 (或冷淡拒绝) 向度，是父母亲
针对子女各种表现行为所做的"响应"，其响应中可能含有接纳、关爱或者冷漠、
敌对的态度。从心理学的观点来看，其响应的异同，可能会增强或减弱社会期望行
为的建立；父母亲在对子女各种行为表现做出反应时，可能会察觉到子女不同的需
求或心态而给予某些"控制或要求"，控制或要求有强弱、合宜与否之分。我国学
者大多采纳这种双向度的分类方法，利用"关爱"与"权威"两个向度将家长的教
养方式划分为四种主要的类型，即民主权威型、绝对权威型、娇惯溺爱型、忽视冷漠型。
民主权威型的家长往往对孩子给予中等程度的关爱和中等程度的允许或限制，对孩子
保持温和的态度，能合理接纳孩子的意见和想法，亲子间采取开放的态度和方式进行
沟通。绝对权威型的家长对孩子给予很少的关爱而给予最大的限制。

父母往往按照一套硬性的规范，命令、要求和控制孩子的行为，强调权威，要
求孩子绝对地服从和尊崇。娇惯溺爱型的家长往往对孩子给予较多的关爱和很少的
限制，对孩子的言行举止具有很大程度的容忍性和接受性，对孩子过分宠爱，百依
百顺，以孩子为"中心"，无原则地满足孩子的一切要求，处处袒护，事事包办。
忽视冷漠型的家长往往对孩子给予很少的关爱并较少进行限制，具有放纵的意味。
在家庭教育时，对孩子缺乏关心，采取不管不问、放任自流、任其发展的态度，鲜
有干预子女的言行，无视孩子的情况和需要，与孩子的交流缺乏感情，对孩子的优
缺点也都不予关注。

3. 多向度父母教养方式

有些学者为了更完整地说明父母教养方式的不同，提出了以三个向度来划分父

母教养方式的类型。例如，贝克 (Becker，1964) 采用多向度模式，认为管教方式包含了"温暖—敌意""放纵—限制"与"焦虑情绪的涉入—冷静的抽离"三个向度，并依据各向度的高低而交互成纵容、民主、神经质的焦虑、忽视、严格控制、权威、有效组织及过度保护八种类型；安沃斯 (Ainworth，1975) 则分析了母亲教养行为的四个向度：敏感与不敏感、接受与拒绝、合作与干涉、可接近与忽视。

四、家长教养方式对儿童社会性发展的影响分析

（一）儿童社会性发展的意义

"社会主义核心价值观"要求公民具备核心价值的基础修养，即具备健全的人格、强健的体魄、明确的三观和一定的文化水平、一定的社交能力等综合素质。儿童社会性发展对于创建属于自己的事业功勋，从而实现人生、生命等高端价值都能产生积极的影响。比如，父母培养儿童社会性发展并养成高尚的品格，当儿童长大后，带着来自家庭的责任与生活的压力立足于社会，试图通过赚取社会佣金来养家糊口时便能够做到应对自如；带着人生的梦想与社会的责任，试图通过自己的不懈努力而建功立业时，便不会因为前路的复杂而迷失方向；满怀热血试图通过积极探索、不断突破事业的新高而实现个人抱负时，便能够策马扬鞭、一帆风顺。杜威说："儿童能力初期萌芽是尤其可贵的，我们引导儿童初期发展趋势的途径能固定儿童的基本习惯，能确定后来能力的趋向。"鉴于儿童社会性发展的重要意义，年轻的父母针对教养孩子所采取的方法必须结合儿童自身特点，在他们初期萌芽的基础上给予社会性的引导，从而为儿童将来的顺利发展与辉煌的人生推波助澜。

（二）父母教养方式对儿童社会性发展的影响分析

我国儿童父母受传统思想的影响，对学前教育所采取的方法体现出了溺爱、专制、放任、民主等不同特征，而西方父母对于儿童的教养却采取了截然不同的方法，他们相较于中国父母而言，更侧重于培养儿童的浪漫素养与自主能力。不同的教养方法对于儿童的社会性发展产生了不同的影响，下面我们对其做详细分析。

1. 西方父母的教养理念

冈察洛夫说："必须在生活中寻找支柱，如果没有这个支柱，即使没有疑问，生活也会过得腻烦的。"西方国家的社会公民基于对生活质量的更高追求，父母在教养儿童中充分融合了浪漫色彩，认为儿童将来的生活必须建立在浪漫的基础上，否则将无幸福可言。比如，西方父母在儿童很小时便不会约束他们进行异性交往，认为这是儿童成长的必由之路，也是他们浪漫生活的体现。另外，在西方社会生活中不只体现了浪漫主义色彩，更有力地体现出独立自主的生活趋向，基于此，父母

从孩子在儿童时期便开始培养他们的自立能力，如此也为儿童的社会性发展创造了积极的条件。比如，西方的父母在孩子很小时便将对于他们的照顾完全建立在开放式的基础上，让儿童在特定的条件下充分发挥自身的潜能，为孩子的独立自主能力的提升创造足够的条件。

西方父母的教养理念虽然与中国公民健康的社会生活产生了一定的冲突，但是从西方国家社会现状的视角来分析，他们极具浪漫色彩的教养理念以及自立性的教养方法完全符合其国家社会发展的实际需求，如此便有助于儿童的社会性发展。

2. 中国父母的教养理念

中国的传统理念是"养儿防老"。很多人受孔孟思想的深刻影响，认为生养子女是在为自己的老年生活提前做规划，因此儿童的成长必须在父母特定的要求下、依附于父母的观念才能切合传统的"孝顺"之道，否则养儿将是一场空，从而对于儿童所采取的教养方法体现出一定的专制性与溺爱性。

比如，有的父母为了充分体现给予孩子的养育之恩，在儿童成长过程中给了过分的溺爱，甚至孩子做错了事情也不会加以正确教导与必要惩罚，从而助长了儿童的错误行为，殊不知，如此不但不能帮助孩子适应社会的发展，还有可能残害孩子的一生；而有些父母基于自己老年生活考虑的前提下，不溺爱孩子，但在孩子成长的过程中形成了一种专制性理念，认为棒棍底下出孝子，其实如此观念非但不能培养儿童社会性发展的必要能力，还容易给幼小的心灵造成严重的伤害，这对于他们将来的发展极为不利。上田耕一朗说："一个生命比地球还重。"每个孩子都是一个独立的个体，他们的人生不只是肩负了赡养老人的传统责任，更需要承担养育子女、关爱伙伴、珍惜生命、三观发展等一系列的社会责任。孩子的成长无法依附于任何人的陈旧观念，而是需要在无忧无虑的快乐中提升社会性发展的综合能力，从而为满足社会发展的实际需求奠定基础。

3. 中西教养理念的结合

由于中西两方社会生活的理念不同，教育方式也存在很大的分歧，但是如果将中西两方的教育理念有力结合，想必对于中国孩子的健康成长与社会性发展将会形成积极的帮助。

（三）父母科学教养儿童的具体表现

吕斌说："父母在批评孩子时，请给孩子留点面子。成功的家庭教育来自父母对孩子的深入了解，接受和尊重孩子，而不是揭孩子的短。"这表示，父母在教育孩子时应遵照尊重生命个体需求的基本原则，充分考虑儿童的健康成长及其社会性发展的实际需要，从而科学教养。比如，采取"言传身教"的方法，儿童可以在家庭与父母行为的影响下，自然形成社会性发展趋势。这要求父母必须做到身体力行、率先垂范，其言谈举止都要考虑可能给儿童造成的影响，让儿童在父母的一举一动中都能学到有利于健康成长的生活文化。又如，"家园合作"式教育，父母与家人在生活中形成和谐的亲情关系，结合平等、互助、民主的基本原则建立"家园合作"式教育，鼓励儿童积极参与家庭议政、生活琐事、礼仪往来、社会交往等。事实上，父母教养孩子应该有"度"的限制，不能太专制，也不能太放开；不要过分溺爱，但是也得深深疼爱；不视孩子为自己生命的附属，也得教养孩子懂得做人的道理。

第二节　家庭结构与家庭管理方式的解读

家庭结构是家庭学研究的一个基本内容，也是影响家庭教育的一个重要因素，因为不同的家庭结构，其家庭教育的模式和氛围会有很大的区别。那么，究竟什么是家庭结构呢？

一、家庭结构

（一）家庭结构概念

在过去关于家庭结构的研究中，不同学者从自身的研究角度出发，对"家庭结构"的解释不尽相同。有人认为"家庭结构是家庭存在的表现形式"；也有人认为"家庭结构是指家庭成员的组合形式"；还有人认为"家庭结构是人口层次的组合方式"；更有人认为"家庭结构是由代数结构与人口结构所组成的"。

事实上，仅仅把家庭结构解释为家庭内部人员的组合方式，与家庭规模和构造等同起来是不全面和不确切的。分析家庭结构，不能不考虑到家庭成员之间的各种关系及其相互之间的内在联系。由此，家庭结构实际上是指家庭成员的构成及其相互作用、相互影响的状态，以及由这种状态所形成的相对稳定的联系模式。家庭是由两个或两个以上的成员组成的，家庭中每个成员的存在都有赖于其他成员的存在，他们各自扮演一定的角色，相互关联、相互维持、相互帮助。

（二）家庭结构的类型

家庭结构的类型就是家庭结构的整体模式。作为社会细胞的家庭是以婚姻为基础的，以夫妻关系为中心的，它们具有一定的共性。区别家庭结构的类型，就是按照一定的标准将具有相同特征的家庭归为一类，以了解不同家庭的不同特点及其一般规律，为家庭教育提供适当的指导。目前对于家庭结构的分类，学术界尚无统一的标准，通常的分类主要包括：

（1）按照家庭中配偶的对数，分为一夫一妻制家庭、一夫多妻制家庭、一妻多夫制家庭。按照参与和决策家庭事务的权力，分为父权家庭，即父亲为家庭的权威中心，统治整个家庭，家庭内的其他人都听命于父亲；母权家庭，即母亲为家庭的中心或统治者，由母亲掌握家庭的一切；平权家庭，即家庭成员的权力平等，包括父母在内，没有任何一人拥有至高无上的权力，家庭中的每一分子都有权利参与家庭事务的决策。

（2）按照家庭成员的居住规则，分为从夫居家庭，即婚后妻子住丈夫家；从妻居家庭，即婚后丈夫住妻子家；单居家庭，即男女婚后脱离各自的父母家庭另行单独居住。

（3）按照家庭代际层次和亲属关系，分为核心家庭，即由父母和未婚子女组成的家庭；主干家庭，即由父母和一对已婚子女组成的家庭；联合家庭，即由父母和两对或两对以上已婚子女组成的家庭，或是兄弟姐妹婚后不分家的家庭；其他家庭，即以上类型以外的家庭，如隔代家庭，即祖孙两代组成的家庭；单亲家庭，即由于丧偶或离异等原因，核心家庭中失去父亲或母亲一方的家庭等。

上述以不同标准划分的家庭结构类型，对家庭教育产生最直接影响的当属按照代际层次和亲属关系划分的类型。

二、不同的家庭结构类型与家庭教育

（一）核心家庭与家庭教育

"核心家庭"这一名称来源于西方社会，是指已婚夫妇与未婚子女组成的家庭。家庭内只有三种关系，即夫妻关系、亲子关系和兄弟姐妹关系。核心家庭的主要特点是人口少，结构较简单。以前提倡"一对夫妇只生一个孩子"，现在放开"二孩"后，核心家庭一般都是三口或四口之家。这种类型的家庭比较有利于家庭教育功能的发挥，因为家庭只有一个核心，具有较强的内聚力，有利于为子女成长创造和谐的家庭氛围。

在核心家庭中，父母与子女发生互动的频率和机会相对于其他类型的家庭更高、更多、更易建立亲子之间的感情。家庭对孩子进行教育时意见容易统一，即使出现矛盾，也比较容易协调处理，达到教育的一致性。核心家庭在经济上是独立的，夫妻对自己的收入有绝对的支配权，能够自由决定对孩子的物质投资而不用受他人的干扰。此外，核心家庭中，如果夫妻都参加工作，自然会减少家务劳动的时间，而又没有老人或其他人可以依赖，有些简单的家务劳动，如买菜、洗衣、收拾房间、做简单的饭菜等往往由子女承担。这样，对于培养孩子的生活能力和劳动习惯是极为有利的，同时还可以增强孩子对家庭的责任感。

当然，核心家庭在子女教育上也有其不利的方面。目前，由于我国绝大部分核心家庭夫妇都是双职工，随着社会竞争意识的加强、工作压力的增大，他们用于工作的时间和精力也有所增加。那些脖子上挂钥匙的孩子如果受到其他不良少年的影响，容易沉湎于街头的娱乐厅、网吧，受社会不良风气的侵蚀、坏朋友的引诱和教唆而违法犯罪。对于他们的变化，父母往往难以及时发现和教育，经常是孩子出了问题才引起家长的注意，但为时已晚。

（二）主干家庭与家庭教育

主干家庭是指在一个家庭中有两代以上，而且每一代只有一对夫妇组成的家庭。因此，主干家庭，可以是祖父母、父母、孩子组成的三代家庭，也可以是外祖父母、父母和孩子组成的三代家庭，代际层次可以是三代，也可以是四代、五代等。主干家庭在我国是较为普遍的家庭结构之一，特别是在农村，目前仍占有主要地位。主干家庭的特点是代际关系较为复杂，一般来讲，人口也相对于核心家庭较多，包括夫妻关系、亲子关系、祖孙关系、婆媳翁婿关系等。

主干家庭在家庭教育中的有利因素主要是：

首先，可以弥补双职工家庭中父母在教育孩子上时间和精力的不足。一般来说，主干家庭中的第一代，有许多是已经从工作岗位上退下来的老年人，他们没有了工作负担、社会活动，与外界的交往也明显减少，有足够的时间由自己随意支配，可以帮助子女料理家务，以减轻子女家务劳动负担，腾出时间、精力抚育下一代。孩子父母不在家时，他们可以照顾孩子并能在家庭中充分接触和了解孩子，直接对孩子进行教育。

其次，在主干家庭的家庭教育中，两代教育者可以取长补短，各自发挥自身的优势。年轻一代有知识、有文化，重视书本的经验，容易接受新事物、新方法，但在教育孩子方面没有实际体验；而老一辈人在抚育孩子上是"过来人"，积累了丰富的社会经验和生活经验，家庭规模大，人际关系比较复杂。孩子在这样的家庭中生活，要与三代人打交道，扮演多种角色。在这种环境中，有利于培养孩子的角色意识、尊老爱幼的品德、对环境的适应能力、对各类问题的分析能力、人际交往的能力等。

主干家庭在家庭教育中也容易出现矛盾的情况。由于家庭成员层次较多，人与人之间的关系不同，再加上教育者在年龄、精力和思想观念等方面存在着较大的差异，因此往往容易在教育思想、教育方式上出现冲突。如老年人凭经验抚育孩子，按照自己过去带孩子的那套方法带孙辈，而年轻的父母则更相信书上介绍的科学育儿方法，他们会看不惯老一辈的做法，而老一辈也常常会指责年轻人不会带小孩。有些家庭老一代爱孙辈胜过爱自己的儿女，他们常常带有一种歉意，认为年轻的时候由于忙于生计没有能力给儿女们创造好的条件，现在物质生活水平提高了，他们会加倍地爱孙辈，尽可能满足孙辈的一切要求，甚至到了宠爱迁就的地步。有时候父母要管教自己的孩子，爷爷奶奶会千方百计地包庇孩子，这样，家庭矛盾就会不可避免地发生。这种教育的不一致会削弱家庭教育功能，不利于孩子的发展。

（三）联合家庭与家庭教育

联合家庭是指两个或两个以上兄弟姐妹各自组成家庭后依然共同生活，即由一个以上核心家庭联合而成的家庭。联合家庭一般来说成员比较多、规模比较大，除了亲子关系、兄弟姐妹关系之外，还有连襟关系、妯娌关系、叔侄关系、表（堂）兄妹关系等。联合家庭在我国已经比较少见，存在数量不多，但作为家庭结构的一种形式，我们还是要对其进行分析。

过去由于生产力低下或住房条件紧张等原因，联合家庭比较多，随着家庭的经济能力逐渐增强，住房条件改善，兄弟姐妹成员减少，联合家庭已渐渐失去了存在的优势而被核心家庭、主干家庭所取代。由于客观原因，联合家庭成员的关系比较复杂，相处也常常会发生矛盾，相互之间自由度较低，这些弊端会影响人们的生活质量。目前，尤其在城市，联合家庭的数量已越来越少，随着社会经济的不断发展，联合家庭不再具有典型意义。

（四）隔代家庭与家庭教育

隔代教育就是由祖辈家长对孙辈的看护和教育，一般是在三代家庭和隔代家庭中进行。目前，儿童家庭的隔代教育有增长的趋势。据有关资料表明，为了配合全国未成年人思想道德建设工作的开展，相关部门在全国范围内做了一项有关中国隔代教育的调查，结果显示：在北京有70%左右的孩子接受隔代教育，在上海有50%~60%的孩子由祖辈教育，在广州接受隔代教育的孩子则占总数的一半，在全国有近一半的孩子接受隔代教育。这种大比例的隔代教育是中国特有的国情所造成的。尽管家庭规模趋向小型化，但有统计表明，我国三代家庭仍占家庭总数的37%。儿童年龄越小，儿童与祖辈生活在一起的三代家庭所占比例越大。也就是说，随着社会高龄化趋势的形成，隔代教育现象越来越普遍。

孩子由祖辈教养，年轻父母得以解除后顾之忧，专心致力于事业、工作。隔代教育也可以缓解老年人的孤寂，使其从孙辈的成长中获得生命力，看到自己生命的延续，享受含饴弄孙的天伦之乐，对老年人保持健康的心态大有裨益。然而，由于祖辈在生理和心理上必然带有老年人的特点，他们的价值观念、生活方式、知识结构、教育方式等与现代社会或多或少都有着差别，所以隔代教育对儿童的个性发展难免会产生一些负面影响：

一是隔代教育过分的溺爱和迁就容易使孩子产生自我中心意识，形成任性、唯我独尊、不合群、不懂礼貌等一些不好的性格和习惯。人到老年往往格外疼爱孙辈，可以说老年人疼爱孩子是毋庸置疑的天性，并且容易陷入无原则的迁就和溺爱之中。由于面对的是第三代独生子女，老年人心理上会有一些顾忌，会担心若出差错被儿女责怪。于是，老人们总让孩子处于说一不二的核心位置，事事依着孩子，即使孩子犯了错误也不及时纠正，对孩子不合理的欲望也常会无原则地满足。时间一长，孩子会以为自己是家庭的主宰，人人都得听自己的，稍不合心意就大哭大闹、发脾气，以达到满足自己非分要求的目的。

二是过分保护遏制了孩子的独立能力和自信心的发展，增强了孩子的依赖性，容易使孩子变得更加娇气。陈鹤琴先生说过：凡是孩子自己能做的事，让他自己去做。这样才能培养孩子的独立性、自理能力和责任感。而在实际生活中，不少祖辈习惯于包办孩子生活上的一切事情。当孩子把玩具乱扔时，他们会一遍遍地整理；当孩子蹒跚着上下楼梯，他们担心孩子摔倒，会抱着孩子上下楼梯；当孩子自己吃饭时，他们又担心孩子弄得一塌糊涂，就一口一口地喂……这种种做法使孩子的手脚得不到充分的运动，孩子的大脑也失去了独立思考的机会。这样很容易导致孩子动作发展缓慢，独立生活能力差，增加对家长的依赖心理。孩子一旦遇到困难和要求不能得到满足时，往往没有信心去解决问题，反而会产生愤怒、不满的情绪。

三是祖辈深受传统思想的束缚，接受新生事物较慢，会影响孩子创新个性的形成。老年人思想相对落后、保守，观念相对滞后，不太容易改变几十年来形成的思维模式和生活方式，不能很快跟上社会发展和观念更新的步伐，所以在与孩子相处时，他们不善于运用科学的、有创造性的方式来引导孩子。如对于孩子的拆卸行为、尝试行为等一切具有冒险和创新性的探究行为，总是急着加以阻止等。

（五）单亲家庭与家庭教育

单亲家庭，顾名思义就是不完整的家庭，具体是指因夫妻离异或一方去世，由父亲或母亲一人与孩子组成的家庭。著名社会学家费孝通在谈到婚姻和家庭关系时曾经指出："在过去的历史中，人们似乎找到了一个最有效的抚育方式，那就是双亲抚育。"他把夫妻和子女比作"社会结构中的真正三角"，以此来描述家庭成员的相互关系及其相互连接构成的一个完整的家。而一旦夫妻一方从家庭中分离，这个"三角"失去了一条边，孩子从父亲或母亲那里得到的爱抚和教育便会是不完整的，甚至是畸形的。

三、家庭生活方式解读

家庭生活方式是家庭教育发生的基础。它不仅为家庭教育提供了必不可少的环境和氛围，而且以自身与社会之间的紧密联系保证了家庭教育的目标、内容、实施、评价的开放性。"教育即生活"，"过什么样的生活，便受什么样的教育"，这些教育箴言在一定范围内道出了家庭生活方式和家庭教育甚至和整个教育之间的关系。因此，教育要切实促进中小学生的全面发展，不能不关注他们的家庭生活方式和家庭教育。

（一）家庭生活方式的概念解读

家庭生活方式是指人们在一定的社会条件制约下和价值观念的指导下所形成的满足自身生活需要的全部活动形式与行为特征。它涵盖了家庭生活的全部领域，如消费、休闲、交往、婚姻以及各种细微的领域和特定的表现形式等方面，如生活风格、时尚、隐私等。它是人们在家庭生活中各种生活活动的典型形式。

家庭生活方式，主要包括家庭生活条件、家庭生活观念和家庭生活活动三个基本要素。其中，家庭生活条件是指家庭生活赖以进行的物质基础；家庭生活观念是指家庭成员从事家庭生活活动的主观动机和价值观；家庭生活活动则是指家庭成员在家庭生活观念的指导下主动调整、控制内外部条件以满足家庭和自身需要的行动。三者相互联系、相互制约，形成了一个有机的整体。

（二）家庭生活方式的类型分析

家庭生活方式不仅是一个概括程度高、内涵丰富的概念，还是一个外延广阔、层面繁多的概念。人们可以从不同角度对家庭生活方式进行分类。比如从家庭生活方式所涵盖的内容角度，可分为家庭劳动方式、家庭消费方式、家庭休闲方式和家庭交往方式等；从人类历史相继演进的社会形态角度，可分为农业社会家庭生活方式、工业社会家庭生活方式以及信息社会或知识经济社会家庭生活方式；从人类生活的社区和聚集体角度，可分为城市家庭生活方式和农村家庭生活方式；从家庭经济收入的角度，可分为高收入家庭生活方式、中等收入家庭生活方式以及低收入家庭生活方式；从家庭结构的角度，可分为核心家庭生活方式、主干家庭生活方式、单亲家庭生活方式等；我们还可以从地域、民族和职业等其他角度，对家庭生活方式进行更多的分类。

近年来，美国一些学者的研究进一步揭示了家庭生活方式的类型体系。

罗斯等人利用芬兰一个发展很快的城市万塔市（赫尔辛基附近)100名居民的自

传资料，归纳总结出分析家庭生活方式的四个主要指标。一是生活控制。它表明一个家庭能否管理自己的生活，是否感觉到自己是生活的主人。二是基本生活印象。这个指标表明：第一，从取得经验的观点来看，家庭的生活是否丰富多彩，即生活中是否充满了各种事件；第二，事件的性质主要是什么（不利的或有利的）。三是家庭生活的社会领域和私人楼宇的区别程度。四是主要生活定向的总和。他们根据这些指标把家庭生活方式分为以下四种类型：

1. 幸福的多面型

基本特点是外部控制和真实的内在控制程度高；生活充满事件、丰富多彩，反面经验不多；社会领域和私人领域之间的区别不大。这种类型的主要生活定向是独立而稳定的工作，家庭成员的相互关系良好，拥有某些社会利益。

2. 普通传统型

这种类型的家庭控制外部事件的程度低，但自然的内在自我控制表现得相当充分。社会生活和私人生活区别相当小，生活中既有有利的事件也有不利的事件。主要价值目标不像第一类型那么确定，但与它们相似。

3. 现代的无内容型

这种类型的特点是外部控制和内在控制的程度高，生活比较单调，但是生活中的正面经验占优势。大多数事件不能说是鲜明的、激动人心的。社会生活和私人生活的区别特别明显。在定向问题上注重职务的晋升、表面上"轰轰烈烈"的成就和私人生活以及自我欣赏。

4. 不幸型

这种类型的特点是外部控制和内在控制的程度较低，基本上是不利的生活经验，几乎只以私人生活为定向。

（三）家庭生活方式的时代特征

今天，在全面建设小康社会的进程中，人们越来越注重生活质量的提高，家庭生活方式也随之发生了新的变化，显示出以下八个方面的特征：生活方式的世界化与民族化；更加注重物质生活和精神生活的平衡；"健康第一"的生活观；"生态型生活方式"得以确立；终身学习将成为一种生活方式。家庭走向"复兴"；西方生活方式的影响力渐趋式微；家庭生活方式面临诸多危困。

在我国，面对社会经济成分、组织形式、就业方式、利益关系和分配方式多样化的趋势；面对全面建设小康社会，人民群众的精神文化需求不断增长，阶层分化不断显著的趋势；面对人类生活的全球化趋势和世界范围内各种思想文化的相互激荡，现阶段的家庭生活方式呈现出一种多元化和复杂化的局面。虽说崇尚文明、健康、科学的生活方式是当今社会我国家庭生活方式的主流，但是，受传统的和外来不良文化的影响，加之家庭自身文化贫困的原因，不文明、不健康、不科学的家庭生活方式依然存在，亟须通过家庭教育予以解决。

四、家庭生活方式与家庭教育

（一）家庭消费方式与家庭教育

家庭消费方式是指人们在日常生活中为了满足家庭成员物质和精神文化的需求而消耗消费资料及劳务的活动方式。家庭消费方式往往标志着人们的生活需要满足的程度、途径和方法，标志着家庭生活水平。

如今人们生活水平普遍有了提高，家庭的消费观念、消费结构、消费水平也有了明显的变化。绝大多数家庭已经告别了消费仅求温饱的历史，必要消费资料在消费结构中的比重逐渐下降，享受和发展性消费资料所占比重逐年上升。不仅电脑、空调、钢琴等高档消费品已渐入寻常百姓家，而且出国旅游、购买私家车等也成为新的消费时尚，文化教育消费已成为家庭消费的支出热点。这种注重精神文化消费的状况，为提高家庭教育质量起到了积极的促进作用。然而，有一种现象应该引起我们足够的注意，这就是消费方式潮流化现象。受社会消费时尚和大众传媒的影响，许多家庭的消费被卷入潮流之中。部分家长在消费上盲目攀比，认为再穷不能穷孩子，别家孩子有的自家孩子也要有，千方百计让孩子在消费方面强于或不低于其他人，大到花费十几万元送孩子出国读书，小到给孩子零花钱，样样攀比，导致孩子在此方面也表现出与年龄不相适宜的消费倾向。几乎所有的学生都有人情消费，并存在着攀比现象。自我判断能力、选择能力以及控制能力的丧失，在这种消费方式中得以明显地体现，而这些品质正是家庭教育的核心内容之一。

（二）家庭闲暇方式与家庭教育

闲暇与工作相对。闲暇时间（如休闲时间、自由时间、空闲时间等）是人们在履行了社会职责及扣除各种必要时间支出后所剩下的可以自由支配的，主要用来满足精神文化生活需要和精力恢复的时间。人们处理闲暇时间的方式称为闲暇方式。农业社会人类的闲暇时间极少，生活为生计所迫，人们为生产而奔波，"生活的主要内容是维持生存的生产"，"人们的生产就是生活"。工业社会的到来为人类家庭生活方式的变革提供了丰富的物质基础。生活不再仅仅是生产，生活也不再仅仅是为了生计，人类生活的重心发生了位移。摆脱功利的束缚，寻找价值的追求，满怀对生活的热情，充满创新的精神逐渐成为21世纪信息社会家庭闲暇方式的主旋律。

比尔·盖茨说："伟大的教育家都知道，学习不是一个人仅在教室里或在老师监督下才做的事情。""每一个社会成员，包括每一个孩子，都会轻易得到比今天任何人拥有的更多的信息。我相信正是信息的可用性激发了很多人的求知欲和想象力。教育将成为十分个人化的事情。"教育即创造。家庭教育由教给孩子基本的生存生活本领、习得基本的知识与技艺到在完整的意义上形成新的个体，这已成为家庭教育重要的价值取向。随着闲暇时间的增多，人们日益追求高质量的生活，工作与劳动不再是人们唯一的价值。"工作狂"已不再是人们的理想追求，人们越来越倾向于通过闲暇时间、闲暇活动来获得自我肯定与满足。人们在多大程度上享受和利用闲暇，就意味着人们在多大层面上实现人生的价值，故家庭教育的目标从工具价值向主体价值的转变是未来社会发展的必然趋势。

教育即生存。教育是新时代人类的生存方式，人们从未像今天这样依赖教育。人类已进入一个自己教育自己的时代。家庭教育的最高目标是形成一个个能够自我教育的个体。在家庭教育领域，人们闲暇时间的享受和利用与接受教育、享受教育、创造教育等实践活动密切相连。在今天，一个会生活的人一定是一个充分享受与利用闲暇的人，同时又是一个能自由支配与享用教育的人。应该说，随着劳动工具和工艺的逐渐现代化，人们正在从繁重的体力劳动中解放出来，拥有越来越多的闲暇时间。充足的闲暇时间为人们思考深层次的生活意义问题提供了前提。人们的闲暇意识开始觉醒，文明、健康、个性化的闲暇方式受到了社会各界的普遍关注。在人们眼里，闲暇不再仅仅是打发时间、放松身体，而是发展自我、完善自我的重要途径。由己推人，不少家长也开始承认闲暇对孩子发展的重要性。据调查显示，82.3%的家长认为闲暇对孩子个性的养成、特长的发挥十分必要，应该教会儿童合理利用闲暇时间。有些家庭每年都要带孩子外出旅游，更多的家庭则十分注意选择共同娱乐的方式来度过周末、假日。这些举动都为激发孩子的探究欲望、了解社会、发展个性拓宽了空间。但是，这种文明、积极的主流并不能掩饰部分不尽如人意的现实：首先，闲暇场所、设施的配备难以满足孩子的闲暇需要。适合孩子年龄特点与发展水平的图书馆、科技馆、博物馆、剧院、音乐厅数量较少，而且缺乏相应的宣传和服务意识。其次，闲暇资源缺乏，孩子闲暇选择的空间狭小。再次，家庭闲暇方式单一。看电视是不少家长打发闲暇时间的主要方式，孩子长期跟着家长看电视，不仅在思维上逐渐变得被动，缺乏创造性，有时甚至会沉醉于电视所营造的虚幻世界，用不确定的眼光审视现实生活。这对他们适应社会生活并创造新的生活是十分有害的。

（三）家庭劳动方式与家庭教育

家庭劳动方式是家庭成员获取生活资料的主要途径。其中，家长的职业决定和制约着其生活选择，是实然的生活方式。父母对职业的评价反映了他们心目中应然的生活方式。孩子在实际感受到的生活方式中产生着对理想职业的追求。

随着科技革命的兴起和知识经济的初见端倪，劳动的形态及其在经济活动中的地位发生了深刻的变化。知识分子的劳动不仅日益独立出来，而且在现代社会生产中发挥着越来越重要的作用。这种变化带来了各种职业在社会地位、工作环境、经济收入等方面的明显差异。据调查显示，中高收入者主要集中在军人、单位负责人、机关事业单位职员、专业技术人员等需要较高文化水平的职业中。与此相对应的是，在文化程度较低的人群——工人、农民、下岗人员、病退人员、无业人员中有62%属于低收入者。由此可见，受教育程度和社会收入、社会地位之间存在着明显的关系。

在这样的背景下，人们对知识的重视程度得到了空前的提高。许多家长利用业余时间或节假日参加各种成人教育、外语培训、技能培训，表现出高度的学习热情和渴望。在注重自我学习的同时，家长把更多的目光投向了孩子；这首先表现在对孩子学历的期望上，有90%以上的家长希望孩子能取得大学以上的学历（有56.9%期望是硕士以上学历）；随之而来的是，孩子的学习占据了家庭的核心位置，除了创设良好的学习环境，有84.2%的家长还经常参与到对孩子学习的辅导中来。由于孩子早期学习的动机以附属性动机为主，家长对知识的这种崇尚无疑在潜移默化中影响了儿童人生价值观的形成。在我们的访谈中，绝大多数中小学生都表示了努力学习的愿望。有93%的孩子希望自己将来能上大学，因为"上大学可以使人学到更多的东西"，"毕业后可以找到好工作"。但是，部分家长对社会劳动的认识还比较片面，在职业期望上还比较单一，这给孩子的全面发展形成了不少压力和阻力。他们对文教卫工作的重视无疑是具有前瞻性的，也从另一方面说明了对非脑力劳动职业的轻视和鄙薄。他们给孩子设计出重点小学—名牌中学—名牌大学—理想职业的成长战略，并把学习成绩的好坏作为评价儿童成功与否的唯一标准。孩子的学习成绩好，父母就会无条件地满足孩子的需求，否则就会收回爱或进行其他形式的惩罚。这不仅使亲子关系变得越来越功利化，而且限制了孩子社会化的其他正常需要，如游戏的需要、交往的需要等。父母过分注重认知学习，忽视其他素质的培养，成为儿童社会化发展不平衡的重要原因。

（四）家庭交往方式与家庭教育

交往方式是人际交往的方式，是生活方式的重要组成部分。21世纪，人际交往方式发生着重要的变化，主要表现在：一方面，从泛化交往到"事本中心"交往。传统社会人与人交往的方式是泛化的，即全面介入式的，而现代社会人与人之间的交往是以事件为中心的，交往目的明确，所谓"无事不登三宝殿""闲来莫论他人非"。另一方面，从相对封闭到无限选择。这一趋势正如美国学者考特尼·塔尔在《未来的友谊》一书中指出的那样："由于高度自动化社会中的社会成员具有高度的流动性、广泛的兴趣范围、种种不同的适应能力和变化能力，所以，建筑在少数几个人之间的具有亲密关系的基础上的稳定性将完全无济于事。每个人都将进一步发挥和提高自己在共同的兴趣或小集体成员的基础上结成的某种亲密的伙伴关系，并善于轻而易举地随时放弃这些友谊关系，到另外一个地方去参加类似的兴趣小组或在当地参加另外的小组。""这种迅速结交朋友，又迅速抛弃新交或将其降为泛泛之交的能力，是与日趋增大的流动性联系在一起的，它将使任何一个未来的人比现在大多数人能获得更多的友谊。未来的多数人的友谊模式将满足多方面的要求，同时，许多亲密无间而时间短暂的友谊关系将取代那些所剩无几的长久性的旧式友谊。"

　　家庭交往方式是家庭成员处理人际关系的方式。与孩子社会化进程密切相关的家庭交往主要存在于家庭内部的夫妻交往和亲子交往之中。其中，夫妻交往的状况提供了家庭教育的基本氛围，而亲子交往则直接决定着家庭教育的成败。和谐、亲密的夫妻交往有利于父母角色的扮演，对亲子关系的正常运转有明显的推动作用；充满矛盾甚至破裂性的夫妻交往则会对孩子发展造成难以弥补的伤害。

　　现代人比以往任何时期的人都渴望密切关系，夫妻之间尤其如此。由传统的以纵向关系（父子关系）为中轴的主干家庭向以横向关系（夫妻关系）为中轴的核心家庭的转变——这种基本家庭模式的变迁，其实质是家庭制度的变更，表明传统的父系父权的家庭制度在城市中已逐渐失去影响，它让位于适应现代工业社会所需要的夫妻平权的家庭制度。夫妻共同参与经济社会，共同构筑爱巢，关系日趋密切。在孩子教育问题上，他们也更乐于合作分工，从各自的角度出发给孩子更多的关心、支持和引导，这使亲子关系也随之呈现出平等、民主、开放的特点。我们的调查显示，有 84.5% 的家长能经常与孩子交流，且交流范围比较广泛；在牵涉到孩子的问题上，有 1.5% 的家长会让孩子自己做决定；当父母知道自己确实错怪了孩子的情况时，有 2.2% 的父母能够及时向孩子道歉；还有很多家长会根据孩子的特点安排一些有意义的活动，大家共享美好的时光。这确实是一种值得提倡的"朋友式的亲子关系"。然而，鉴于婚姻危机的加剧，婚姻解体与家庭重组日益普遍，成人过分关注他们自己对亲密关系的要求，这既妨碍他们承担起为人父母的责任，也不利于子女对亲密关系的要求。孤僻、神经质、忧郁、善于空想、无法面对现实等，是婚姻解体给孩子社会化进程带来的精神苦难。而在一个正常的家庭中，由于部分家长只重视交往形式上的平等而忽视实质上的沟通和理解，也造成了亲子交往上的冲突。他们有时过分执着于"自己的关心"，一味灌输，使双方交流往往以和风细雨开始，以不欢而散结束。其实，孩子最希望与父母交流的是"内心感受"，是思想、情感和心灵的对话，然而父母却只会关注孩子的学习和一些他们并不感兴趣的东西。这种矛盾一方面使父母对孩子的教育束手无策，另一方面也使孩子苦恼重重。孩子的交往能力、交往意识是在真实的交往中锻炼和培养起来的，如果和父母交往都缺乏效果，那他们又如何能顺利地融入其他社会团体呢？这实在应该引起父母深刻的反思。

家庭生活方式影响儿童社会化进程的内在机制和外在表现是紧密相连的，它们共同向我们说明了社会的价值取向是如何沉淀于家庭生活方式之中，然后又是如何变成儿童的观念和行为指导原则的。这对当前的家庭教育指导工作有着重要的启发作用。每个家庭都应积极顺应时代和社会发展的需要，努力建立起科学、健康、文明的生活方式，并选择儿童喜欢和能接受的方式将其落实在日常生活的一举一动之中。

五、家庭关系与家庭教育

家庭的基本构成要素是人，家庭中的每一个人都处在特定的联系和作用之中，因此，家庭内部也就交织着各种各样的相互关系。

（一）家庭关系的概念界定

所谓家庭关系，又称为家庭人际关系，是家庭成员之间根据自身的角色在共同生活中形成的人际互动关系，是家庭的本质要素在家庭人际交往中的表现形式，是家庭成员之间一切社会关系的总和。家庭关系如何，直接反映出家庭成员之间相互联系的紧密程度、影响程度、家庭的稳固程度、各项家庭职能的履行程度，以及家庭生活质量等诸多方面，并以不同的方式对家庭教育产生影响。

（二）家庭关系的类别解读

家庭关系的类别在不同的家庭中虽有所区别，但主要表现为以下几种：

1. 夫妻关系

夫妻关系在家庭关系中处于核心地位，是家庭的起点和基础，被称为家庭中的第一关系，也是家庭中最基本的关系。由夫妻关系产生亲子关系，然后再衍生出其他家庭关系。

2. 亲子关系

亲子关系就是父母与子女的关系。亲子关系是以血缘或收养为基础的，亲子关系在家庭中是直系血亲中最近的一种关系。亲子关系有着自身的特点：首先，它是不可选择的。从母亲孕育一个新生命开始，父母与子女的关系就存在了。父母无法选择子女，子女也无法选择父母。其次，它是永久的，是任何人都无法改变的，即使由于分离等各种原因也无法改变血缘的客观现实，这种关系直到生命的结束也依然存在。最后，它有特定的权利与义务。父母必须抚养子女，子女也必须赡养父母，亲子之间有着血脉相承的深刻内涵，尤其对于孩子来说，亲子关系是人生最初建立起来的人与人之间的关系，对孩子的一生都会产生深刻的影响。

3. 祖孙关系

祖孙关系是指祖父母或外祖父母与孙子女或外孙子女的关系。虽然我国的家庭规模已有了很大的变化，但祖孙关系的亲密程度并未发生根本性的变化，反而随着独生子女政策的推进，祖孙之间包含着越来越多的关爱与依恋。从代际关系来看，祖孙关系是隔代关系，属直系血亲，祖孙之情胜过亲子之情在我国是一个非常普遍的社会现象。据调查研究发现，我国城市中有39.8%的老人不同程度地照料着孙辈，这在研究家庭教育时必须予以重视。

（三）夫妻关系中的教育因素

在有子女的家庭中，夫妻关系不仅仅是夫妻双方的互动，它也成为子女成长的重要氛围。良好的夫妻关系是对孩子进行教育时形成合力的必要前提。对此，日本学者森重敏在《孩子和家庭环境》一书中指出："即使是通过幸福的结婚生活而获得了孩子的家庭，一旦夫妻之间缺乏爱情或者感情冷淡时，这种家庭气氛不仅会影响孩子，也会使母亲自身的育儿态度发生变化。如果夫妻之间关系感情很深，即使偶尔有所争吵，也会像'夫妻吵架狗都不理'的谚语所说的那样，用不着担心会给孩子影响。这就是说，母亲对孩子的态度并没有发生变化。""夫妻之间的爱情对创造幸福家庭以及培养出具有情绪安定性格的孩子是最为重要的。"

有学者经过研究发现，在夫妻关系上存在着不同的类型，他们构成了不同的家庭教育效果。

1. 黏结的夫妻关系

这是一种忽略自我的夫妻关系，体现为自我分化的缺失，父母彼此独立意识差，相互依赖，夫妻间次系统不够明确，没有界限，情感黏结。夫妻关系应该是一种既相互独立又相互合作的关系。如果没有完整的自我，往往会造成亲密关系上的真空，从而造成对孩子童年的剥夺，将孩子视为小大人，用孩子去填补自身在亲密关系上的欠缺。这种家庭中父母分不清成人角色与儿童角色的差别，则会产生一系列的替代行为，代替孩子去解决问题，或者对孩子进行全面的保护，或者对孩子听之任之，不能正确地尽到父母的职责。此外，父母自身人格系统的不健全，其相互黏结的自身形象，本身就给孩子树立了不健康的榜样，造成了孩子在生活中正确的理想范型的缺失。

2. 冲突的夫妻关系

这种夫妻关系中，父母意见常常发生分歧，双方敌对、争吵、紧张、冲突不断。这种不良的夫妻关系会导致子女内心产生严重的焦虑与矛盾，孩子变得多疑、敏感、心神不定、无所适从，严重的会形成变态人格、出现反社会行为。

3. 健全的夫妻关系

如果说家庭是一个系统的话，夫妻关系则是主控系统，有了健全的夫妻关系才谈得上建立良好的亲子关系，也才能扮演好父母的角色。健全的夫妻关系以崇高的爱情为内核，双方具有一定的平等意识、无条件的奉献精神，夫妻之间的角色系统明确。夫妻关系在子女身上得以实现的内涵是：夫妻首先是成熟的自我，而不是子女成长的奴隶，遗憾的是目前生长于中国传统文化中的不少父母并未明确认识到这一点。在健全的夫妻关系中，夫妻双方都必须为自己的行为负责。生命原本就是一个从依赖环境到依赖自己的过程，"婚姻关系需要两个长大成熟的大人，而长大成熟意味着能够脚踏实地以及独立自主"，只有完整、成熟的自我才能催生出健康的子女。

我们应当承认，夫妻关系本身就是一个实在的教育因素。丈夫爱护妻子，妻子体贴丈夫，会给家庭尤其是孩子带来良好的影响：家庭成员之间充满了人情味，使孩子从小就感受到家庭的温暖，懂得爱护别人、关心别人、尊重别人；家庭气氛和谐愉快，是孩子各种能力得以充分发展的最佳环境；夫妻之间相互爱护、相互帮助、感情融洽，就能够在多方面进行交流，在孩子的教育上，也容易充分协商、统一要求，进而采取更有效的教育措施。

（四）夫妻冲突对子女的负效应

夫妻之间处理好彼此间的各种关系，和睦相处，是每一个家庭健康发展的必要前提，是任何具有美好生活愿望的人所期望的。然而，在现实生活中，夫妻冲突却是一个十分普遍的现象。

1991 年进行的"城市居民家庭网络和生活质量调查"数据显示，有 90% 以上的夫妻之间或多或少存在着冲突和矛盾。其中，"经常有"的占 10.3%，"有时有"的占 83.7%，明确表示"没有"的只占 5.9%。另外，夫妻冲突的主要原因排在第一位的是"性格"问题，占 56.7%；第二位的是"子女"问题，占 41.5%；第三位的是"家务劳动"问题，占 30.6%。而对许多年轻夫妇来说，家务劳动问题又常常与孩子的抚养密切相关。同一调查表明，在表示有了第一个孩子后夫妻关系不如以前好的调查对象谈到原因时，37% 的人是因为"有了孩子后各方面的负担加重，影响了夫妻关系和感情"，27% 的人是因为"在子女管教上夫妻不一致"，11.7% 的人是因为"爱人把精力过多地给了孩子，而对我比过去关心少了"，10.4% 的人是因为"爱人对孩子关心重视不够"，另有 13.9% 的人是其他方面的原因。也就是说，孩子是引发夫妻矛盾、影响夫妻关系的重要因素。正因为如此，受夫妻之间的矛盾冲突影响最大的也是孩子，或者父母破坏了孩子健康成长所必需的和谐的家庭氛围，或者孩子成为夫妻发泄不良情绪的直接对象。

第三节　儿童心理素质结构与表现形式

一、良好心理素质的定义解读

现实中，我们经常可以看到，有不少人经纶满腹，却不能自如地向众人表述；有不少学生平时刻苦认真，勤奋学习，却在考试的关键时刻失常；遇到挫折事件做出了过激的反应；在人际交往中由于各种情绪的波动而失去了许多机会；等等。他们紧张，慌乱，胆怯，束手无策，手忙脚乱。多少人为此感到沮丧，又有多少人因此而断送了自己的成功之路。

我们不能认为这全是心理素质的原因，但是不排除这里面有很多心理素质的成因。作为一个社会人，须拥有各方面的素质，如思想道德素质、文化科学素质、劳动技能素质、身体素质和心理素质，它们相互作用，相互影响。其中，心理素质是其他各种素质的载体，是一个人整体素质提高的基础。那么什么是心理素质呢？

有人认为心理素质是指人在心理形态方面比较稳定的特点，包括智力素质和非智力素质两部分。其中，智力素质是人在积极参与认识活动的过程中所展示的一系列稳定的心理特点，由观察力、记忆力、想象力、思维能力与注意力五种心理因素组成；而非智力素质则是智力素质以外的一切稳定的心理特点，主要由动机、兴趣、情感、意志与性格五种心理因素构成。因而，判断一个人心理素质的好差可以从以下方面进行：智力是否正常；情绪是否健康；意志是否健康；行为是否统一协调；人际关系是否和谐；反应是否适度。若一个人都符合上述要求，那他的心理素质就好，反之就差。一个人心理素质的好坏将对他产生重大的影响，甚至决定他人生的成败。还有人通过大量的文献研究认为心理素质概念包括以下三部分：（1）根据人的心理的动—静态维度，分别从心理过程、心理状态和心理结构系统来考察心理素质；（2）从人的心理的整体性、稳定性和差异性角度，把一个人的心理素质看成个性；（3）将心理素质与智力因素视为两个相对独立成分。也有人认为，心理素质是个性品质在人的生活实践中的综合表现。不管怎么定义心理素质，心理素质经常影响着我们每一个人。而心理素质的好坏都左右着我们对外界的交往与交流，甚至成功与否。

在心理素质中，影响或决定一个人心理健康的部分，即心理健康素质，是心理素质培养所追求的最高层次目标，是人生发展所追求的高级境界。素质教育要塑造劳动者的各种素质，使劳动者的各种素质都得到相应的提高，那么作为奠基工程的心理素质培养，根本的目的也就是培养具有良好心理素质的人。因此，心理健康素质反映了素质教育的本质要求。心理健康素质（即良好的心理素质）又是怎么定义的呢？随着社会的不断进步，对于心理健康的重要性、心理健康本身的认识和研究也在不断地深入。心理健康不仅有外在表现，而且其本质特征。良好的适应和行为是其外在表现，其实质就是良好的心理素质，特别是心理健康素质。良好的心理素质属于心理素质的一种，心理素质是一种多层次、多维度的概念，但其功能是中性的（不做正负或积极与消极之分），对于个体来讲，心理素质存在正性（积极的或健康的）和负性（消极的或不健康的）两种功能之分。那么心理健康素质（即良好的心理素质）就是心理素质中主要影响一个人心理健康的内在稳定因素。

因此，有人将良好的心理素质定义为：个体在遗传和环境的共同作用下形成的某些内在的、相对稳定的心理品质，这些心理品质影响或决定着个体的心理、生理和社会功能，并进而影响个体的心理健康状态。因此，又可以将儿童心理健康素质定义为：儿童在遗传和环境的共同作用下所形成的某些内在的、相对稳定的心理品质。

儿童心理健康素质的主要特征是：

（1）基本性。儿童心理健康素质是一种最一般、最基本的积极的心理品质，是每个儿童都必须具有的最基本的心理特征。儿童之间在心理健康素质上的差异，不是"有"或"无"的差异，而是水平"高"或"低"的差异、"完整"和"不完整"的差异，以及功能发挥程度上的差异。

（2）稳定性。儿童心理健康素质是儿童个体先天生理基础和后天社会环境交互作用的结晶和沉淀，是经过"内化—外化—内化"反复多次转化而形成的内在的、相对稳定的心理特征及其结构。儿童的心理健康素质一旦形成，既不会因一时一事的变化而改变或消失，也不会因一时一事的出现而发展。

（3）内隐性。儿童心理健康素质不能直接观察到，只能通过适应状态来反映。

二、儿童心理健康素质的结构

评定心理健康或者良好心理素质的标准有很多。国内学者广泛引用美国心理学家马斯洛和米特尔曼 (Mittelman) 提出的判断心理健康的十条标准：有充分的安全感；

对自己有较好的了解，并能恰当地评价自己的能力；自己的生活理想和目标切合实际；与周围环境保持良好的接触；保持自身人格的完整与和谐；具备从经验中学习的能力；保持良好的人际关系；能适度地表达和控制自己的情绪；个性的发挥符合社会或团体的要求；在社会规范允许的范围内，适度地满足个人的需要。

国内学者郭念锋于 1986 年在《临床心理学概论》一书中提出评估心理健康水平的十个标准：心理活动强度、心理活动耐受力、周期节律性、意识水平、暗示性、康复能力、心理自控能力、自信心、社会交往、环境适应能力。

心理健康素质是一种个体的心理现象，包含心理现象的所有内容。个体在社会群体当中生活，个体的心理现象是与他人、群体相互作用的结果，所以就应包含与人交往时所表现的人际交往素质。个人的心理现象中"内在的、相对稳定的心理品质"既包含指向自我的各种心理品质，如自我知觉、自我评价、自我体验、自我调节和自我效能感，又包括指向其他对象（包括人和物）时所需要和表现的各种心理品质，如个人的性格、心理活动的动力系统以及个人的认知风格、情绪体验和调节、个体的应对风格等。而作为整体的人在社会当中能否健康地生存与发展，主要表现就是适应，即自我适应、社会适应和自然适应。

在众多的文献和资料中，描述儿童良好心理素质表现的并不多，几乎都是针对儿童出现的各类行为问题、心理问题而得出如何提高儿童心理素质或者如何培养儿童心理素质的。而这种现象也引起了新兴的心理学学科之一，即积极心理学的注意。近年来，儿童的心理健康问题越来越受到人们的重视，越来越多的研究人员及教育工作者致力于儿童心理健康的研究与教育工作。但是，不管是在理论研究还是在教育实践上，当前心理健康教育都基本沿袭了以往的病理心理学或消极心理学 (PathologyPsy–chology) 模式，把重点放在预防和矫正儿童的各类心理问题上，其结果是头痛医头、脚痛医脚，既不能从根本上预防各种问题的出现，也不能发展心理的积极层面，促进儿童真正成人成才。要改变当前心理健康教育的现状，必须打破消极心理学一统天下的局面，将积极心理学的理念引入儿童心理健康教育工作。

三、积极心理学对儿童心理成长分析

积极心理学是对病态心理学的反叛，是以一种新韵视角诠释心理学。正如积极心理学的倡导者塞利格曼 (MartinE. P. Seligman) 所说，"积极心理学并没有改变心理学的研究范式，但不同于以往心理学关注心理疾病和障碍的研究，而将心理学的研究关注心理健康和良好的心理状态方面，是一门旨在促进个人、群体和整个社会发展完善和自我实现的科学"。在积极心理学视角下可对儿童心理成长做以下解读：

（一）心理危机提供成长的契机

对于很多家长来说，希望自己的孩子健康顺利成长是必然的，但是事实证明，健康顺利成长，尤其是心理上的健康顺利成长，几乎是不可能的，成长中的挫折是不可避免的。因此，接纳孩子成长中的问题，教会孩子面对自己的成长问题，是家庭教育中的一个重要课题。

对尚未完全社会化的儿童来说，心理危机是个人成长的伴生物，人的成长就是在心理危机中一次次的自我突破与自我提升，是一次次超越挫折与失败的阻碍达到自我发展与成长的过程，更是一步步深入认识自我、完善自我的过程。因此，正确认识心理危机，就可能在解决心理危机的过程中以此为契机顺势而为，实现自我成长。具体说来：首先，他人对个体问题行为的态度和评价给自己提供了自我反思、自我觉醒的机会；其次，问题自身对问题行为的调整和领悟为自己提供了开启潜能、重塑自我的机会。与那些一帆风顺的同龄人相比，从茫然无助、痛苦挣扎到坚定信念、战胜自我的心理历程可以变成儿童人生中的宝贵财富，使他们意志更坚韧、情感体验更丰富、人生目标更清晰。因此，以积极的方式解读心理危机，是自我发现、自我成长的一种契机，是推动个体心理健康成长的积极力量。

（二）过激行为呼唤生命的正常方式

个体对现实生活的不适应造成生命活动方式的扭曲，既是源于个体需要得不到满足引起的心理困境，又是因为个体缺乏利用主客观资源的生活技能。儿童尚未自立，生活多受家庭和学校的支配；同时涉世不深，难以独立适应身边环境的变化，以至于他们很难理性地展现自身正常的生命活动，不可避免地出现某些过激行为。恰恰是他们的某些违规、过激、混乱甚至危险的行为，展示了个体顽强、坚韧、不服输的人格特质，也展示了他们不向危机低头，大胆寻求改变的决心与意志，这也同时呼唤着生命以正常的活动方式来展现。因此，虽然非常规方式不可取，但过激行为背后孕育着的不愿放弃生命价值、为存在意义而尝试奋斗的巨大勇气，对儿童的健康成长具有不可估量的积极意义。

四、良好心理素质的体现

由于积极心理学是新兴的学科，尽管提出了应从积极的角度重新审视对儿童心理健康的教育问题，但对于儿童良好心理素质的描述仍然相对较少。因此，我们结合心理素质结构来阐述儿童良好心理素质的表现。在阐述儿童良好的心理表现时，请读者把握好正常的心理素质的表现，并根据孩子的特点对孩子的良好心理素质进行客观准确的判断。

（一）认知方法维度（灵活－单一）

认知方法维度（灵活－单一）也称聚合－发散思维（convergent-divergent）。这种风格模型由 Guilford(1967) 提出，作为他的智力模型的一部分，这种认知风格最初是用来区分两类人的：一类是在处理具有常规答案的问题时表现出较强的能力，答案可以从给定的条件中推导出来；另一类人在处理具有不同答案的可能性问题时表现出高度的熟练性。聚合思维者在智力测验中的表现要比在开放式测验中（open-ended）好，而发散思维者恰好相反。换一个说法，前一类思维者不擅长辨别没有进行明确区分的信息。证据显示这种认知风格具有较强的稳定性。和其他的认知风格相对照，聚合发散型的思维与心理活动的其他侧面相重合，Hudson 提到"发散型思维者的兴趣超出课程内容，他们喜欢阅读了解流行的事物和艺术，而聚合的思维者则对汽车、广播、模型制造、爬山野营和自然有兴趣"。Hudson 进一步发展了聚合－发散思维理论，并探讨了对教学与学习过程的含义。这个理论在 20 世纪 70 年代的国外教师培训方面有明显的影响。

（二）认知行为维度（独立－合作）

Witkin(1948) 等人最初从事知觉方面的研究，他们发现个体在给垂直于特定空间的物体定位时存在差异，进一步的实验导致了"场独立－场依存"认知风格的发现。Witkin 等人指出："当呈现一个具有支配作用的场的时候，比较场独立的个体倾向于克服场的组织或重新构建它，而场依存的个体倾向于依附于给定的场的组织。"Goodenough 也指出："一个在知觉情境中表现出分析型的个体，在其他知觉和问题解决情境中也倾向于是分析型的，具有整体型风格的个体在其他情境中也倾向于使用外在的参照物。这样的个体在社会人际环境中喜欢依赖他人进行自我定义。他们特别留意社会刺激。"

后来的研究将焦点放在场依存性对儿童及学习的影响上。人们发现场独立的儿童比场依存的儿童在任务分析上和知觉对象的区分上更有能力。他们更喜欢独立的活动，有自我定义的目标，能对内在的强化做出反应，喜欢对自己的学习进行规划和重新构造。他们更愿意发展出他们自己的学习策略。而场依存的儿童倾向于进行小组学习，即频繁地与同伴和教师进行交互作用，他们需要高水平的外在强化和指导，需要在他们的活动中有明确的目标和结构。

在这里，我们将认知行为维度和认知决策维度统一用场依存－场独立性解释。从认知行为维度的独立－合作这种认知方式，我们可以看到两种不同处事风格的儿童，不同认知风格的儿童有着不同处事方式，一旦跟他认知风格的处事方式相违背，行事效率也会相应降低。比如，有些孩子周末的时候去上辅导班，因为他喜欢和其他孩子在一起学习，并且他的学习效率会比较高。可是这时候，在上辅导班时，由于是喜欢合作的，并且喜欢与人交流，他表现出更多的在教师或家长看来是违反课堂纪律的表现；所以，家长就要求孩子在家独立完成作业。这时，问题就来了，这孩子开始焦虑不安，学习上也无法跟别人交流，以至于出现了比原来看似更严重的问题。而反之亦然，假设我们将一个喜欢独立学习，倾向于自我决策的孩子放在一个时时需要合作的团体里学习，他就会处处碰壁，导致自己的效率降低，形成习得性无助。

（三）认知加工维度（整体 – 局部）

这个标签是由帕斯克和斯考特提出的。整体型思维者对学习任务倾向于采用整体策略，行为反应特征是"假设导向"的；序列型思维者倾向于采用聚焦策略，行为特征是按步骤进行。整体 – 序列化的认知风格也是根植于知觉功能上的个体差异，它与个性有重叠。在一个自由的学习情境中，序列型学习者喜欢注意或知觉较小的细节，把问题分解成较小的部分，而整体型的学习者则恰好相反，将任务作为一个整体对待。Pask 和 Scott 指出：序列型学习者在学习、记忆和概括一组信息方面，常根据简单的关系将信息联系起来，即信息之间呈现的是低序列的关系，因为序列型学习者习惯于吸收冗长的序列型的数据，不能容忍不相关的信息；而整体型学习者的表现与此相反，学习、记忆和概括时将信息作为一个整体对待，他们倾向于把握"高层次的关系"。

从这个维度，我们可以联想到：在每次班级活动中，我家的孩子总是带头的那个，而且每次活动都组织得有条不紊；而坐在他旁边的那个孩子，他每次都参加活动，虽然他不像我家孩子那样，看起来可以呼风唤雨，可是没有他却是不行的，因为他总会提醒我家孩子做某件事，才使每次活动看起来都很不错。在这里，这两个孩子都表现出合作的关系，不同的认知风格组合起来使他们相互之间也得到一定的互助，从而共同成长。因此两种风格都有其各自良好的表现。

（四）认知倾向维度（冒险 – 稳重）

这种认知风格最初是由 Kagan 和他的同事提出来的，采用匹配相似图形测验加以测量 (MFFT)。这个认知风格来源于早期调查知觉速率方面的工作，在不确定的情景下个体做出决定的速度是非常不同的。学习者被分为两个不同的类：一类在简短地考察各种可能性后迅速地做出决定，被称为"认知冲动型"；另一类在进行反应前进行深思熟虑的思考，仔细考虑所有的可能性，被称为"认知熟虑型"。

这种认知风格对教学和学习过程具有重要意义。赖丁和奇玛认为认知功能的这一侧面对学术和非学术的学习都起作用。

这里，我们要特别强调认知风格的个体差异，并遵循认知风格的应用原则：

（1）认知风格不是能力，而是能力运用过程中的某种偏好方式。它们两者的良好匹配可以创造出一种整体优势，其结果超越单一的认知风格或能力。因此，教学活动中要同时考虑认知风格和能力的差异。

（2）个体不可能单纯地具有某种单一的认知风格，往往是两种甚至是多种认知风格的整合体。

（3）随着任务、情境的变化，个体表现出来的认知风格也会发生变化，某一时间、某一地点表现的认知风格并不一定在另一时间、另一地点有价值，因此，要正确对待学生多种认知风格的价值。

（4）个体所整合的认知风格中的各种"标签"强度不同，例如，同样是整体－言语类型的学习者，有的人倾向于整体型学习，而言语表征较弱；有的人倾向于言语型学习，而整体加工比较弱。因此，不同人在认知风格的弹性应用中灵活性不一样。

（5）认知风格不是一成不变的，它可以通过学习而后天习得。

（6）认知风格没有好坏之分。

五、良好的心理素质体现在归因风格上

（一）儿童归因风格的特点

研究显示，成人的归因风格存在四个维度，即内在－外在、稳定－不稳定、整体－局部、控制－不可控制。我们的研究发现，儿童归因风格的维度与成人基本一致，具有内在－外在、稳定－不稳定和整体－局部三个维度。在探索性因素分析时发现控制－不可控制维度与稳定－不稳定维度难以区分。提示儿童归因风格可能不存在控制－不可控制维度。这可能与儿童对这两个维度含义的理解存在困难有关。他们可能认为，负性事件发生的原因可以控制，就不可能持续很长时间，那么，原因就不稳定；负性事件发生的原因不可控制，就可能持续很长时间，那么原因就是稳定的。就上述研究来讲，儿童对负性事件发生的原因倾向于内在的归因，在稳定－不稳定和整体－局部维度倾向于接近中性的归因。在性别之间未发现归因风格上的差异。随着年龄的增长，儿童对负性事件发生的原因倾向于做出稳定性的归因，而在内在－外在和整体－局部维度上未发现年龄特征。

（二）儿童归因风格与其心理健康水平的关系

自从艾布拉姆森等人根据社会心理学中习得性无助理论而提出抑郁的无助理论以来，学术界对有关归因风格和抑郁的关系进行了很多研究。如果一个人倾向于把生活中的负性事件的原因归结为内在的、稳定的、整体的，则有较大的可能出现抑郁症状。本研究结果与既往的研究结论相似，儿童对负性事件发生的原因做出稳定

的和整体的归因而表现出较高水平的抑郁。同时，在焦虑和强迫方面也得出同样的结果。由此提示，对负性事件发生的原因做出稳定和整体归因的儿童的心理健康水平较低；从回归方程的决定系数看，对负性事件发生的原因做出稳定的和整体的归因可以解释儿童抑郁 20% 的方差、焦虑的 15% 和强迫的 13%。所以，归因风格对儿童心理健康的影响对抑郁的作用最大，焦虑次之，强迫最小。内在－外在归因对儿童心理健康的作用不大；也可能与内在－外在维度的信度较低，或儿童对该维度归因的评价变化程度较大有关。内在－外在归因对儿童心理健康的影响有待进一步研究。

对儿童归因发展趋势进行分析发现，随着年级的升高，儿童的归因风格发展呈现出了明显的阶段性。从小学五年级到初二年级，儿童的归因风格得分较低，并表现出了波动，而从初三到高三年级阶段得分有所升高，发展相对平稳，从高年级到大学阶段，其得分出现了波动变化但又呈现出增长的趋势，这可能与儿童思维发展的特点有关。在不同年级阶段，儿童的思维发展水平也是不同的。整个小学阶段，儿童由具体形象思维逐渐发展为抽象逻辑思维，而初中生思维的最大特点是具有抽象逻辑思维，但是这种思维是不平衡的，变化很大，这可能是小学五年级到初二年级儿童归因风格发展表现出波动的原因；进入高中以后，儿童的思维发展逐渐趋于成熟，因此儿童归因风格也表现得较为平稳；从高三年级到大学阶段，儿童面对新的生活、学习环境以及新的适应任务，使其行为归因发展受到影响，并进而表现为归因风格发展的波动。

不同年级阶段儿童归因风格各维度差异的相似性并不能表明儿童归因风格的发展在各年级之间也不存在差异性。在研究中发现，在归因风格四个维度上，年级主要效应显著。这可能与不同年龄阶段儿童认知发展的水平有关，在我国儿童认知发展水平的研究中，有研究者发现，我国儿童在六七岁认知发展到具体运算阶段；12岁左右达到形式运算阶段。这说明，儿童认知的发展是一个从不成熟到逐渐成熟的过程，在不同年龄阶段，儿童认知水平的发展是不同的，这一结论可以为本研究的结果提供解释。本研究发现，随着年级的升高，儿童内在－外在性、整体－局部性、持久－暂时性维度上的得分呈逐渐上升的趋势，而可控－不可控维度的得分变化并不明显。这表明，随着年级的升高，儿童各不同归因维度的发展趋向成熟，因此可以认为儿童的归因风格在不同年级阶段所表现出来的差异可能受到了儿童心理成熟及认知发展的影响。

六、家庭教育与良好心理素质的形成分析

学校教给学生技能，而家庭则培养孩子的人格形成。尽管目前我国中小学开始

不断开设心理健康教育课程，但是家庭的教育才是孩子形成良好心理素质的决定因素，是培养孩子良好心理素质的土壤。而这土壤如何，也就决定了孩子这棵心理素质大树长得怎样，是茂密的还是稀松的，是健康粗壮的还是不堪一击的。那么这土壤中会有些什么样的养分影响了这大树的成长？

（一）家庭教育要素的影响

各家提出的家庭教育要素中出现频次较高的因素有：（1）家长素质（尤其是文化和道德素质）；（2）家庭生活条件（社会经济地位）；（3）家庭人际关系（亲子关系和夫妻关系）；（4）家庭教育态度（教育目的和对子女成长期望）；（5）家庭教育内容；（6）家庭教育方法。这些要素值得我们思索和关注。

1. 家长素质与社会经济地位

通过与家长的大量接触和对家长的年龄、文化程度、对孩子教育的态度及家长对家庭教育的有关知识了解等方面进行了解、分析，了解到目前青少年的家长年龄都在 40 岁左右，步入中年，这个年龄段的家长情况是差异很大的。有的事业有成，有的在生产第一线辛勤工作，有的因单位不景气而为生计奔波。这些家长不管处于一种怎样的境地，都有一个共同的特点，那就是在现代社会中都面临着一种空前的竞争压力。由此他们易产生抑郁的情绪和烦躁的心理。他们的这种心理情绪，往往直接影响了他们对孩子的教育，或对孩子疏于管教，或缺乏耐心，易激动。他们迫切希望孩子成长，早日成熟，但对孩子的心理需求较忽视，因此在管教孩子时，往往容易陷入各种误区。如有的家长对孩子平时关心很少，只看成绩，成绩好就不加节制地加以奖励、放任。有的家长由于所处的环境发生了变化，影响了自身的情绪的平稳，又不善于自我调节和控制，当教师向其反映孩子问题时，往往易发愁，不能平心静气地分析问题。

有的家长在管教孩子方法上也没有意识到对孩子行为的影响，采取家长说了算或粗暴的简单方法，使孩子与其情绪对立。孩子的行为有时是无意识的、冲动型的，犯了错误，往往看到了结果才感到后悔。这时的孩子需要帮他分析、指导、指点迷津，"说了算""粗暴"的方法只能适得其反。而且管教方法也会影响孩子的交往，在处理与同伴发生矛盾时的态度上可看出，正确的引导能使孩子认识到错误行为发生的根源，从根本上去改正，特别是家长的宽容能影响孩子处理好同伴间的矛盾，能谅解对方，适可而止。而家长表现出的烦恼、抑郁、训斥、粗暴既影响了孩子活泼个性的成长发展，也会反映在孩子身上"不讲道理、蛮横、攻击"行为增加，产生明显的好斗心理，这不能不说与家长心境不好、专制管教孩子有关。当同学间产生矛盾时，家长态度的不一，产生的教育效果明显不一样。

2. 家庭人际关系

和谐的亲子关系和夫妻关系是家庭教育的基础。面对当前从很多侧面或正面反映出亲子关系和夫妻关系出现问题，和谐的亲子关系和夫妻关系在家庭教育中显得更为珍贵。

天津市"12355"青少年综合服务平台的一项调查显示，影响天津市青少年心理健康的热点问题主要集中在四个方面：亲子关系问题，大都表现为父母与子女沟通困难，孩子与父母产生对抗情绪或行为；中小学生厌学问题；网络、游戏成瘾问题；青春期交友问题。相关统计显示，近70％的青少年心理问题涉及亲子关系。厌学、网络成瘾等问题，有些也是从亲子关系问题衍生而来的。虽然这些是来源于天津市的调查，但也是社会的缩影，该调查在全国都具有代表性。

著名教育家马卡连柯谈到夫妻对子女身教时说："不要以为只有你们同儿童谈话，或只有教导儿童、吩咐儿童的时候，才是教育儿童。在你们生活的每一瞬间，甚至你们不在家的时候，都教育着儿童。你们怎样穿衣服，怎样跟别人谈话，怎样谈论其他的人，怎样表示欢欣和不快，怎样对待朋友和仇敌……所有这些对儿童教育有很大意义。父母（夫妻）对自己的一举一动的检点，这是首要的和最基本的教育办法。""近朱者赤，近墨者黑。"孩子诚实、自信、向上、进步，或是口是心非、言行相悖，或者说孩子的长处或缺点，首先来自父母，这就是所谓的"染于苍则苍，染于黄则黄"。

夫妻对孩子的教育重在身教，夫妻在孩子眼前树立良好的、言行一致的榜样，孩子也会按父母严格要求去做。倘若没有这一条，家庭教育也就成了空谈。

因此，每个家庭、每对夫妻不光要考虑怎样教育孩子，更重要的是自己身体力行地去做、去实施。这样的教育方式才会取得事半功倍的效果。而夫妻关系是否和谐也同样被孩子感受到，并把相应的交往模式带到自己对外的行为交往模式中去。

3. 家庭教育态度

有人曾在10所幼儿园对不同年龄阶段的350名儿童进行了"你比较喜欢爸爸还是妈妈，为什么"的调查，得到了后面的回答："妈妈好，妈妈不打我，爸爸常打我的屁股，而且打得很痛。妈妈说买支枪给我玩，爸爸说不给，我讨厌他！我喜欢妈妈，因为她很听我的话，我叫她做什么她就做什么。我不喜欢爸爸，因为我叫他买变形金刚给我，他不买。妈妈好。爸爸打我时，妈妈帮我对付爸爸。"

从这个调查可以看出，在目前的家庭教育中，这种红白脸的教育屡见不鲜。即父亲与母亲在教育孩子时，常常扮演两个截然相反的脸谱：一个演红脸，采用打、骂、训的态度和方式；另一个则唱白脸，采用哄、逗、护的方式。之所以出现这种状况，一方面是父母双方故意为之，希望给孩子一个有人疼又有人教的环境；另一方面是在潜意识中自然而然形成的。殊不知，对孩子的教育态度和要求不一致，会导致以下不良后果。

影响孩子是非观念的形成。父母在家教中扮演不同的角色，对孩子所做的同一件事做出不同的评判，采取不同的态度，容易使孩子是非混淆、无所适从，不知道应该听谁的，干脆就用无所谓的态度对待自己做的错事。这很不利于孩子是非观念的形成。

不利于孩子性格的全面发展。如果父母在家教中分工，一惩一纵、一严一松，很容易使孩子在家里只怕一个人，只听一个人的话，使孩子把父母分成谁好谁坏，喜欢溺爱、袒护自己的一方，而远离严格要求的另一方。母爱如海，父爱如山，父爱和母爱任何一方的缺失，都不利于孩子性格的全面发展。

影响教育的时效和效果。孩子犯错误时，需要父母立即进行相应的教育，告诉他们错在哪里，为什么会错，以后如何改正。适时的教育不仅效果好，而且孩子也会心服口服。如果在孩子出现过错时，唱白脸的包容袒护、不管不问或管不了，等到唱红脸的回来再旧话重提，其教育效果就会大打折扣。

影响孩子的心理健康。红白脸教育让孩子学会钻空子，谁能答应他的要求，他就去磨谁，甚至因为逃避责罚或迎合表扬而隐瞒过失、编谎说谎。有调查表明，在有心理问题的儿童中，父母采用态度不一致的方式进行教育的比例为17.3%，明显高于正常儿童家长所采取该教育方式的比例（9.24%）。对一个家庭来说，孩子所受到教育应该说都来自一个合力，即父母的整体效应，双方取长补短形成的最佳合力。需要的不是严父慈母，也不是严母慈父，而是每个家庭成员要在孩子的教育上态度一致，需要严的时候严得起来，需要慈的时候能真正慈，有严有慈，集严慈于一身。如此配合默契才能取得孩子的信任和尊重，也才能给孩子最有利的成长环境。

（二）家庭教育内容

我们从中美两国的教育内容来看其对青少年心理素质形成的影响。

1. 中国家庭教育内容的侧重点

家庭教育的内容具有一定的传承性，我国古代家庭教育的传统会在一定程度上对当代家庭教育产生影响。

（1）功利性的文化知识教育方面，家庭教育成为学校"知识本位"教育的延伸。很多中国孩子都会有这样的感觉：学校放学了，但自己远未到下课的时候，回家便是回到了另外一个课堂，父母便是自己的"私塾"严师。的确，除了学校以外，我国的家庭教育俨然是进行知识教育的另一个重要阵地。中国的家长们在对孩子进行文化知识教育方面可谓煞费苦心：想方设法为孩子创造舒适、安静的学习环境，特别是考试前夕，只要孩子坐在书桌前，全家人都会将自己活动的声音降至最低；餐桌上，经常会有家长精心准备的益智健脑、增强记忆力的食物；出去逛街，家长最喜欢带孩子去的地方是书店；除了学校的上课时间，家长还不惜重金为孩子聘请家庭教师或者送孩子参加各类补习班。此外，对孩子进行"超前"教育也成为一种普遍现象。

注重功利性文化知识教育的另一表现是，如果孩子文化知识方面较为薄弱，家长就会为孩子选择某方面的技能（如乐器演奏、舞蹈、绘画等）加以训练。让孩子参加各种技能培训班，使之能具有某一方面的特长，已成为我国家庭教育的一种风气，目前全国各地培训市场的火爆是最好的证明。本文之所以将这类培训也归入家庭文化知识教育内容的范畴中，是因为绝大多数家长并不看重艺术本身对孩子的陶冶作用，而是将其作为孩子升学加分的一个有利条件。可以说，这是我国家庭教育重视功利性的知识教育的一种变体和延伸。

（2）品格教育方面，主要表现为对孩子爱心和良好行为习惯的培养。当前家庭品格教育之所以注重上述两方面的内容，其中一个重要原因是出于对20世纪八九十年代独生子女家庭教育问题的反思。20世纪80年代初，在计划生育政策的指导下，我国家庭中出现了大批独生子女。1984年底，我国政府有关部门对实行计划生育政策以后出生的独生子女进行了统计，当时，我国的独生子女已达3500万，在所有有育龄夫妇的家庭中，独生子女家庭占21.2%。独生子女与提倡"多子多福"的传统家庭结构形成了巨大反差，在大多数家长看来，唯一的一个孩子显得特别珍贵，"溺爱"成为20世纪八九十年代独生子女家庭教育十分突出的问题，独生子女在品格上的一些缺点也渐渐凸显出来，比如，自私冷漠、缺乏爱心、任性妄为等。

近年来，独生子女问题引起了人们的广泛关注，该如何进行独生子女教育成为很多教育者的研究课题。与此同时，家长也积极地从自身着手，改进对子女的教育方式，注重对孩子品格的培养。在爱心培养方面，着重于教导孩子爱家人和爱他人，主要表现在对孩子孝心的培养以及教育孩子要积极地关心、帮助家庭以外需要帮助的人。在行为习惯方面，主要是教育孩子懂得谦让、讲礼貌以及遵守社会公德等。

2. 美国家庭教育内容的侧重点

美国家庭在家庭教育内容的选择上主要侧重于以下两个方面：

（1）社会实践能力和生存能力的培养

美国人有这样一个信念：成功靠努力争取，而不是靠继承。美国人崇尚个人奋斗，靠自己的能力和努力获得成功。因此，在美国，对孩子进行社会实践和生存能力的教育显得尤为重要。要让孩子更好地在激烈的社会竞争中独立生存，需要培养孩子三方面的能立：自立的能力、自主思考和判断的能力、理财的能力。因此，美国家长对孩子的社会实践教育和生存教育主要集中在这三个方面。

①自立能力培养。有人说，中国孩子是抱大的，美国孩子是爬大的，这种说法并不为过。在美国，蹒跚学步的孩子如果跌倒了，父母一般不会主动上前扶起孩子，而只是叫一声"起来"，小孩看到没有大人过来扶，就只好自己站起来，除非摔得头破血流。美国孩子很小就与父母分开睡，孩子单独睡一个房间。一开始，孩子肯定会因害怕和不习惯而大哭大闹，但家长会狠下心来置之不理，以此来让孩子从小学会独立。美国的孩子利用课余时间在校外打零工的现象十分普遍，他们的零花钱大部分来源于这种自力更生的劳动所得，他们视经常向父母伸手要钱为耻。孩子上学靠贷款，工作赚钱后慢慢还债的现象十分普遍，这并不意味着父母不爱孩子，也不是因为父母供不起，而是一种自立能力的锻炼方式。在美国，送报纸是很多孩子赚取零花钱的一个途径，每天清晨四五点钟起床，把报纸事先一份份地分好，然后骑着自行车挨家挨户地送，寒冬腊月也不例外。有时，父母看了心疼，会开着汽车送孩子沿街送报。其实，孩子送报赚回的钱还不够汽油费，但家长认为，培养自立的精神更重要，只有这样，孩子将来才会有出息。美国人把劳动看作自立的手段，劳动致富的观念根深蒂固。20世纪20年代股票交易造就了不少暴发户，人们不凭诚实的劳动而靠投机也能发财。这种现实对劳动致富的观念产生了很大的冲击，使之较之前淡薄了许多。然而，在美国文化深层之处，传统观念仍被许多美国人所重视，尤其是在对孩子进行家庭教育的时候。

②自主思考和判断能力的培养。在孩子的成长过程中，美国家长会留给孩子足够的自主空间。美国家长培养孩子的自主思考、判断能力主要从以下方面着手：

首先，把选择的权利留给孩子自己。在日常生活小事上，比如早上起来穿什么衣服等，家长会把选择权完全交给孩子，让孩子自己决定；在有关孩子自身的较为重要的事情上，如交友、升学、就业等，家长也不会替孩子做出决定，在美国，替孩子做决定被视为对孩子自主权利的侵犯。当然，这并不意味着家长对孩子的问题置之不理，在孩子做选择时，家长会提出自己的意见供孩子参考。

其次，鼓励孩子就自己能理解的事情提出自己的意见。美国家长很注重与孩子之间的平等交流，在很多问题上，他们会征求孩子的意见，鼓励孩子勇敢地说出自己的想法，以培养孩子积极思考、独立判断、对问题形成自己独到看法的能力。

③理财教育。在美国，家长们认为让孩子接触钱、了解钱并学会如何合理使用钱，有利于从小培养孩子的经济意识和理财能力，而理财能力关系到孩子一生的事

业成功和家庭幸福。因此，美国父母希望孩子早早学会处理好与金钱的关系，他们把理财教育称为"从3岁开始实现的人生幸福计划"，理财教育成了家庭教育的重要内容之一。通常情况下，中国孩子的习惯是零花钱没了再要，而美国父母是定时定额一次性支付，在下一次领取零花钱的日期还没到来时，如果没有特殊情况，孩子不能再要额外的零花钱。这样做的目的是让孩子从小就学会自己支配零花钱，以培养孩子的预算和合理消费的能力。一旦孩子因使用不当而犯错时，家长不会轻易帮助他们渡过难关。家长认为，只有如此，孩子才能懂得过度消费所带来的严重后果，从而学会对自己的消费行为负责。美国家长还注重培养孩子养成存钱的习惯。他们通常的做法是减少送给孩子昂贵物品的次数，并向孩子解释：如果将来想拥有更有价值的东西，他们现在就不得不放弃一些价值不大的东西。以此激发孩子存钱的兴趣，并养成珍惜劳动所得的习惯。为了帮助孩子为未来生活做好准备，一些美国家庭还让孩子为自己的电话费以及一部分生活开支付账。家长常会翻开家庭开支账本，告诉孩子家中的钱是怎么花的，一方面让孩子学会合理开支，另一方面也让孩子明白家长的辛劳。

（2）注重个性发展的品格教育

个性张扬是美国人的一大特性，这与美国家长在品格教育方面注重培养孩子的个性是分不开的。美国父母们常能宽容孩子们的顽皮、淘气，不太注意小节，不会以过多的规矩来约束孩子，同时他们也会对孩子的奇思异想给予鼓励，这就为孩子独特个性的形成创造了良好的氛围。美国父母们注重培养孩子的个性不仅表现在对孩子行为和思想的个性培养上，还表现在对孩子生理特性的重视上。有一个故事很好地说明了这一点：曾经有一段时间，根据孩子的体貌订制芭比娃娃在美国风靡一时。一对夫妇也为他们的女儿订制了一个作为生日礼物。礼物送到的那一天，全家人兴奋地打开了包装，一个制作精美、栩栩如生的娃娃展现在大家面前。可奇怪的是，这对父母却要求退货，理由是他们的女儿左眼要比右眼略大一些，而这个娃娃两只眼睛却是一般大。

通过前文的论述，可以看出，中美家庭教育在内容上存在以下几点差异：

①中国家庭教育偏向于知识本位的教育内容，美国家庭教育则注重于孩子社会实践和生存能力的培养。正如本文提及的，掌握一定的文化知识和技能是成才教育目的层面的一个重要的子目标。因此，文化知识教育理应成为家庭教育的重要内容，这是孩子日后成功融入社会的必备素质。但是，在素质教育还得不到应有的重视，分数还是孩子升学的最重要指标的社会大环境下，我国家庭教育中的家长对子女进行的文化知识教育实际上只局限在分数教育层面。考试分数不仅成为孩子的命根，

而且成为家长的命根。这是值得广大家长注意和深刻反思的一个问题。文化知识的教育并不应该是只关注考试分数的教育，它还包括培养孩子爱思考、爱学习的良好习惯，以及掌握如何获取新知识的方法。分数并不是衡量孩子能力的唯一标准，家长们应该将分数看淡一些，还文化知识教育以本真的面貌。毕竟，分数不是万能的，孩子成长路上将会遇到很多困难，而这些困难不是考试能得个好分数就能解决的。美国家长注重孩子社会实践和生存能力的教育内容很好地培养了孩子的自立意识和尽早适应社会、独立生活的能力，很多美国孩子到了 18 岁都能离开家庭，依靠自己的能力独自生活。但是，这种教育方式也存在很多问题。美国一位大学教授指出，家长不能让孩子过度从事这种业余打工活动，因为长时间的业余打工会干扰孩子完成学业。的确，美国学生的学业质量一直是美国教育方面的一个大问题，除了学校教育系统内部的因素，家庭教育也是导致这一问题难以解决的原因之一。此外，相关专家还认为，孩子花过多时间打工，会剥夺他们参与重要的家庭和社交活动的时间和机会。同时，不应该将家务和零花钱直接挂钩，因为做家务是孩子作为家庭成员所应承担的责任，做一点家务就给予相应报酬的做法可能会让孩子只看到其中的利益关系，而忽视了作为家庭一分子的责任。

②在品格教育上，可以看出，中国家长对孩子爱心和良好习惯的培养实质上是对孩子社会性品格的一种培养，有助于孩子更好地融入家庭和社会之中。而美国家庭教育则注重品格教育对于孩子自身的意义，有助于孩子彰显自我个性，发现自我的价值。

第四节　"二孩"家庭儿童的心理健康教育

一、"二孩"家庭儿童心理健康教育的意义

（一）化解矛盾，维护家庭、社会的稳定和谐

早在该政策出台以前，已有不少家庭由于各种原因诞下"二宝"，但不愉快甚至不幸的事情时有发生，这些影响了家庭和社会的稳定和谐，亟须加强儿童心理健康教育化解矛盾，避免将来悲剧的重演。

（二）未雨绸缪，给予儿童良好的生存环境

良好的生存环境包括生理环境和心理环境。尽早进行儿童心理健康教育，可以避免很多不必要的矛盾，减少儿童积怨爆发的情况，为孩子们的健康成长打好基础。做好长子女的心理健康教育，心情愉悦地接受"二宝"，同时帮助幼子女稳定生命健康和心理健康。做好幼子女的心理健康教育，长子女更易与其和睦相处，温馨友爱。

（三）由己及人，促进儿童社会性发展

在儿童踏入社会之前，家庭便是他们尝试交往的主要场所，二孩家庭尤其如此。合适的心理健康教育能够帮助孩子梳理自己的情绪、树立健全的人格等，在与兄弟姐妹和谐相处的过程中，培养分享、合作、互助等良好品质，这对于儿童的社会性发展十分有利。当孩子能够处理好与兄弟姐妹的交往问题，再能推己及人并举一反三，走出家庭以后，他们的社会性的发展会更加顺畅。

二、"二孩"家庭儿童心理健康问题的表现和原因

不和谐的环境氛围造成儿童缺乏安全感，长子女易自卑，幼子女易敏感。可见此案例：

洋洋（男，5岁）家里添了一个小弟弟，洋洋好像有了心事。

教师：你有个小弟弟了，开心吗？

洋洋：不开心。爸爸妈妈每天都抱着小弟弟，不喜欢我了。

洋洋的自尊心受到了伤害，他开始怀疑自己，也质疑父母对自己的爱。可能是对于外表，可能是对于能力，或者是对爱的不自信，他们怀疑自我的价值。长子女能够感受到家庭环境的悄然变化，他们认为生二孩后的家庭没有再给予他们足够的爱和鼓励，他们会缺乏安全感，产生自卑感。幼子女如若一直无条件享受很多的爱，

今后稍有一丝爱的转移，他们便会焦虑不安，变得敏感。4 岁的多多就因为父母一同接送脚受伤的姐姐而大闹不止。

不正确的角色意识促使儿童行为错乱，长子女易自私，幼子女易依赖。如下面的案例：

雯雯（女，5 岁）的妈妈怀孕了，雯雯很不开心。

教师：你喜欢妈妈肚子里的小宝宝吗？

雯雯：我喜欢小弟弟，不喜欢小妹妹。

教师：为什么呢？

雯雯：小妹妹会跟我抢花裙子和芭比娃娃，小弟弟会有自己的玩具。

自私是人类的一种本性，以自我为中心、自控力不足的儿童更加容易受到自私本性的支配。雯雯害怕有人跟她分享本来独有的东西，她说的是物质上的，其实还有精神上的。很多儿童从独生子女一下子变成了非独生子女，原本"集万千宠爱于一身"的他要与另一个比他更小的孩子分享一切，如果长子女还没有准备好承担哥哥和姐姐的角色，这无疑就是个很大的冲击，会激发本身的自私因子。幼子女在家庭中经常被认为是"最弱小者"的角色，受到格外多的保护，自身倾向于依赖家庭或某个人，这样的角色意识并不健康。过于依赖，无法使儿童获得独立的人格，并对参加各种活动产生障碍。

不公平的相处规则导致儿童没有原则，长子女易懦弱，幼子女易任性。见下面的案例：

昊昊（3 岁，男）有个性格温和的小学一年级的哥哥，相反，昊昊的性格就比较任性强势。

昊昊：我想要玩这个玩具。

教师：可是朵朵先选了，你可以等下跟朵朵商量轮流玩。

昊昊：我就要现在玩，你们不好，我哥哥就会让给我玩的（在地上打滚哭闹）。

如果不能立刻满足昊昊的要求，他就会任性地哭闹打滚直到大人妥协为止。父母很宠爱昊昊，哥哥在家中也是比较谦让的，因此作为幼子女的昊昊就更加有恃无恐。幼子女被认为需要更多关爱，家庭成员大多对于幼小的"二宝"比较宽容和疼爱，他们的要求很容易被满足，但是长久以往，幼子女认为自己的要求一定要被满足，感受到了自己的特殊地位，没有原则约束，会变得任性；长子女即使没有错，被要求无条件忍让，原则在他们的眼中渐渐变成一种没有意义的东西，他们渐渐不愿意在原则内争取自己的利益，渐渐会变得懦弱不堪。"不公平"是长幼子女间矛盾的催化剂，也是长幼子女性格极端的罪魁祸首。

三、"二孩"家庭儿童心理健康问题的解决方法

苏霍姆林斯基认为："没有家庭教育的学校教育和没有学校教育的家庭教育都不可能完成培养人这一极其细致而复杂的任务。"本书认为以下所有解决方法均须由家庭、幼儿园和社会共同配合完成。

（一）营造和谐的情感氛围

儿童善于模仿，他们从成人那里学会爱人的方式，成人有责任为他们营造和谐的情感氛围推动儿童心理的良性发展。创设温馨的人际环境，让儿童充分感受到亲情和关爱，形成积极稳定的情绪情感。每个人都希望拥有一个能帮助自己进取的环境和条件，一旦这种有利环境和条件受到影响，发生变化，自己的努力未受到认可，就容易使人对将来失去信心。

同样的挫折和失败、同样的客观条件，可以产生自卑而失去自信心，也可以成为激励人奋发向上的动力。因自卑感的产生而失去自信心，除了有客观因素外，还有内在的心理根源。一是性格软弱，这是产生自卑心理的重要心理病源。性格软弱的人，一旦遇到困难或身处逆境时，就会束手无策，一蹶不振。当在与人交往中受到挫折时，便认为人与人之间没有温暖，只有冷漠，他们在困难、失败、委屈、病残等逆境面前表现出灰心、悲观的情绪，而不是选择自我反省、抗争、拼搏的心态。二是对自己缺乏正确的认识。有的同学好高骛远，志大才疏，要求过高过急，大大超过自己力所能及的水平，这样极易产生"失败感"而自卑。有的同学只看到自己的短处，而看不到长处，以己之短比人之长，明明是某个方面不如人，也会看成所有方面不如人，在任何方面都树立不起信心，不战自败。由此可见产生自卑而失去信心的原因是多方面的。缺乏自信的人，往往自认为被人瞧不起，显得沉默寡言、胆小怕事、瞻前顾后，造成事实上被他人冷漠。别人对他们的轻视态度正是由他们的自卑和逃避行为造成的，他们的轻视态度又会加剧他们的自卑心理，如此必将形成难以自拔的恶性循环。这对青少年的成长是十分有害的。老师在教学实践中引导学生克服学习中的自卑心理，树立充分的自信心是十分重要、十分必要的。具体方法，我认为应从以下几方面入手：一是不要妄下结论。教师不要轻易说出诸如"你这样下去毫无出息""你永远一件事也办不成"等这样的话，因为这非但起不到教育的效果，久而久之，反而会使学生感到自己是个"无用的人"，认为自己怎样努力也没有用，因此产生自卑感。二是少与他人的优点相比。有些教师常用这个学生的弱点与别的学生的优点相比，不停地唠叨："你看某某同学，你的数学比某某同学差10倍。""你画得还不如人家小朋友。"……教师想以此激励学生进步，而结

果是使学生认为自己很笨，不足之处成了他沉重的心理包袱。三是多发现"闪光点"。把学生的过去与现在比，往事与彼事比，就会发现他在某一方面或某件事上有进步，有提高。我们要及时发现这些"进步"与"提高"，并不失时机地对学生予以表扬。应向学生指出，自信是靠克服障碍、培养意志品质来获得的，也靠一次次微小的成功来增强；使学生认为自己也能取得成绩，就增强了学生取得更多、更大的成绩的希望和勇气，学生的自卑感就会悄然退去。四是增强"你行，我也行"的观念。教师一方面要让学生知道，只要付出，就一定会有一分收获的道理，以此增强学生的自信心，另一方面要帮助学生掌握互补技能，让学生明白，在生活中，兼具多种能力的人只是少数，人各有长短，要扬己之长，补己之短。让学生不要为没有聪慧的头脑而自卑，不要为没有俏丽的脸庞而失落，只要在人生的道路上执着地追求，就一定会给自己的青春写下一串串闪亮的感叹号。五是满足、引导学生的自我表现欲。自我表现欲是青少年时期最主要的欲望之一。自我表现欲受到压抑时，学生就会产生自卑感。教师不要只用聪明、学习成绩好等展现学生的自我表现欲，要尽可能让学生在特有的优势方面如体育运动、集体劳动等方面充分地满足学生的自我表现欲，逐渐克服他们的自卑心理。有的学生自卑感严重，对进步没有信心，甚至有破罐子破摔的心理。一方面是因为他们学习成绩不好，在学校和家庭均受到一定程度的歧视，缺乏信心。另一方面，他们有一定的自尊心，希望得到他人的鼓励、表扬，如果经常受到批评，就会加重他们的自卑感，容易自暴自弃。帮助学生在生活和学习中树立自信心，是克服自卑心理的关键所在。在困难和各种挫折面前相信自己能力的人，就不会自暴自弃。最近日本教育界的一项研究表明：最好不要在学生作业本上打"×"号。"因为这样会损害学生的自尊心和自信心"，同时打"×"号达不到引起学生注意及修改的目的，相反只会使学生在心理上受到打击。他们认为，最好在学生做错的地方打圈或划个线，让他改正即可。苏霍姆林斯基总结自己几十年的教育经验，得出这样一个结论，要注意保护儿童的自信心和自尊心。所以，在教育实践中，他较注意对学生的鼓励和表扬。六是要丰富青少年学生的知识、培养其各方面的才能。如果学生爱好广泛、知识丰富，那么他就会心胸开阔，注意力和精神不是在一件事情或挫折上"打转转"，而是对各门学科知识和各项活动都表现出极浓厚的兴趣。况且有了各方面的才能，他就不会在同学面前感到自己不行，而是什么都想"露一手"，克服自卑心理。总之，在教育教学过程中，老师只要善于调节学生心理，他们的学习自信心和兴趣就会保持长久，始终拥有自信、自强、积极向上和良好心态，顺利完成学习任务。

　　幼儿园里轻松平等的师幼关系、社会上友善互助的民众关系，都能够让儿童感受相爱、享受被爱、学习关爱，从而获得安全感、发展社会性。爱和尊重是相互的，在温馨的心理环境中受到潜移默化的影响的儿童，怎会有严重的自卑或敏感行为呢？

（二）树立正确的角色定位

人在社会中扮演着各种各样的角色，正确理解不同角色的含义是承担角色任务的良好开端。但儿童还没有能力把握不同角色的意义，也没有能力自由转换并适应不同的角色，他们需要帮助和引导。对于长子女，应提前告知弟妹即将到来，以"娃娃家"等游戏的方式体验哥哥姐姐的角色，给他们时间和方法过渡和适应。有了"二宝"以后，让长子女参与养护，体验一种责任感和使命感，学会自己好好成长的同时呵护弟妹，成为他们的榜样，学会分享，还能收获弟妹的爱。儿童不是被动的被保护者。对于幼子女，应给予其充分的机会发展自主性、发挥自己的价值，让他体会到独立性、增强自信心。"大宝"不自私，"二宝"不依赖，其乐融融。

（三）建立平等的相处规则

儿童年龄虽小，但眼睛雪亮、心思敏感，在建立自己的处世规则之前，他们从平时的点点滴滴都能够摸索出成人的原则。"不公平"的规则对长幼子女的原则意识均有不利影响。典型的譬如"你是哥哥，先跟弟弟道歉"的思维，就有害儿童树立正确的是非观。应建立"对事不对人"等公平的原则，长子女遵循规则，会自愿做出榜样，而非无原则懦弱退缩；幼子女接受规则，才能理解是非对错，不会无底线肆无忌惮。

第五节　"全面二孩"背景下"老大"的心理问题及教育对策

随着"全面二孩"政策的放开，关于二孩话题的讨论也日渐升温。第二个孩子的生养不是一个简单的问题，对家里"老大"造成的心理与情感等方面的冲击不容小觑，心理问题尤其应引起关注。专家介绍，从年龄角度来看，小学阶段的孩子心理更容易出现这些问题，因为他们还没到青春期，自我意识不强，容易产生不满和恐惧。从性格方面来说，通常心理素质比较差、内心比较敏感的孩子容易出现问题，因为这些孩子内心脆弱，一旦缺乏关注，就会焦虑不安，及时给他们指导并提供心理支撑是必要的。

心理学上有一个专业名词叫"同胞竞争障碍"，通常年龄稍小的弟弟或妹妹出生之后，第一个孩子会发生某种程度的情感紊乱，这种情感紊乱的程度如果异乎寻常，就有可能被认为是病理性的。"单独二孩"政策背景下"老大"的心理问题不容忽视。

一、"老大"存在的主要心理问题

（一）敏感多疑

一般家长都会选择在"老大"上幼儿园或小学后孕育"二宝"，以便有充足的时间与精力去抚养"二宝"。在这个阶段，儿童的个性心理特征逐渐形成并开始表现出来，但存在不稳定性，会在环境和教育的作用下发生改变。"老大"正处于身心发展的特殊时期，对事物容易敏感多疑：容易放大感情，放大感觉，放大内心的孤独，小事也会看成大事，简单的事也容易变得复杂。"老大"的多疑往往带着固有的成见，他（她）会通过"想象"，并尝试对身边的事物做出自己的"感觉"、自己的"思考"、自己的"判断"，并任意"拼凑"在一起，或者无中生有地制造出某些事件来证实自己的成见。在这样的情况下，就会将别人无意的行为误解为对自己怀有敌意，甚至把别人的善意曲解为恶意，逐渐形成一种消极的人际关系。

（二）焦虑不安

源于"失宠"危机感的焦虑是一种无根据的惊慌和紧张，心理上体现为泛化的、无固定目标的担心与惊恐，生理上伴有警觉增高的躯体症状，通常表现出焦虑、恐慌和紧张的情绪，感到最坏的事即将发生，整天提心吊胆、坐立不安且心烦意乱，对外界事物失去兴趣。严重时有恐惧情绪，对外界刺激易出现惊恐反应。"全面二孩"政策出台后，不少孩子升级成"哥哥"或"姐姐"，他们的情绪也随之"升级"，越发复杂化。弟弟或妹妹的出生意味着他（她）独生子女身份的结束，也意味着那些"集万千宠爱于一身"的日子一去不复返，于是整天在"失宠"的危机感下惴惴不安，时常莫名地焦虑。

精神分析学家鲍尔比提出的依恋理论认为，早期亲子关系的经验形成了人的"内部工作模式"，而这种模式是一种对他人的预期，决定了人的处世方式。

（三）委屈埋怨

当独生子女父母教育"非独生子女"时，家长的引导缺失会带给孩子许多委屈。龙应台在《孩子你慢慢来》中有详细描述，她感慨地说："人类分两种，那做过父母的，而且养过两个孩子以上的，多半和艾瑞卡一样，来看婴儿时，不会忘记多带一份给老大的礼物。那不曾做过父母或只有独生儿女的，只带来一份礼物。他们一进门就问：'Baby 在哪里？'为他们开门的，是只有比他们膝盖高一点点的老大，站在门边阴影里。"这种现象比比皆是，有些家长习惯性地说："你长大了，要让让小的。""你不可以这样，你是大哥哥（大姐姐）。""老大"的情绪一再被忽略，委屈只能自己消化。其实，在他们幼小的心里一直纠结着这样的问题：为什么又要我退让？为什么每次都是我的错？为什么被批评的总是我？为什么爸爸妈妈不再像从前那么爱我了……这些都促进了同胞间矛盾的激化。

当两个孩子同时哭着要妈妈的时候，应该抱"老大"，因为"老大"的情感需求更大，而相对幼小的"二宝"多数是生理需要。如果这个时候忽视了"老大"，可能会给"老大"留下心理阴影，让无尽的委屈填满这个孩子年幼的心灵，"老大"很容易在心里讨厌这个来和他争宠的"坏二宝"。

二、解决"老大"心理问题的策略

现在相当一部分"老大"生来"家中独大"，集所有宠爱于一身，恐怕不容易建立共享的概念。这或许源自人类与生俱来的独占和排斥心理，同时后天的成长环境也助长了这种心理。因而，对"老大"进行教育及与之合理沟通是至关重要的。父母在面对"老大"的反抗的时候，应该采取合理措施进行引导。

（一）沟通，让孩子相信父母的爱永远存在

"二孩"家庭中，"老大"心理出现的一系列抵触、反对与有效沟通的缺失有着密不可分的关系。

沟通，是为了照顾好孩子的情感。首先是了解孩子的想法，并且让孩子相信，父母的爱不会因为弟弟妹妹的到来而打折；此外，沟通也体现了对孩子的尊重，哪怕"老大"非常懂事、无私，家长也应该与他进行一番深入的长谈。所以，在准备生"二宝"的家庭中，家长与"老大"事先的沟通是必不可少的，而且在开始妊娠之前就得把这项工作做好。

（二）体验，让孩子学会悦纳自己

我们知道，任何人都不能代替孩子的成长与体验，但现在的独生子女恰恰是间接经验多，直接经验少，即听别人讲得多，自己体验得少。所以，我们应努力创设各种机会让孩子在体验中茁壮成长。和"老大"分享妈妈的怀孕经历。让"老大"观察妈妈肚子的变化，胎儿有胎动时，不妨让"老大"俯在妈妈的肚子上，去感受一下新生命的力量。让"老大"参与迎接"二宝"的各项准备工作当中，可以让"老大"帮忙给"二宝"取个乳名，并帮忙选购"二宝"的奶瓶、小衣服等等，还可以邀请"老大"一起收拾他（她）小时候的玩具，聊聊"二宝"每个年龄阶段可以玩的玩具，营造一种分享的氛围。

这些点点滴滴的小事意在让"大宝"逐渐学会悦纳自我，对自己做出恰当的评价，在不断了解自我、发现自我的过程中，体验自我存在的价值，从而带着满满的爱去迎接"二宝"的到来。

（三）平衡，让孩子的内心更安全

偏心是导致二孩家庭产生各种问题和矛盾的直接导火索。所以，为了避免这个问题的出现，父母要学会平衡给两个宝贝的爱。对于二孩家庭来说，父母需要把握好一个关键原则：用平等的爱与尊重来对待每个孩子。当"二宝"出生时，父母要尽可能对"老大"保持高关注和高情感水平，让"老大"感受到父母的爱非但没有减少，反而适度增加了。尽可能维持"老大"之前的生活方式和节奏，尽量让"老大"感觉到"二宝"的到来并未对自己的生活带来太大的影响；尽可能少干预孩子之间的冲突，让他们自己学会如何解决兄弟姐妹之间的争吵甚至打闹。

/ 第五章 /
新时期家庭教育模式与策略指导

第一节　多元化家庭教育模式

一、家庭教育的基本方法解读

我国家庭教育的方法体系，是由环境熏陶、说服教育、榜样示范、实际锻炼、表扬奖励、批评惩罚、暗示提醒等具体方法构成的。本节将其中最基本、最常用的几种方法介绍如下：

（一）环境熏陶法

环境熏陶法即家庭生活环境熏陶法。它是指家长有意识地创设一个和谐、良好、优美的家庭生活环境，使子女在其中受到潜移默化的影响，以培养子女优良的思想品德、高尚的道德情操和良好的行为习惯。

家庭是孩子的第一个生活环境和成长的重要场所，家庭生活环境时时刻刻都在对孩子发挥着潜移默化的作用，尤其是对他们的生活习惯、思想品德、道德情操、行为规范等方面的影响极为深刻。而这种影响就是一种"无意识"的教育，孩子们接受这种影响也是不知不觉。环境熏陶法恰恰就因其"无意识""非刻意"，才更容易被子女接受，影响才更深刻。老一辈革命家恽代英同志曾指出：父母对子女的教育，"不必耳提面命，全在以潜移默化为唯一手段"。他认为："潜移默化四字在教育中为最高法门，而家庭教育尤以此为主要手段。"这是有道理的。

中国古代特别重视家庭生活环境对人所产生的影响、教育作用。墨子和荀子曾分别以"染于苍则苍，染于黄则黄"和"蓬生麻中，不扶而直；白沙在涅，与之俱黑"

来形象地概括家庭环境对人的巨大影响。中国古代一些有见地的父母，也很重视家庭环境对子女的影响，"孟母三迁"就是一个典型。

我国近代教育家陈鹤琴说："小孩子生来大概都是好的。到了后来，或者是好，或者是坏，这是环境的关系。环境好，小孩子就容易变好；环境坏，小孩子就容易变坏。"家庭环境是影响儿童发展的重要因素，同时，又是一种特殊的教育方法，而且是使其他各种家庭教育方法发挥作用的前提。深谙家庭教育规律的马卡连柯曾告诫父母们：家庭风气是由你们自己的生活和你们自己的操行创造出来的。如果你们生活上的一般作风不好，即使最正确、最合理，并且是精心研究出来的教育方法，也将是没有用的。相反，只有正当的家庭作风，才能给你们提供对待孩子的正确方法，特别是提供劳动、纪律、休息、游戏和……权威的正确方式。因此，马卡连柯认为："家庭教育工作中最主要的在于组织家庭生活。"

（二）说服教育法

说服教育法是通过摆事实、讲道理等方式对子女施以影响，提高他们辨别是非善恶的能力和思想认识，培养他们良好的道德品质以形成正确行为规范的教育方法。

说服教育法是家庭教育中运用最广泛的一种基本方法。这种教育方法是建立在对子女充分信任和尊重的基础之上的，是以理服人，不是以势压人，它适合各种年龄阶段和个性特征的孩子，教育效果好，也容易被孩子接受。当然，不同年龄阶段、不同个性孩子，具体的说服方式应有所不同。

谈话多是结合子女的思想实际，由家长有针对性地摆事实、讲道理，在了解子女情况的基础上，帮助子女领会某种道德行为准则，提高道德认识水平，掌握正确的思想观念。这种教育方式是说服教育中最常用的方式，家长起主导作用，运用起来比较灵活，一般不受时间、地点、场合的限制，随时随地都可以进行。家长运用谈话时应注意：谈话的态度要温和，气氛要轻松，不要居高临下，板着面孔训斥，应让孩子感到家长既是严师又是益友；谈话内容的深浅程度要符合孩子的接受程度，适合孩子的理解接受能力；谈话的语言应生动亲切，讲求严密性和艺术性；谈话要有灵活性、针对性、启发性和具体形象性。魏晋南北朝时期吐谷浑民族首领在病重时，为了教育他的20个儿子要团结一致，命令每个儿子折断一支箭，当儿子们轻易地折断箭之后，他要求他们将20支箭捆在一起，命令说："你们再折断这20支箭！"但没有一个儿子能折断。于是他说："这就叫单者易折，众者难摧，我死后你们要齐心协力，才有力量保卫国家！"儿子们听了父亲弥留之际的嘱托，懂得了团结的重要作用。这种生动形象的谈话式说服教育是卓有成效的，也是高超巧妙的教育艺术。当然，和子女谈话，最重要的是家长要有正确的思想观点，通过谈话真正使子女明辨是非。

（三）实际锻炼法

实际锻炼法是指根据子女自身的发展和社会的需要，家长有意识地让子女参加力所能及的实践活动，从中锻炼思想，增长实际才干，培养优良的品德和行为习惯的方法。

洛克曾经精辟地论述了家庭教育中实际锻炼的重要作用，他说："儿童不是用规则教育可以教好的，规则总是被他们忘掉。你觉得他们有时候必须做的事，你便应该利用一切时机，甚至在可能的时候创造时机，给他们一种不可缺少的练习，使它们在他们身上固定起来。这样就可以使他们养成一种习惯，这种习惯一旦被养成后，便不用借助记忆，很容易、很自然地就发生作用了。"一个人的技能技巧、实际才干、良好习惯和品德都是经过亲身实践才能形成的，积极引导、支持并放手让孩子进行各方面的实际锻炼，是家庭教育的重要方法。

实际锻炼的内容是多种多样的，家长应根据家庭教育的任务和不同年龄阶段孩子身心发展的特点选择锻炼内容。比如，对儿童来说，站立、走路、说话、游戏等都是锻炼的内容，对大一些的孩子来说，文娱体育活动、社会交往、生活自理、家务劳动、待人接物、社会公益劳动等就成为主要的实际锻炼内容。

提高孩子对实际锻炼意义的认识，调动孩子自觉锻炼的积极性。实际锻炼是儿童通过一定的活动实现知行转化和知能转化的过程，在这一过程中，如果只有家长的要求，而无孩子的积极性，往往很容易产生抵触情绪和逆反心理。因此，家长一方面应把实际锻炼与说服教育相结合，以明确实际锻炼的目的，提高对实际锻炼意义的认识。另一方面应利用孩子争强好胜、好奇心强的心理特点，把严格要求与激发兴趣结合起来，在实际锻炼中增加游戏性、竞赛性和趣味性，促使他们兴致勃勃地主动参加实际锻炼。

鼓励孩子克服困难，不怕挫折和失败，坚持到底。参加任何实践活动都不是一帆风顺的，完成一项任务总要遇到这样或那样的困难、障碍；然而儿童青少年往往又缺乏毅力，坚持性差，意志不够坚定，因此，家长要有意识地多鼓励孩子战胜困难、克服各种障碍。孩子在实际锻炼中遇到苦难和挫折时，家长要少埋怨、多鼓励，对孩子在实际锻炼中取得的进步、做出的成绩，家长要及时表扬，以增强他们接受锻炼的信心和取得成功的动力。

（四）暗示提醒法

暗示提醒法是家长运用含蓄、间接、简化的方式和方法对孩子的心理实施影响，并能迅速产生效用的家庭教育方法。

暗示提醒是一种简便易行的教育方法，在家庭教育中常常被使用。暗示提醒的运用有一个重要的前提条件，那就是教育者和受教育者之间关系比较亲密，双方相互熟悉，在长期的共同生活和接触过程中形成了双方都很熟悉的传递信息的行为模式。运用这种教育方式和方法，充分体现了教育者对受教育者的了解、信任和尊重，有利于调动、发挥受教育者的主动性、积极性和自觉性，进一步密切教育者和受教育者之间的关系。

暗示提醒可以由人直接实施，也可以由情境实施。实施暗示的具体方式，可以用简单的话语，也可以用手势、表情、动作和其他暗号等。

直接暗示提醒是把家长的意图直接提供给子女，使之迅速而无意识地加以理解、领会。比如，家里来了客人，家长用手势、动作、眼神、表情等方式暗示孩子给客人倒茶；家长给孩子辅导作业，究竟要孩子如何做，不直接说出，而是由孩子在家长的讲解过程中自己去体会；看到孩子的考试成绩单，家长眉头一皱，表示对成绩的不满，引起孩子继续努力争取好成绩。间接暗示提醒是借助人的行为或其他媒介，将家长的意图和对孩子的要求、期望，间接地提供给孩子，使孩子迅速而无意识地加以接受。比如，家长希望孩子对人热情、有礼貌，不用言语去告诫，而是在平时家里来客人时热情招待，彬彬有礼，使孩子在家长的实际行动中受到启迪和暗示。家长为促使孩子重视文化知识学习，不是每天去说教，而是借来科学家、文学家的传记书籍给孩子看，以表达家长的愿望。这种间接暗示提醒要比直接提出要求和批评更容易为子女所接受，效果一般比较好。

二、有效交流与沟通的方法与艺术

交流与沟通是父母了解孩子的前提，也是孩子理解和接受父母建议的前提。父母每天都在看着自己的孩子成长和变化，似乎是最了解孩子的人，事实上，如果父母没有与孩子很好地交流，那么，父母与孩子的心理距离会很遥远，这就失去了家庭教育的基础，不利于家庭教育的针对性。

（一）说服教育的方法与艺术：民主与幽默

家庭教育中的说服教育，是通过摆事实、讲道理，讲清是什么、为什么、如何做等问题，以便启发子女的自觉性，提高子女的思想认识，培养子女良好的道德品质，使子女形成正确的行为规范。这种教育方法是建立在对子女充分信任和尊重的基础之上的。因此，需要避免以势压人、强制命令等儿童抵触的教育方式，为此，父母需要将民主与幽默作为重要的沟通与交流的方式。

所谓民主的沟通方式，就是父母不是将孩子作为教诲与听话的对象，而是给孩子预留出说话和提问，甚至是反驳的机会，通过双方对话、交谈和讨论的方式摆事实、讲道理，提高认识。民主的沟通方式，体现了民主、平等、友爱的新型家庭关系。在沟通的过程中，可以使子女认识自身的价值，培养他们追求民主的精神，这对于他们适应社会生活、在社会生活中发挥主人翁的责任感，也是极为有利的。这种教育方式的运用，不仅讨论问题的结论对孩子有益，而且讨论的过程本身也是有益的。

在父母与孩子的民主沟通中，父母要放下架子，持真诚、平等、民主的态度，要让子女充分发表意见，阐述观点。子女讲话，父母要认真地听，即或是父母认为不正确的观点，也要让孩子讲完、讲清楚，然后慢慢加以解释。子女不同意父母的观点，可以反驳，可以批评；如不能说服父母，还允许保留他们自己的看法。父母千万不能一听到不同意见，就无理压制，简单粗暴地去训斥。

在沟通过程中，家长要善于捕捉孩子的思维，用孩子乐于接受的方式去启发诱导，发展儿童的思维能力，丰富孩子的知识和思想，让孩子在良好的家庭氛围内感受到爱的教育。诸如父母都希望自己的孩子是最聪明的，望子成龙，甚至会出现恨铁不成钢的局面。有的父母会挑剔孩子，甚至会不断地唠叨孩子的不足之处。明智的父母不会去责难孩子，发现孩子的欠缺时，将进行委婉的建议，用启发式的语言去说，使用"如果、不妨、试一试、或者"等语汇启发儿童自己尝试发现不足与改正缺陷。

（二）语言使用的方法与艺术：寓教于喻

作为一个"使用语言的社会性存在"，人的主要交往方式和家庭成员的重要沟通方式是语言。家长通过语言交流，把较为深奥的道理给孩子说明白，可不是一件容易的事，不是人人都可以做好的。跟孩子讲道理，大有学问，这就是语言使用的方法和艺术。

由于家庭之间亲子关系的血缘性、家庭生活的自然性、家庭成员间关系的亲近性以及儿童以形象思维为主的心理特征，都要求我们在家庭教育中运用语言交流的过程中，必须将"寓教于喻"作为一种重要的方式。

儿童的思维特点是以形象思维为主，他们对事物特点的认识，对某种道理的理解，往往要通过对具体事物形象的概括而实现。要使孩子理解较为深奥的道理，最好的做法是运用通俗恰当的比喻，用某些有类似特点的事物来比拟想要说的某一事物或某一道理，以便表达得更加生动鲜明，便于弄懂弄通，这就叫作"寓教于喻"。这种教育交流方法运用得好，往往会产生意想不到的教育效果。我国古代的父母，在实践中积累了许多这方面的经验，很值得借鉴。像古代孟母用断织来教育孟子好好读书，既生动形象又能打动人、感染人和鼓舞人，教育效果就好多了。

第二节　学校与社会的通力合作

完整的教育是在家庭、学校与社会三者的交互作用中完成的，对三者关系不同的认识与处理会产生不同的教育效果。因此，教育者正确认识三者对个体成长的教育影响，学会正确平衡好三者的关系，这对于优化教育的效能至关重要。

一、家庭教育的基础性、终身性，为孩子一生发展护航

（一）家庭教育的基础性

随着社会的发展，家庭的功能在不同方面可能表现出强化或弱化的趋势，如家庭的教育功能和生产功能趋于弱化，而家庭的情感功能日渐强化。但是只要家庭存在，只要繁衍下一代，家庭的教育功能就不会消失。

随着家庭教育研究与实践的迅速发展，特别是在最新一轮的世界教育改革浪潮中，如何系统化地整合教育资源，促进儿童健康全面地发展，调动家庭参与到学校教育，从而提高学校教育的质量成为各国教育改革关注的课题。

家庭教育通常被理解为学校教育的基础，是对学校教育的配合和补充，其最终目的是与学校教育合力将儿童和青少年培养成符合国家教育目标的人才。

婴儿在家庭中诞生首先接受的就是以父母为代表的家庭成员的抚养和教化，这个过程正如陈鹤琴先生所述："幼稚期（自出生至七岁）是人生最重要的一个时期，什么习惯、语言、技能、思想、态度、情绪都要在此时期打了一个基础。若基础打得不稳固，那么健全的人格就不容易建造了。"但是家庭教育的基础性不仅是因为它是人生最初阶段接受的教育及其生物遗传的基础性，更为重要的就是它对个体产生的影响和塑造的品质是个体将来的学习和生活的基础，如上面提到的习惯、态度、情绪等。这些为人生发展奠定基础的品质将会在家庭教育的过程中得以形成和巩固，具体表现如下：

1. 家庭教育为儿童掌握基本社会规范奠定基础

所谓社会规范，指人们在相互交往和长期共同生活中确立的、为多数成员所承认和期望的行为方式，如风俗、习惯、礼节、禁忌、社会基本道德、法律等。一个人从呱呱坠地起就生活在一定的社会之中，社会也对他提出各种各样的规范和要求。儿童获得这些社会规范，主要通过家庭的影响和传授，家庭是儿童首先接触到的社会组织，也是儿童接受教育的启蒙学校。

儿童基本的生活规范、生活习惯是在家庭中学到的。儿童的行为始于模仿，父母是他们赖以模仿的对象。父母的饮食方式、衣着风格、语言行为习惯等都直接影响着孩子。很多孩子就连他们长大成人后的行为和爱好都与其父母极为相像，这说明父母基本的行为活动模式对孩子有着潜移默化的影响。同时，父母对孩子良好行为习惯的日常培养也是必不可少的。孩子没有多少生活经验，一些基本的生活规范和程序又不能靠遗传得到，只有在后天模仿的基础上，接受父母的影响而获得。

儿童伦理道德规范的习得也依赖家庭。伦理道德是社会规范的重要内容，儿童伦理道德规范的习得是儿童社会化的重要方面。特别是在多子女家庭或有祖父母共同生活的家庭中，更有利于儿童学习兄弟姊妹之间、长辈与晚辈之间甚至夫妻之间的礼仪规范。另外，在父母与亲友的交往中，儿童也可以学习一些待人接物、为人处世的社会规范。而儿童学习伦理道德规范的效果，也与家长的文化素养有着密切的联系。如果家长文化素养良好、家庭生活方式比较健康、家庭关系融洽、成员之间平等相处，儿童往往就能学到一些文明进步的规范；相反，家长文化素养欠佳、家庭生活方式保守、伦理观念比较陈旧，儿童接受的规范也就往往比较落后。

2. 家庭教育为儿童个性的形成和发展奠定基础

家庭是儿童个性实现社会化的主要场所，因为儿童个性的形成、社会行为的养成最关键的几年是在家庭中度过的。儿童早期与父母的相互作用，对儿童以后个性的发展有着重要的意义。社会意识、价值观念等社会化目标都是首先通过父母的过滤，以高度个体化的、有选择的形式传递给儿童的。父母本身的个性特征、社会地位、教育水平、宗教信仰、成就动机、性别的角色标准等，都会强烈地影响他们的后代。

每个儿童最初的个性特征或气质类型都各不相同，这些特征无疑会影响父母对儿童的态度。另外，儿童的性别、家庭规模的大小、家庭社会经济地位也会影响父母对待儿童的态度。父母的教养方式不同，对儿童的影响也不同。儿童之间原先存在的先天差别，随着家庭教育的质量的不同会进一步放大。

3. 家庭教育为儿童良好的思想道德品质和独立自主能力的形成奠定基础

儿童良好的思想道德品质的塑造来源于儿童的家庭生活质量。如儿童的人际道德植根于儿童的家庭成员互动的品质，儿童家庭劳动教育有助于培养儿童正确的劳动观念。成长中的儿童只有经常参加一定的家务劳动和社会公益劳动，才能形成良好的劳动观念和劳动习惯，形成热爱劳动、珍惜劳动成果、勤俭节约、艰苦朴素的好作风；才能锻炼他们吃苦耐劳、克服困难的坚强意志，形成良好的社会适应能力，促进其身心健康；才能培养他们勤快、主动的工作态度，形成对集体、对国家的义务感和责任心；也才能使他们真正体验到人生的意义和价值，树立自觉投身于社会和服务于社会的理想，从而促进其社会化的进一步发展。

有效的家庭生活教育有助于锻炼和提高儿童的独立性和自主能力。西方发达国家很重视孩子的家务劳动。德国法律规定，孩子必须帮助父母做家务：6~12 岁的孩子可以帮助父母洗餐具，给全家人擦皮鞋；14~16 岁可以擦汽车和在菜园里翻地；16~18 岁可以完成每周一次的房间大扫除。相比之下，目前中国的孩子最缺乏的正是这种必要的家务劳动及相应的独立自主能力。《中国教育报》的记者对某重点小学和某普通小学进行的抽样调查表明，家长不让孩子做家务和孩子不愿做家务的比例高达 40%，由父母给叠被子的达 55%，20% 的孩子不会或不洗自己的手绢、袜子，还有少数孩子连穿衣服都要家长帮忙。

父母的包办代替给孩子带来了什么呢？美国 20 世纪中叶对波士顿市区 456 名少年进行了一项"马拉松"式的研究，其结果表明从小接受"爱劳动"教育的"勤快人"比起那些"饭来张口、衣来伸手"的"懒骨头"，事业成功的概率要高出至少 3 倍。研究结果还表明，童年时代是否养成了勤劳的习惯竟然与成年是否幸福、收入是否丰厚最为息息相关。和童年最勤劳者相比，在童年"四体不勤"者不断丰富从而走向美满的人生境界，只是不同人的发展和丰富的任务与内容各不相同。这正如家庭的发展周期所表明的那样，家庭在发展周期的每个阶段都有其主要的家庭教育任务和内容。

（二）家庭教育的终身性

家庭教育内容的终身性主要指在家庭中所获得知识、经验和能力将会对其一生产生影响。如精神分析理论的创始人弗洛伊德就强调个体疾病的根源在于童年的创伤，认为早期的家庭关系对个体的症状行为有重大影响。弗洛伊德曾经写道："精神分析师需要关注病人纯粹的人文和社会情境，应该把他们的兴趣指向病人的家庭环境。"这样的经验贯穿在儿童成长的各个方面，如父母情感经验和亲子情感经验会影响孩子未来的情感处理方式和能力；如家庭中的亲子交往经验以及兄弟姊妹的交往经验也会对儿童未来的人际交往产生影响。

二、学校教育的规范性和系统性，为孩子的终身发展助力

随着生产力的发展和社会分工的扩大，教育与生产劳动走向分离，成为一种专门的活动，需要在专门的场所进行，这就出现了学校。现代学校的诞生是建立在工业化大生产的社会背景下，人类需要高效率地向下一代传播知识，而传统的学徒制不能满足社会大分工对劳动力生产的需求，探寻适应社会生产力发展的教育形态就成为历史必然。

建立在班级授课制的基础上，现代学校教育制度顺应了这一社会发展需要，把一定的学生按年龄层次和智力水平及受教育程度编班上课，最早提出这样设想的是捷克教育家夸美纽斯，后来德国教育家赫尔巴特进一步发展，最终由前苏联教育家凯洛夫完善了这一理论。

（一）学校教育的规范性

学校教育的规范性是和家庭及社会教育的最大区别所在，学校从诞生之日起就作为专门教育人的场所，其主要任务就是围绕培养人来实现的，通过制度化的方式对人进行培养，而制度化的集体教育需要各种维持性的规范才能得到实现，如教育形式上的规范、师资的规范以及教学方式上的规范。

1. 学校教育形式的规范性

学校是以集体的方式开展教育的，为了保证教育的效益必须具有严密的组织结构和制度。从宏观上说，学校有各级各类、多种多样的体系结构；从中观上说，学校内又有专设的领导岗位和教育教学组织，有专门进行思想、政治、教学、总务后勤、文体活动等专门的组织机构，还有一系列的严密的教育教学制度；从微观上看，作为教学单位的班级更是在每个细节上做了规范，如时间、秩序等，这些都是家庭教育和社会教育所不具备的。

2. 学校教育师资的规范性

学校教育有专门教育者——教师，他们的角色和职责与家长或社区工作人员不同，他们的主要角色就是教育工作者，为了扮演好这样的角色，每位教师都是经过专门训练培养并严格选拔出来的，进入教育岗位后，又接受系统的职后培训，从而逐步达到专业化的标准。这样的教育者不仅具备一定学科知识，同时懂得教育规律，掌握了有效的教育方法。

没有规范的专业教师就不会有规范的专业教育，教师是教育工作的灵魂。他们通过教育活动不仅传递知识，还为儿童未来的终身可持续学习与发展培养学习能力奠定基础。

3. 学校教育资源的规范性

学校拥有教育教学设备，用专业的教育手段提升教育的有效性，如声像影视等直观教具、实验实习基地等，都是学校教育的有效规范性的手段。为了达到教育的效果，学校用规范的教育资源保证教学的顺利进行，而这是家庭教育和社会教育因地制宜、随机教育所无法提供的。

（二）学校教育的系统性

1. 教育目标的系统性

学校教育关注人的全面发展，它不仅要关心学生的知识和智力的增长，也要关心学生思想品德的形成，还要照顾受教育者的身体健康，培养塑造全面完整的社会人。无论局部的教育目标如何调整，开发个体的潜能，培养适应特定社会、完善社会的社会人，是每种社会形态的教育都应努力的方向。

学校教育除了具有外在于人的个体本身价值和功能外，另一个方面就是让每一个个体在现实社会中融入社会，成为特定的社会人，并在其中获得幸福感，学校教育由此促进个体进一步社会化。学校的固有职能应该是促进受教育者的发展。然而，学校之所以具备社会认可的职能，似乎不在于个体的发展，而在于个体的社会化。当儿童离开家庭走进学校，学校的影响将逐渐上升到首要位置，并成为最重要的社会化机构。学校为个体的发展提供了各种机会，在学习新知识和技能，参加运动、娱乐等活动的过程中，儿童完善着自己的人格，在处理师生关系和生生关系的过程中发展着人际交往的能力。他们在社会化方式上也发生着转变，即从根据自我本性或自身心理特点进行的社会化，向根据社会的要求进行的社会化发展。

家庭教育和社会教育对人成长的目标多少带有一定的主观色彩和个性偏向，其影响也带有局部性和一定的偶然性，影响的范围也往往只侧重在某些方面。因此，学校教育是具有系统教育目标的专门机构，各级各类的学校所追求的教育目标有机组合，形成了相互关联的目标系统。

2. 教育内容的系统性

现代学校从诞生的第一天开始就以知识的高效率传递为出发点，现代学校教育制度通过标准的课程和受过训练的教育者对新生一代进行着人类文明的传承，为特定社会的发展造就着合格的成员，为受教育者的可持续发展和终身学习提供着充分的训练与教养熏陶。

现代学校制度通过精练的课程设置为新生一代高效地传承人类文明提供了可能。通过对人类文明的分类，纷繁复杂的人类文明成果被设计成门类清晰、进展有序的课程呈现在孩子面前。通过对这些课程的学习，青少年儿童经济有效地把握了人类文明发展的历程，并将人类文明推向前进。

为了造就全面完整的社会人，学校教育内容特别注重内在连续性和系统性。社会教育和家庭教育在教育内容上一般具有片段性。即使是有计划性的社会教育，也往往是阶段性的，所获得的知识和经验总体来说也具有片段性。学校教育既考虑到了人类文明知识的体系，又符合了儿童认知的规律，其内容是系统的、完整的。

随着终身教育理念的形成和深入，信息化社会知识爆炸的现实促使学校对受教育者的训练不能仅仅停留在人类已有文明的传承上。学校学习的"准备说"受到严峻的挑战，因为再精巧的课程也不可能把人类文明悉数传给下一代。因此，人们开始将眼光和教育的重点转移到知识的发展和创新上来，学校随之而来就是通过课程的学习和在学习已有文明的过程中培养学生的学习能力和创新能力，这样的训练并不是否定学校系统知识的学习，而是因为需要更系统的知识学习与能力训练才能达到理想的目标。

三、社会教育的实践性、多样性，促进个体全面发展

现代社会教育从 19 世纪初逐渐发展起来，并被视为与学校教育一样重要的教育事业。但是到目前为止，对社会教育的内涵和外延尚未形成统一的认识。

国外学者多用非正规教育、学校外教育、继续教育、回归教育、平民教育、大众教育、推广教育、补习教育、成人教育、终身教育等概念来表达对社会教育的理解。

社会教育同学校教育、家庭教育一样，是当代基本的教育类型之一。按其形态可有广义和狭义两种理解。广义的社会教育是指除了学校教育和家庭教育之外所有的有目标、有组织、有计划的教育活动以及一切在社会活动中对人的身心产生实际教育结果的影响。狭义的社会教育仅指那些由社会文化机构和社会团体或组织有目的地对社会的成员进行的教育活动。

也有的学者按照学校教育定义的方式将广义的社会教育定义为对人的身心发展产生影响的各种社会活动，包括经济、政治、文化活动等，它的内涵等同于社会环境。狭义的社会教育指学校和家庭以外的社会文化机构以及有关的社会团体或组织对社会成员进行的教育。

从上述对社会教育的定义和描述可以看出，社会教育的对象既包括成人也包括青少年。我们这里探讨的社会教育对象主要指的是未成年人，指学校和家庭以外的社会文化机构，有关的社会团体、组织以及各类媒体对青少年所进行的各类教育活动。社会有组织、有计划、有目的的教育活动包括各种课外学习班、博物馆、青少年宫、社会实践基地等课外学习组织形式，这些都是由特定的组织所承担的，每个组织对青少年的影响都是有计划、有目的的。那些由社会环境所构成的对青少年的广义的社会教育包括自然环境和文化环境，文化环境又包括特定时代社会下的政治、经济环境，特定的社区人文环境以及社会的媒体环境等。下面我们将围绕社会教育的实践性和多样性对青少年的影响展开讨论。

（一）社会教育的实践性

1.教育场域的现场性

社会教育的场域具有现场性，它和学校教育不同，学校教育的生活性也只是停留在对生活的模拟上，如杜威的"学校即社会""教育即生活"的理念。而社会教育是在真实的生活现场中的教育与活动，超越了教育为了未来生活，而是让生活场所成为教育的场所，在现实的教育场所中，青少年真实地了解着社会的运行规则，在与社会的互动中提升着个体对社会的感悟能力与适应能力，同时全面了解社会发展中的问题全景，增强分析社会问题的全面性并完善社会的信心。陶行知先生的"生活即教育""社会即学校"的理念反映了社会教育的某些特征。

社会教育的现场性还让学校教育的间接经验转变成直接经验，文字符号变得更加鲜活，原理规则变成丰富具体的程序。在社会现场的学习中，被简化和抽象化的原理定律在真实的现实中呈现出丰富多彩的复杂性。

2.教育内容的实践性

社会教育主要是针对教育的方式而言，家庭教育和学校教育虽说也有一定的实践性，但是这样的实践还是具有一定的模拟性和间接性，是通过专门设置的活动或者课程对未来的社会生活进行一定的复制，而针对青少年的社会教育活动的实施场所本身就在社会中，如参与社区管理与建设、到福利院做义工、参与环保宣传等。

教育内容的实践性还体现在教育活动结果的即时性和可视性，学校学习的内容大多数是需要在日后的生活中应用和检验的，而社会教育的内容马上就能看到效果，马上就能得到检测，当下就有价值。

社会教育内容的即时性对学校学习的延时性起到了较好的补充，我国正在进行的基础教育课程改革正是吸收了社会教育的很多理念，弥补了传统学校教育的不足，促进学校教育向更开放、更多元的方向发展。

（二）社会教育的多样性

丰富的社会，多样的教育。教育为了儿童发展，为了社会进步，只注重儿童的所谓发展和潜能开发是狭隘的主智主义倾向，因为教育除了儿童个体发展的功能外还有社会发展的任务，培养儿童就是培养未来社会的公民。

1.社会教育的多样性突破了家庭与学校教育的局限性

（1）施教者的多样性。在家庭和学校教育中的施教者通常是以知识和年龄均高于青少年的长者，如父母和教师。他们拥有知识和经验，承担着向儿童传授生活经验和技能的任务。而社会教育中的施教者就丰富得多，他们可能是图书馆管理员、商场销售人员、社区工作人员、政府公务人员等。根据社会教育活动的不同设计，理论上社会上的任何人都有可能成为社会教育的施教者，特别是在信息技术快速发展的今天，"人人都是教育者，人人都是受教育者"的趋势更明显。

（2）教育内容的多样性。社会教育的内容是丰富多样的，它涉及社会生活的方方面面，有学校和家庭能够模拟的内容，也有学校和家庭无法模拟的方面，学校能够模拟的可以在学校中获得间接经验，学校因为规模、成本等无法模拟的就只能到社会中去学习、去了解。因此，在广阔的社会生活中，青少年可以学习法律允许的任何他们想学习的内容，了解食品的制作，了解社会组织的运转，了解各种职业的内涵等。在社会教育中"事事皆是可学之事，处处都是学习之所"，丰富的社会生活造就了多样的社会教育。

2. 社会教育方式的多样性满足了不同学习风格的青少年的需要

家庭教育和学校教育因多种原因的限制，教育方式多为讲授式的，尽管家庭教育具有一定的生活性，但是受制于父母育儿能力和家庭视野与活动范围的限制，更多还是采取说教的方式；学校教育为了快速高效地传授知识，最常采用的也是讲授式，这让不同学习风格的青少年感到困惑和不适应，从而出现了一批不适应集体学习的所谓"差生"，当人们在这些孩子身上寻找问题的突破口时，常常忽略反思学校教学方式对儿童的影响。因为缺少对儿童的了解，一批不适应集体学习或者在学习方式上视听觉学习不占优势的孩子就会被误解，被当作问题孩子看待。

社会教育因其多样性的学习方式满足了不同学习风格的青少年的学习，如社会教育更多地采取参与式、行动式和实践性的方式展开教学活动，那些倾向于通过操作、交流或者身体运动方式来学习的青少年在社会教育中如鱼得水，从而取得良好的学习效果。另外，听一遍不如说一遍，说一遍不如做一遍，实践性的社会教育方式让以符号学习为主的知识在社会活动中具体化和深化，提高了学校教育的效益。

第三节　家庭教育中的情感培育艺术探索

一、积极客观的自我意识

整个情商体系中最核心的就是这第一项：自我意识。也有人把这第一项翻译为"感受自己的情绪"。虽然最后的意识是一种情绪感受，但这样的翻译把原本复杂的自我意识体系过分简单化。高尔曼的原意是对自身状态、情绪和动因的感受和认知。它和自我形象、自我评估以及自信心都有密切的关系。通俗一点说，一个人的情绪感受是建立在对自我的评估和自我形象的基础上。我认为"自己是谁"会影响到我怎么认知环境，怎样感受环境，以及产生怎样的自信。作为父母在这方面的培养目标，是帮助孩子形成客观积极的自我形象，并在此基础上建立客观的自信。这是提高其他四项情商能力的基础。

一个成功的人往往是自信的人，他的自信不是盲目的，而是建立在对自己优点和缺点的客观认知基础之上。情商低的人最根本的问题就是无法建立这样客观的自我评估。不是过分自大就是过分自卑。我见过一些所谓的优秀人才，就是我在第一章提到的那些智商高、情商低的人。他们的专业知识都非常棒，有一份不错的工作，做事也一丝不苟。总之，他们有很多让人羡慕的优点。但是他们自己始终无法幸福。最根本的原因就是对自己的认知不客观。一个人如果对自己的认知不客观，就无法建立客观稳定的自信。缺乏了这样的自信，对他人和环境的认知就常常偏激。这会导致一系列社会交往和情绪的问题。这些问题甚至可以造成对自己、对他人无法挽回的破坏。

二、帮助孩子学会控制自己的情绪

高尔曼的情商体系中的第二大要素是自我调控（self-regulation）。英文中的 regulation 有管理、控制和规范的意思。高尔曼对自我调控的解释是：人对自身负面情绪和冲动的控制及重新调整能力，延缓判断和行动前思考的习惯。简单地说就是用理性来管理情绪、做出判断和指导行动。

下面从两个方面来探讨如何培养孩子这方面的能力：用自己的理性引导孩子的情绪；用延缓满足培养孩子克制和等待的能力。

孩子有情绪并不可怕，可怕的是对什么事情都来情绪，来了情绪长时间不能恢复。孩子的情绪反应和情绪管理能力虽然和个性倾向有关，但主要还是受环境，特别是父母的影响。很难想象不能很好控制自己情绪的父母可以培养出一个善于管理自己情绪的孩子。作为父母，不仅要控制好自己的情绪，还要用自己的理性去帮助孩子从情绪中引导出来。

制定规矩也是训练延缓满足的一个重要手段。如果事先有明确的规矩，孩子就比较容易接受延缓满足。例如，我自己每次吃饭第一口总是吃饭而不是吃菜，这就是小时候父亲的规矩。孩子有些要求的满足可以让他先付出一定的努力，这样在延缓满足孩子要求的同时，也可以锻炼孩子的其他能力。例如孩子要你读第二本故事书时，你可以要求孩子先把第一本书放回书架。这样既锻炼了孩子的等待能力，又能帮助他养成物归原处的好习惯。随着孩子年龄的增加和自制力的增强，等待的难度可以随之加强。

三、用规矩和爱发展孩子的兴趣

在帮助孩子找到自己真正的兴趣时，父母既要有正确的培养动机，又要能发现孩子的特长，并通过持之以恒的学习让孩子的兴趣走得更远。

首先，父母要有正确的动机。培养兴趣应该以发展孩子的素质而不是以父母自己的愿望和功利为基本出发点。不少中国的父母希望子承父业，把复制自己作为培养目标；也有的父母让孩子帮他们实现自己没有实现的梦想。功利和自私的培养目的很容易伤害孩子的人格和学习兴趣，甚至会学什么恨什么。当功利的目标实现后，留下的只有憎恶和痛苦。

其次，父母要研究孩子，知道孩子的兴趣和才能。在这一点上年轻钢琴家郎朗的父亲郎国任真是独具慧眼。他自己懂得音乐，用自己细心的观察发现儿子是个音乐天才。在一次采访中，郎国任是这样说的："当他才两岁的孩子，在电视上听到《猫和老鼠》的音乐，就马上在钢琴上把它弹出来了。那时他还没学钢琴呢！就是在那一刻，我在心里认定了：天才！"郎国任还不放心，又请了很多专家确认自己的判断，然后不遗余力地培养孩子。他在认定孩子的才能上确实比一般家长做得仔细、专业。当然仅仅发现孩子的兴趣还是不够的。孩子的原始兴趣就像是埋在土里的一颗种子，还需要在父母的帮助下抽芽破土。所以在培养孩子的兴趣时，我们要鼓励孩子持之以恒而不能浅尝辄止。在一些基础知识和基本功的训练上，还是需要一定的逼迫。

在培养孩子的兴趣上，困扰中国家长的一个问题是需不需要逼迫孩子做一些他们不喜欢的事情。现实中两种方式都有成功的例子。"虎妈"蔡美儿可以说是逼迫孩子的成功例子。而"股神"巴菲特却是不逼迫孩子的成功例子。他从来没有给孩子做任何人生选择，只是告诫他要持之以恒。最后小儿子靠自己的努力获得了音乐的最高奖——艾美奖。所以不要只被表面的逼迫和不逼迫所迷惑。如果你仔细读"虎妈"和巴菲特的育儿故事，你会发现"虎妈"有"虎妈"的爱，而巴菲特有巴菲特的规矩。他们不同的教育方式是规矩和爱在不同家庭文化中的体现。但是无论用哪种方式都需要父母有一个正确的培养动机。

四、激活和培育儿童的爱心

人类的生存，依赖人与人之间的互助。爱是一种对他人的不计报酬的付出与帮助，这是人类幸福的源泉，也是人类得以发展和进步的基础，这种品质则起源于家庭教育。家庭教育是在家长和子女间进行的，家庭成员间的血缘关系，使家庭成员之间的关系是最亲密的人际关系。由此而言，家庭教育建立在爱的基础上，家庭是培育儿童爱心的最佳环境。

（一）在父母关爱中激活和培植儿童"被爱"与"爱他人"的心理需要

在爱的环境里长大的孩子，对来自父母的教育有着很强的接受能力，对不良行为的诱惑，有着强烈的抵触和免疫能力。

1. 要让孩子在父母恩爱的情境中获得陶冶

爱心意味着用心灵去体会别人最细微的精神需要。孩子心中这种最敏感的感受力首先来自父母，来自父母的相互给予、互相理解和彼此包容。在家教诸多因素中，父母的人格因素是施教的核心力量，它对儿童的人格形成有着巨大的潜移默化的影响。"儿童在没有进学校之前，一天到晚最亲近的人当然是父母。就是进了学校之后，放学回家，还是和父母在一起，如果父母的知识习惯好，儿童早已受到好的家庭教育，再加上学校教育，自然就相得益彰，父母的知识习惯不好，那么儿童在未进学校之前，无形中早已养成不良的习惯，学校教育就算很好，也收效甚微了。"

因此，做父母的要努力提高自身素质，努力营造良好的家庭教育环境，把言教与身教统一起来，使孩子从小养成高尚的思想品德和良好的行为习惯，把孩子培养成为德才兼备的社会人才。

当孩子从父母间细微的情感关爱中体会到幸福、温暖、关爱和包容时，其内心深处也容易培育出对他人关爱、体贴和热情的嫩枝。父母对孩子的爱是无私而又深刻的，但如何让孩子学会去爱亲人及他人，这不但是一种要求，也是一门艺术，并且是在家庭教育中随时都可以创设条件去努力做好的。比如，当爸爸工作辛苦，加班加点，很迟回家的时候，妈妈当着孩子面的一个电话问候，可能会让孩子产生最原始的"关爱他人"的意识自觉；当妈妈身体不舒服的时候，爸爸主动承担家务以及对妻子在生活上的细微照顾，都能够给孩子以关爱的启发、诱导和力量。

2. 要激活和培植儿童爱别人的心理需要

事实上，儿童不仅仅有被关爱的需要，也有爱他人、关心他人的心理需要。这种需要正是在父母的相互关爱与彼此的关心中被唤醒和激活的，并在父母的引导和设计中发展和生长。经常对儿童进行关爱他人的教育，不但有利于培养儿童良好的道德品质，更有利于完善和发展儿童关心他人、关心社会的心理需要，形成和丰富完善的人格特征。

从每次的关爱教育中，孩子所做的许多不经意的小事，会逐渐内化为一种自觉的行动。在这样细致、微妙和自然的教育过程中，夫妻间的默契配合就显得非常重要。这既体现了父母的相互体贴与关爱，又教育了孩子。

（二）根据儿童思维和情感发展的特点，善于"直白、慷慨"地表达家长的关爱

中国有句俗语说："对孩子要给好心，不要给好脸。"这是一种传统的教育观念。这种教育观念，形成了中国人的"严父"群。他们认为爱孩子只能爱在心里。他们对孩子"爱"的表达近乎到了吝啬的程度。这种爱孩子的方法对于今天的独生子女的家庭是非常不合适的。过去，家庭中有很多子女，父母对孩子板着一副冷冰冰的面孔，只有孩子们之间可以有交流、有嬉戏、有玩耍、有欢笑。而现在，我们的家庭大部分是独生子女，如果父母总是板着脸孔，少有笑脸，这对孩子感受爱、享受爱和施加爱的能力培养是很不利的。

更为重要的是，对于儿童而言，他们处于具体形象思维和情绪情感发展的初级阶段，在这一阶段，儿童需要一些具体、直接和可感知的关爱性体验，发展这些体验，主要靠父母的直接、具体、感性的表达。因此，父母有必要改变对孩子爱的表达方式。

父母的爱不仅要体现在给孩子提供果腹的食物和蔽体的衣着上，更要将自己深埋在心底里的那种对孩子的爱抚、同情、理解、关怀和帮助"写在脸上，挂在嘴上"，让孩子真切地感受到父母那种实实在在的爱和明明白白的理解之情。如何慷慨直接地表达父母对子女的爱，可以从下面三个方面尝试。

1. 能够适当为孩子"遮丑"

为孩子"遮丑"不是袒护孩子，更不是纵容孩子，而是保护孩子自尊的重要手段。如果我们适当淡化孩子的缺点，突出孩子的优点，尤其是在别人面前经常夸奖孩子的优点，会令孩子充满自信。孩子的优点不断被提起、被强化的过程，也就是孩子切切实实感受父爱、母爱的过程。孩子的自尊心就是这样被激励、被培养出来的。如果由此而使孩子骄傲自满，那一定是我们在激励孩子过程中的具体方法上出了问题，而不是激励孩子这种方式本身有问题。

无数的事实表明，孩子的自卑要比自傲更可怕。一个孩子拿到不理想的成绩单，如果父母当着众人的面大声斥责，会令孩子自卑自责。当孩子的成绩不大理想时，作为父母，应该在亲友面前为孩子适当"挡驾"，用模糊和委婉的语言，使孩子摆脱尴尬局面，这便体现了父母教育的智慧。父母用善意的"谎言"，保护了孩子稚嫩而脆弱的自尊，也给了孩子一个自我教育的机会。孩子也感受到了父母的爱、理解和包容，也使父母的心与孩子的心贴得更近。孩子对父母充满了感激，他会暗下决心，改变现状。由此而衍生出孩子积极的人生态度，培养出孩子正确的价值观与爱的情感。

2. 善于直接赞美孩子

激励孩子进步和成长，仅仅合理地为孩子"遮丑"，是不够的，要让孩子确立起进步的愿望和动力，最好的也是最有效的办法，就是不失时机地夸赞孩子。斥责和讽刺对孩子的进步没有任何好处，只能打击孩子的上进心和进取心。父母要善于发现孩子的成功之处，并由衷地赞美他，无论事件多么细小，多么微不足道，只要孩子付出了努力，并且成功了，父母就应该大声地甚至夸张地去赞美他，把自己内心真挚的情感，通过快乐的语言传递给孩子。在父母的感染下，孩子能学会感谢和赞美。父母欣赏的目光、微笑的表情、温和的声音，以及对孩子爱抚的动作，能够给孩子编织一个浓浓的爱意之网。这张网将为孩子的精神成长提供一个温暖的保护层，这个保护层能够抵御许许多多的不良诱惑，促进儿童心理的健康成长。

3. 善于激活孩子的表现欲

孩子的表现欲是一种重要的心理欲望，正确地、有效地激励孩子的表现欲，对于满足孩子被尊重的需要，激励孩子的探究和探索兴趣具有积极价值。在父母的激励下，孩子那种内心涌动的欲望能使其潜能被一次次激活，进而发挥到最佳状态。这样，他们成功的机会便多了起来，而成功的满足感又会强化其更大的自信心和自尊心，进而形成孩子心理成长的良性循环。因此，爱孩子，并对孩子说出我们心中的爱，这对孩子的成长非常有利。如同植物生长对阳光、雨露、适宜的气候和温度的需要那样重要，爱是一种家庭情感氛围，是亲子之间情感沟通的润滑剂。当爱被污染的时候，孩子就生活在被污染的环境中，就像小苗生活在被污染的环境中一样。当污染严重的时候，它难免患病，甚至夭折。

让我们把爱挂在嘴上，留在面容上。当孩子真正感受到父母之爱时，就能产生愉快情绪，就能使父母与孩子在传递爱和感受爱的交流中产生共鸣，这才是爱的良性互动。在这种良性互动里，才会焕发出孩子回报父母之爱的情感，孩子的爱也能够油然而生。这是一种高层次的心理品质，是理解，是关注，是坦诚，是对长者的孝顺与关心，是更广义的对自然、对万物、对人类情感的接纳与包容。在这样的环境中成长起来的孩子，未来无论做什么工作，遇到什么困难，一定能有强大的内心和顽强的毅力。

五、培育儿童高雅的精神境界

道德感、理智感、美感等属于人类的高级情感。人类高级情感的存在既是人区别于动物的标志，也是人类自身生存和发展的需要。正是人类高级情感的存在，才使人成为有理想、有情怀、有价值的存在，才激励着人精神生命的充盈、人生意义的丰富，才使人成为名副其实的"符号性"存在和"意义性"存在。

人类的高级情感的培育和发展离不开文本阅读和艺术陶冶。因此，文本和艺术陶冶在家庭教育中具有重要作用。所谓文本、艺术感染法，就是指通过引导和指导孩子阅读各类书籍、欣赏音乐、观看电视、使用网络等获取各类媒体信息，让孩子掌握丰富的知识、发展积极的情感、提升审美情趣，并养成良好的阅读和欣赏习惯。文本媒体感染的特点是，既强调孩子的参与，又强调父母的指导，根本目的是通过文本与媒体内容的感染和熏陶，帮助孩子掌握基本的知识，发展积极的情感、态度和价值观。

（一）能够引导孩子享受阅读，在文本中陶冶和提升境界

书籍、杂志、报纸是儿童、青少年的朋友。他们有浓厚的阅读兴趣。父母应该支持并尽可能创造条件，满足孩子的阅读要求。课外阅读，可以增长知识、开阔眼界、活跃思维、发展智力、陶冶情操、提高分析问题的能力，可以帮助孩子养成勤于学习的好习惯。

冰心老人写过这样的诗句："爱在右，同情在左，走在生命路的两旁。随时撒种，随时开花，将这一径长途，点缀得香花弥漫。使穿枝拂叶的行人，踏着荆棘，不觉得痛苦，有泪可落，也不是悲凉。"优秀的文学艺术作品充溢着人文精神和人文关怀，所以能震撼人、感化人。对于在校读书的孩子来说，多阅读课外读物，可以激发学习文化知识的兴趣，提高学习成绩。父母不能限制孩子进行课外阅读，不能把阅读课外书籍和校内文化学习对立起来。实践证明，二者是相互促进、相得益彰的。

1. 父母指导孩子选择适合的课外读物

父母应当帮助、指导孩子选择适合他们年龄特点的有益的课外读物，不可放任自流，任其随意去读。因为当前社会上出版的各种读物迅猛增长，不排除有一些荒诞、不健康的书刊出现。这类书刊对儿童、青少年来说危害很大。有一些青少年就是因读了不良内容的书刊而走上邪路的。要绝对禁止孩子接触和阅读这类书刊。因此，父母必须注意帮助孩子选择有利于他们身心健康发展的书籍与读物。

2. 要加强阅读的具体指导

帮助理解书刊的内容，引导他们从中吸取有益的精神营养。当孩子读完某一部书或某一本杂志、某一篇文章后，父母最好能同孩子一起交谈、讨论，以便使孩子掌握其中的科学知识，更深刻地体会、理解读物的思想内容。还要指导孩子勤写读书笔记、读后感。俗话说：不动笔墨不读书。结合读书写体会，不仅可以加深理解、积累知识，还可以锻炼写作能力。

（二）能够引导孩子合理使用电视、网络等媒体

现在，电视已经成为家庭中对孩子影响最重要的媒体之一。网络也成为相当一批家庭获取信息与交流的方式。即使在农村，不少家庭和学校也能为孩子提供网络等交流媒介。电视、网络已成为传递知识和信息的重要手段和途径，丰富着人们的精神生活。一个不争的事实是，在现代社会，电视和网络对儿童、青少年尤其具有魅力，并常常成为他们非常亲密的"伙伴"。

通过电视、网络，孩子们可以增长许多知识，获取大量的信息，极大地开阔他们的眼界。上下五千年，纵横数万里，天文地理、人文历史，各种各样的知识和见闻，只要打开电视机和网络，一切便可一目了然。"秀才不出门，全知天下事"，这在交通、信息不发达的古代，只是一种幻想。而在电视、网络日益普及的现代社会，已经成为现实。电视、网络进入家庭，还使家庭生活日益信息化，让人们的精神生活更加丰富、活跃和充实。

电视、网络进入家庭以后，如何使用它，在一般家庭内，有两种偏向：一种是认为孩子上学，怕影响孩子学习，虽然家里添置了电视机、电脑，却对孩子百般封锁，根本不让孩子看电视，禁止孩子上网。这样做是不恰当的。另外一种偏向恰恰与此相反，就是无任何节制地随便让孩子看电视、上网，想看什么节目就看什么节目，想看多长时间就看多长时间。甚至把电视和电脑当成孩子的"保姆"或是"伙伴"，对孩子上网与看电视的时间不加控制或控制很少。虽然这种说法有点夸张，而且在主观上，很少有父母愿意这样做；但从现实的表现看，这种现象却在很多家庭中出现。这种偏向对孩子的危害更大。孩子看电视、上网不加限制，或连续看电视，上网时间过长、次数过多，不仅对孩子的身体健康有害，而且对孩子的心理危害很大。

鉴于电视、网络的这种积极与消极作用并存的特点，父母应该积极引导，加强管理，帮助孩子学会面对媒体，学会选择媒体，学会利用媒体。

一方面，要帮助孩子合理利用电视、电脑等媒体资源，引导他们通过这些资源获取各种知识、信息，拓宽自己的知识面，增长自己的能力和才干。使他们认识到，在现代社会，电视、网络是一种想回避也回避不了的获取信息、知识的方式；认识到电视、网络是他们参与社会交往、了解现代信息、融入现代生活的基本工具。

另一方面，也要告诉他们，不恰当地使用电视、网络的危害和问题；还要教给他们抵制网络消极信息的基本方法。此外，鉴于未成年儿童的心理特点和行为特征，父母应该做出必要的限制和约束，尤其是对他们收看电视、上网的时间安排等做出严格的规定。

第四节 "全面二孩"政策下家庭教育问题及对策

一、"二孩"对家庭的积极作用

（一）对孩子的好处

1. 长子女不再孤单

独生子女往往比较孤单，没有人分享喜悦与烦恼。首先，现代生活压力与工作压力都比较大，父母工作繁忙，无暇陪伴孩子，更不用说抽出时间与孩子一起做游戏。其次，现代居住条件比较封闭，孩子与小区里的同伴沟通互动与玩耍的机会也很少。最后，随着电子时代的来临，平时陪伴孩子更多的是电视、电脑、电子图书、电子玩具等电子产品。伴随着"全面二孩"政策的实施，一些父母选择了生二胎，长子女有了玩伴，不再孤单与寂寞。两个孩子可以共同成长、共同进步，长大后还可相互照应。这可以弥补父母无暇陪伴长子女的不足，两个孩子之间可以互动交流，分享喜怒哀乐与各自的想法见解；还可使长子女从"电子保姆"中解脱出来，不再局限于"人机"交流，更多的是真实家庭生活中的人际交往。

2. 有助于培养子女的亲社会行为

"二孩"家庭更有利于培养子女的互助、分享、谦让、同情等亲社会行为，这可以帮助孩子建立良好的人际关系，同时对个体一生的发展也具有至关重要的意义。首先，可以培养子女学会分享。以前家里只有一个孩子，独生子女是全家关注的焦点，所有的玩具、食物都是其独自享用，久而久之易养成自私、霸道的不良习惯。但现在有了次子女，父母会引导长子女和弟弟或妹妹分享自己心爱的玩具与好吃的零食。其次，可以培养子女学会帮助他人。父母可以有意识地让长子女参与到照顾弟弟或妹妹的活动中，帮着洗奶瓶、穿衣服等。

（二）对家长的好处

经历了中国第一代独生子女政策的家庭的家长现在正逐步步入晚年，"失独家庭"遭受着生活与精神的双重打击。在经历了"白发人送黑发人"的惨痛经历之后又要面对"无人养老送终"的残酷现实，"失独家庭"的父母心理遭受巨大创伤，集家庭所有希望于一身的孩子的突然离世致使家长精神崩溃。"全面二孩"的实施可以使更多的家庭免遭"失独家庭"之痛，还可以减轻子女的养老负担，有利于家长得到子女更好的照顾与陪伴。

二、"二孩"政策下家庭教育中出现的问题

（一）家长教育观念模糊

家长的教育观念是一把无形的锁，直接扼制住了家长在日常生活中对孩子进行教育传递与熏陶的这道重要关口。家长掌握正确先进的教育观念，就能轻松将这道关口打开，给予孩子正确的家庭教育。但是纵观大多数青年家长，他们的教育观念模糊，表现在很多方面：家长没有及时与"大宝"交流要二孩的希望，母亲的怀孕以及二孩的降生，致使"大宝"压力倍增，害怕父母不再疼爱自己，于是产生对二孩不接受的问题；有了二孩，父母将大部分精力转移到新生的宝宝上，缺少对"大宝"的关注，于是就未注意到他的心理变化及适应问题；更为悲观的是，他们缺乏这种对"大宝"与二孩相处时心理会发生何种变化以及他能否对新家庭结构适应的认知，直至"大宝"出现了个性突变或是异常行为，家长才发现问题。

（二）缺少爱心

父母作为孩子的第一任老师，在"二孩"时代下，应该向"大宝"传递一种爱心教育，鼓励孩子去关心、爱护人，这样"大宝"才可能站在关心、关爱的角度去接受二孩。一方面，分享行为可以帮助儿童赢得玩伴，使儿童在活动和交往的过程中获得言语表达、人际交流等技能；另一方面，分享行为可以帮助儿童学会与他人和睦相处，共同享受自然界和人类社会带给大家的各种条件，促进儿童的社会化，使"大宝"懂得分享，能够学会与二孩和谐相处。培养"大宝"的责任心，让他们习得自我管理和自我控制的能力。二孩到来时，他们能够体谅父母对幼小弟妹的照顾，并且也会学着去照顾弟妹。但是，或许年轻父母受"独生子一代"教育成长环境的影响，或其自身教育素质较低的缘故，往往缺少对"大宝"爱心、责任心与分享行为的培养，使"大宝"在缺乏爱心与责任心的情况下，很难在心理上接纳二孩的到来。

（三）教育方式不够恰当

年轻家庭再添一位新成员，不仅"大宝"需要适应这种新的家庭结构，父母也要面临处理新的家庭关系的挑战，特别是"大宝"与二孩的矛盾。家长的干涉方式和策略能够影响第一个孩子与弟弟妹妹矛盾产生的频率和处理矛盾的方式。家长的干涉方式公平公正，支持权益受到损害的一方，那么孩子之间的矛盾频率将会减少，即便发生了矛盾通常也能通过协商等非暴力方式解决。家长在两个孩子之间应该扮演中立者的角色，是协助者，来帮助孩子解决矛盾。但是现实中，很多家长缺乏处理孩子之间矛盾的技巧。

（四）缺少与孩子交流沟通

家庭教育体现在生活中的点点滴滴。亲子交流对家庭教育具有重要的意义，和谐的亲子交流既能缓解父母长时间工作的疲惫感，也会影响孩子的情感、态度与价值观。二孩未来之前，父母就应多与"大宝"沟通交流，了解"大宝"接纳弟弟妹妹的意愿程度，采取相应的措施，用最好的方式说服"大宝"接受二孩。二孩出生后，家长应该安慰"大宝"，让他意识到弟弟妹妹还小，需要更多的照顾，同时也应给予"大宝"足够的关注与关爱。但是，现代化生活节奏的加快和职业竞争的加剧，父母兼顾工作的同时还要照顾二孩，对"大宝"的成长问题便无暇顾及，并且与"大宝"交流沟通的时间和频率也逐渐减少，家庭教育在促进孩子全面发展中的作用正在被削弱。

儿童享受照顾权是一项基本人权，"父母的关爱和陪伴缺失，成长烦恼无从倾诉，行为缺乏引导，在成长过程中未得到妥善的照顾"可能成为发生意外事故的重要原因。

（五）父母付出多，对孩子要求严格

随着时代的进步，父母经验、素养、眼界不断增加和扩展，新生代父母越来越重视教育质量，尤其农村地区绝大部分人坚信也希望"知识改变命运"。因此，部分父母选择自己受苦受累，愿意花费金钱让孩子上理想的学校，并将希望完全寄托于孩子身上。

一些家长认为自己的付出必须得到回报，必须严格要求孩子，一旦孩子成绩不符合心意，就批评、指责、贴标签、讽刺，甚至用暴力惩罚孩子，埋怨孩子不争气，致使孩子只重埋头读书，压抑自身兴趣，变得固执、死板、呆滞、叛逆。

（六）隔代教育盛行

农村新生代父母因经济原因外出务工，由祖辈帮忙照看孩子，隔代教育随之产生。祖辈有较多的育儿经验、充裕的时间和足够的耐心；父母将孩子交给祖辈抚养可放心工作；祖辈勤俭节约、甘于奉献、艰苦朴素等品质对孩子的成长具有积极影响。但隔代教育也有弊端：许多事情由祖辈代劳，孩子失去了锻炼的机会，溺爱使孩子自私自利、敏感、脆弱、缺乏独立性；有的祖辈过于严厉，认为"棍棒底下出孝子"，以批评打骂为主，使孩子自卑、逆反，同时孩子会效仿祖辈以打骂方式解决他遇到的问题；虽存在具有民主意识的祖辈，但农村地区受经济、环境和教育条件的制约，为数不多。同时，孩子长期与祖辈在一起，会与父母产生隔阂。此外，部分祖辈思想保守，不利于孩子接触新事物、新思想，不利于创造力的培养与发展。再者，隔代教育会增加祖辈的负担与压力。祖辈年事已高，照看孩子，身体负担大；祖辈担心照顾不周遭受埋怨，心理负担加重。

（七）母亲精力有限，易疏忽细节

农村地区绝大部分家庭状况是父亲外出务工，母亲在家生养孩子。有了二孩，母亲要照看两个孩子，加之生活琐事、照顾老人、农田耕种等事务，心力交瘁。尤其是核心家庭，母亲注意力分散和转移，使大孩放任自流。二孩的出现，大孩变身为哥哥或姐姐，父母对大孩要求增多，迫使其成人化，使如何让大孩、二孩和谐相处、共同成长成了农村地区家长们面临的挑战。

三、"全面二孩"政策下改善家庭教育的对策分析

（一）丰富家庭教育的内容，培育孩子的爱心与责任心

在"二孩"新时代下，家长应该丰富家庭教育的内容，生活中渗透对"大宝"的爱心教育、分享行为教育和责任心教育，让"大宝"能够学会如何去关心和爱护二孩，这样能促进家庭成员的和谐相处。

首先，爱心教育可以渗透到孩子生活中的方方面面。父母在周末的时候带领孩子去野外栽花种草，并和孩子定期去浇水，在照料花草中培养了孩子的爱心意识；让儿童学会爱小动物，比如教孩子如何去抚摸小动物，与小动物和谐相处，让孩子拿食物去喂养流浪的小猫小狗；教会孩子与比自己小的朋友和谐相处。

其次，可以通过给孩子讲孔融让梨的故事，并且在生活中教育孩子主动把自己的食物或者玩具分享给其他的小朋友，来培养孩子的分享行为。

再次，父母在孩子成长过程中应该大胆放手，让孩子学会去做自己的事情，比如叠被子、穿衣服、系鞋带等，提升孩子独立做事与自我管理的能力。父母注重丰富家庭教育的内容，增加对"大宝"爱心、分享行为、责任心的培养，也就更能促进"大宝"对于弟弟妹妹的接受与照顾，不仅帮助"大宝"与二孩和谐相处，更能够促进整个家庭的和睦。

（二）办好家长学校，提升父母的教育素质

从 1981 年我国第一所家长学校——上海市虹口区长治中学家长学校成立以来，我国各地区的家长学校逐年增多，这是教育改革的趋势，也是教育的需求，不论对家长还是对孩子都起到了非常重要的教育作用。

办好家长学校，丰富家长的教育知识，让家长在给予孩子丰富的物质生活的同时，更加关注孩子精神和心理发展的需要，在二孩来临情况下，父母能及时关注到"大宝"心理的变化，采取相应措施；办好家长学校，让家长能够学习到在两个孩子发生矛盾时的沟通方法和技巧。在幼儿园附设家长学校，老师为家长讲解孩子在不同阶段身心发展的规律、特点、科学教育的方法；或者社会教育团体与学术研究机构为家

长提供有关学习儿童家庭教育的教材以及举办讲座，让家长适时地关注到孩子心理的变化，适度把握对孩子的教育、普及家庭教育知识是家长学校的基本任务。

（三）举办三位一体的亲子活动，促进与孩子的情感交流

亲子活动的主体主要是父母与孩子，他们通过参加活动进行情感的交流与互动，父母能够在活动中更好地了解孩子，而孩子亦能在活动中体会到父母陪伴的快乐。"在家园合作儿童教育模式中，无论是家庭还是幼儿园都必须根据幼教活动的总体目标选择、调整和完善教育模式，在互动化的前提下共同完成幼教任务目标"。有的幼儿园在每个月的周末定期举办 2~3 次的亲子活动，可以通过父母与孩子的问答比赛，例如父母可以询问"大宝"对于生二孩的看法和接受程度，加强沟通，了解孩子的真实想法，避免父母不知从哪方面或用何种方式与"大宝"进行交流的尴尬处境，了解了"大宝"的心理需要和发展轨迹，父母可以改进自己的思想和行为，照顾好两个孩子。有的社区组织则在周一至周五的晚饭过后休息时间举办 2~3 次的亲子活动，特别是父亲角色的参与，父亲承认教育孩子是父母的共同责任，自己不能推卸责任，但有的父亲同时也承认没有做到经常与孩子进行沟通。父亲白天忙于工作，而在晚休活动中应该多陪伴孩子以找回缺失的角色，让孩子能够感受到父亲对他的关爱。幼儿园、家庭、社区三位一体地进行结合，父母既能兼顾工作又能陪伴孩子，这种对孩子日夜的陪伴与关心就不会让"大宝"产生由于父母生育了二孩而冷落和排挤自己的孤独和焦虑的心境，也就不会产生离家出走等异常现象了。

（四）公平公正，给予大孩安全感和平等感

二孩的出现，使处在中心地位的大孩变得敏感、焦虑，父母应注意观察大孩的表情、言语与动作，及时给予大孩关注，使大孩拥有存在感、安全感与平等感。

1. 端正思想，避免比较和偏见

首先，父母应排除性别歧视，避免因性格、长相、考试成绩等偏爱一方，应全面评价自己的孩子，善于发现孩子的闪光点。只有从内心端正思想，行动才会正确。其次，公平公正处理孩子间的摩擦，不得以年龄、性别等无关因素作为处理问题的标准，不偏向二孩，使之骄纵，也不强制大孩忍让，被迫成为"小大人"。根据是非处理孩子间的摩擦，奖惩分明。第三，鼓励孩子相互学习和尊重，不得贬损对方。某个孩子犯错时，避免用夸赞另一方的方式刺激犯错方，使之失去尊严；避免孩子学会帮腔，见风使舵，影响孩子间的感情。

2. 寻找时机陪伴大孩，让大孩感受到关爱

只有大孩体会到安全感、平等感和父母的关爱，内心才会安定并健康发展。"只有当我们了解儿童的需要时，我们才能开始学会如何满足他们。"

作为父母应换位思考，"必须意识到儿童不是成年人的附属品，他们有自己的意志，不能强迫他们接受成人思想，要充分尊重他们的思想和人格，本着平等的原则对待他们"。走进大孩的内心，懂得大孩的需要，理解大孩的感受，关心大孩的成长。首先，进行思想上的引导，父母应与大孩交谈，使之明确二孩是家庭一员，也是父母的孩子，是他的弟弟、妹妹，会与之共享父母的爱。其次，将对大孩的爱表现在行动中。可以交给大孩一些任务，并给予肯定和鼓励，使之具有存在感和成就感。如，帮母亲拿水杯、打扫卫生、帮二孩拿衣服等。也可以带领大孩、二孩一起玩耍，既关注了大孩，又陪伴了二孩，也加深了孩子间的情谊。

（五）积极引导，帮助孩子共同发展

孩子天生天真、可爱，大孩也会对二孩产生好奇和怜爱之心。加之，大孩与二孩的年龄差异较小，都爱游戏，只要父母正确引导和平衡孩子间的关系，就能帮助孩子形成良好的品质，共同成长。首先，引导大孩进入哥哥、姐姐的角色中，以身作则，成为二孩的榜样，使之具有责任感、存在感与成就感，更加注重自己的言行，形成良好品德与行为。其次，引导大孩在力所能及的范围内照顾二孩，比如让大孩帮二孩拿衣服、奶瓶，逗二孩开心等，使大孩会关心、照顾、体贴他人；二孩学会尊重、感恩他人，最终使孩子间的感情升温。第三，引导两个孩子共享玩具、图书和衣服，既有利于孩子学会分享，又有利于减轻家庭经济负担，培养孩子勤俭节约的习惯。

（六）关注心理，重视环境对孩子的影响

环境对人的发展具有重要影响，也会影响孩子心理的发展。"爸爸妈妈喜欢你，还是喜欢弟弟、妹妹"，这种玩笑很可能使孩子难过。此时，父母一定要抓住教育时机，告知大孩，父母对他们的爱是相同的，现在给予二孩的爱，也曾这样给予了他/她，且对他/她的爱会永远持续下去。

第五节　不同代际和特殊类型家庭的教育指导

一、不同代际家庭的教育指导

家庭根据代数的不同可以分为主干家庭和核心家庭。主干家庭是指由祖父母或外祖父母、父母、子女三代人组建的家庭。其中，祖父母一辈失偶或暂无第三代孙辈的家庭也包括在内。核心家庭是由父母与未婚子女两代人组成的家庭。

（一）主干家庭的教育指导

1. 主干家庭中的三种关系

（1）主干家庭中的夫妻关系

在这三种主要关系中，夫妻关系是首要关系，在家庭中它属于平行关系。如果夫妻关系是原配的夫妻，则家庭情况较为简单，如果是再婚或是单亲家庭，则情况相对复杂一些。

主干家庭的夫妻关系有两对，一对是祖辈的夫妻关系，一对是父辈的夫妻关系。

（2）主干家庭中的亲子关系

亲子关系是家庭中的垂直关系。在家庭中有两类亲子关系，第一类亲子关系中存在着祖辈和父辈的亲子关系，这个时候的亲子关系越来越表现出朋友的一些特质，平等的协商的氛围越来越浓，而且随着祖辈年龄的增大、精力的衰减以及社会影响力的消退，亲子关系的主动权逐步向父辈转移。

第二类亲子关系是新生的亲子关系，是随着第三代的出生而出现的。作为父辈的父母在两个亲子关系中的角色是双重的，对于祖辈而言他们是子辈，对于第三代来说他们是父辈。这就需要父辈在这个过程中学会处理和协调这两者之间的关系，并做好角色转换。

（3）主干家庭中的祖孙关系

随着第三代的出生，第三种关系——祖孙关系也随之诞生。祖孙关系是家庭中的垂直关系和隔代关系，这个关系也将是孩子成长和家庭教育过程中的一个很重要的影响因素。

对于由三代人组成的家庭联盟的所有成员来说，最重要的任务是建立情感上平稳的，相互能接纳的，自由、独立的，又是友好合作的关系。只有这样解决了与家庭结构复杂性相联系的矛盾之后，才有助于建立教育孩子所必需的积极的情感环境。

隔代抚养的优势。主干家庭最大的特点就是祖辈的存在,他们有教育子女的经验,对很多事情都有切身感受,这是很宝贵的,不加以利用将十分可惜。同时,他们"在培养孩子对文化和信仰的继承上更有着非常特殊的作用。这些慈祥的老人懂得文化、传统、历史和信仰,他们能够引导孩子在继承文化传统的同时去挑战人生"。

隔代抚养的弊端。祖辈和父辈的思想观念、生活经历、身体状况不同,因而在教养孩子的问题上会产生明显差异,甚至形成相互矛盾的教育要求,从而抵消或削弱家庭教育的效果。

三代人的家庭在观念上的差异也会带来家庭教育的问题,如祖辈对孙辈过分疼爱,受传统的教育观念与方式的影响,容易形成对孙辈的溺爱与娇惯,这会直接影响后代个性的发展。祖辈对孩子的宠爱和插手教养孩子总是让年轻的母亲感到尴尬和手足无措,更具讽刺意味的是,很多年轻时没能充分施展才能的母亲在自己做了祖母后往往又会成为"霸道"的祖母。主干家庭中存在的婆媳、翁婿不和现象往往破坏了家庭正常的、和谐的气氛,也会给孙辈的教育带来影响。

2. 主干家庭的家庭教育建议

(1)父母是教养孩子的责任主体

对于祖辈而言,需要理解的是第三代的教养由谁来担当的问题。原则上讲,应该是孩子的父母。然而在日常生活中,老人常常会误解年轻父母,因为不放心而剥夺了他们和孙辈亲近的机会,对此要请祖辈理解和谅解。但在现实社会,特别是在中国社会,作为祖辈很难理解这一点。首先他们会觉得孩子是自己家的孩子,为何不能多接近和更多地抚育;其次祖辈们会认为自己是在帮年轻人的忙,怎么出力还不讨好了。

在主干家庭中存在着几个子系统——夫妻子系统、抚养子系统和兄弟姊妹子系统。这些子系统之间应该界限清楚,这有助于定义整个系统的各个次级单元以及它们的相互作用过程,也能确保子系统成员在执行任务的时候不受过多的干扰,同时又足够开放。由于受到中国传统的家族观念的影响,祖辈一般会认为孩子应该是家族的孩子,是家族香火的延续。这样,小家庭就丧失了作为一个子系统的独立性和自主性,祖辈在帮助子女照顾孩子的过程中就会越过家庭子系统的边界权限,不但干预孙辈的教育甚至还会干预子女的夫妻关系子系统。

因此,在教育孩子的问题上,祖辈不要总是"过去好"、向后看;在指出过去好的地方的同时,也要适应今天的变化,并积极地学习、吸收今天的新变化。

(2)祖辈是教养孩子的重要帮手

随着年龄的增长,老人一般会产生孤独感,特别是一方的去世更增加了这种孤独感。第三代的出现会填补这种孤独感，祖辈甚至会在照料孙辈的过程中重新获得生活的寄托。作为家庭氛围的主要营造者和教育主导者的父母在日常生活中要能充分地理解祖辈的寂寞，在不给老人增添额外的物质和精神负担的前提下主动让孩子和老人接触，为老人的精神世界带去一抹亮丽的颜色。

从孙辈的角度来看，相比较为严厉的父辈，孩子总是比较喜欢和蔼可亲的祖辈。祖辈应在教育孩子的问题上和父辈达成一致，在发挥自己教育经验的基础上能够坚持孩子父母定下来的规则，避免教育的不一致性。如果祖辈一意孤行地按照自己的理解和经验来管教孩子，那么极容易造成祖辈和父辈在教育孩子问题上产生隔阂。这种方式对孩子的教育和成长都会造成负面影响：小一点的孩子在不一致的教育氛围中会无所适从而精神紧张，年龄大一点的孩子会从祖辈与父辈的不一致中寻找到教育的空隙并利用这样的不一致逃避教育和惩戒。更为麻烦的是，孩子们细微地感受着成人间的矛盾，痛苦地体验着爱与恨的矛盾情感。当这种矛盾情感又成为家庭情感气氛的主要内容后，孩子在生活消极面的影响下会滋长"自己是无能的、有缺陷的"情感体验，甚至会使孩子形成消极、依从的不良品质。

当然，祖辈和父辈的教育不一致对于孩子成长不一定都是坏事情，如利用得当，有时候也能促进青少年全面地、辩证地认识问题、分析问题。这就需要祖辈和父辈能客观理性地看待两代人之间的不一致性，并学会表述自己的观点、学会协商、学会妥协。这个过程会给孩子的成长提供一定的人际参考模型，同时也有利于孩子社会化程度的提高。

祖父母在教育孙辈的问题上和父辈沟通时要注意尊重年轻父母的观念和决定，不要在年轻父母教育孩子的过程中随便打断甚至干涉他们的教育行为，这不利于年轻父母树立在孩子心中的地位和威信。如果祖辈对年轻父母的教育行为有建议和意见，最好在孩子不在场时心平气和地与年轻父母沟通。

（二）核心家庭的教育指导

1. 核心家庭中的关系

核心家庭是由父母和未婚子女两代人组成的家庭，这种家庭的层级关系是两代人，垂直的关系就是亲子关系，水平的关系是夫妻关系和兄弟姊妹关系。

人的一生要分属于两个核心家庭：第一是由生养自己的父母所组成的核心家庭，第二是以本人的合法婚姻所建立起来的养育子女的核心家庭。核心家庭中包含两种最基本的家庭关系：夫妻关系和亲子关系。除了这两个基本的关系外，在部分家庭还有可能存在兄弟姊妹关系。

核心家庭的关系特点是：第一，家庭关系简单，对亲属网的依赖性小，家庭生活中的矛盾和纠纷较少；第二，具有很强的独立性、灵活性、机动性，有利于家庭的流动、迁徙；第三，容易形成家庭中平等关系、平等权利和民主气氛，有利于培养家庭中青年人的独立性。但核心家庭也淡化了两代人之间的关系，在老人赡养和儿童抚育方面存在一些困难。核心家庭是工业社会的产物，是现代社会最主要的一种家庭类型。

而夫妻关系也会存在一些特殊的类型，如因丧偶或离婚等原因的单亲父母，父母长期因工作或其他原因分居两地的分居夫妻，再婚重组家庭的夫妻关系等。在亲子关系方面，除了正常的情况外，也存在着单亲父母的亲子关系，分居父母的亲子关系，继父母和继子女的亲子关系等。

（1）核心家庭教育的优势分析

核心家庭由父母和子女组成，特点是人口少、辈分少。这种家庭关系简单，成员关系密切，内聚力较强，容易形成教育合力，教育效果也较好。此外，核心家庭教育的优势还有：家庭成员关系密切，家长具有权威性，亲子关系比较融洽，子女易于接受父母的教诲；父母对子女的期望值很高，教育投入多；父母对子女的教育比较容易达成一致，即使出现矛盾，也比较容易协调处理，达到家庭教育的一致性。

（2）核心家庭教育的弊端分析

核心家庭中的夫妇如果是双职工，在社会支持系统不完善的情况下可能缺少教养和爱抚孩子的时间。受工作时间和空间的限制，父母要同时扮演多重角色，在经营家庭、养育子女上负担重，困难多，精神上难免有孤独感，会觉得疲惫不堪。有些家庭由于对孩子疏于管教，让孩子放任自流从而受到社会上不良环境的影响，甚至会走上违法犯罪的道路。典型的就是"挂钥匙儿童"，这些孩子在放学后由于父母工作忙，没有人照料，只好自己照顾自己。

缺少有教养经验的老人的指导和协助，父母在教育孩子上存在经验真空的现象。在这种家庭里没有传统的隔代溺爱，但由于年轻的父母缺乏教育孩子的经验和方法，对孩子可能有时放纵，有时管教过严。核心家庭由于人际关系简单，不利于培养孩子的社会交往能力，父母要让孩子多接触大自然和同龄的小朋友。如果是单亲家庭，则孩子更容易成为父母的诉苦对象，因此孩子承受的精神压力也较大，缺乏安全感。父母生活的不幸会导致子女对生活不信任，严重的还会使子女形成偏激的、不健全的人格。

2. 核心家庭的教育建议

（1）父母要确保与孩子共处的时间与空间

核心家庭中的父母一般比较忙，特别是双职工的父母在时间上和空间上都受到了挤压，父母要学会协调时间，确保有基本的亲子共处的时间和空间。同时，要积极学习家庭教育的知识和技能，提高和孩子相处的质量，增加家庭教育的实效性。

（2）父母要做好核心家庭中教育角色的分工

核心家庭中的夫妻要学会夫妻分工，不能出于传统的家庭角色的定位由女性一人承担起家庭所有的琐事和教育的职能，父亲应该在核心家庭中承担起基本的、足够的教育职能。从某种程度上说，父亲的教育职能不是为了减轻和分担母亲的负担，而是为了发挥作为父亲应有的教育功能。

（3）父母要保持与原生家庭的交往

核心家庭的成员由于不和祖辈以及其他的有血缘关系的家庭成员一起生活，家庭的成员和结构显得比较简单，这对孩子在最初的家庭成长中的人际能力的发展不利。因此，作为核心家庭的父母应该创造机会带领孩子和原生家庭以及相关的亲戚家庭交往，以弥补其交往面的不足。

（4）父母要做好角色的转换

那些核心家庭中只有一个孩子的父母，一般需要承担双重的角色。第一个角色就是作为孩子的指导者，第二个角色就是孩子的伙伴。这就对父母的角色转换以及角色之间"度"的把握提出了要求。

（5）要发挥保姆的教育作用

不少核心家庭由于没有祖辈的协助，同时自己的时间和空间受限很多，所以会考虑请保姆加入家庭。父母应正确定位保姆的角色。保姆首先是孩子的看护者，因此，父母即便工作再忙也要抽时间与孩子交流，因为亲情教育是任何人都不能替代的；其次，保姆也是孩子教育的参与者，应该与保姆达成一致，以期望教育的一致性。父母与保姆的相处方式在很大程度上影响着孩子和保姆的关系以及将来与社会其他成员关系的确立。保姆进入家庭后，父母首先应尊重保姆，建立平等关系。家长以身作则，言传身教，才能让孩子从小形成良好的品德，养成好的习惯。

家长要妥善安排保姆的家务劳动时间，注重培养孩子自理能力、劳动意识，加强习惯养成。家长要意识到保姆包办孩子的一切事情是不利于孩子健康成长的。

二、特殊类型家庭的教育指导

特殊类型的家庭在本节中主要介绍单亲家庭、残疾儿童家庭、超常儿童家庭、重组家庭。说他们特殊是便于研究和描述，这些家庭因为夫妻婚姻关系以及儿童状况的差异而在教育中表现出一些不同的特征，故在此单列讨论，并无歧视之意。作为非常规的家庭类型，他们广泛存在于现实社会之中，他们的存在、发展对成长中的孩子构成了一定的影响。

（一）单亲家庭

单亲家庭是由父母一方和未婚子女组成的家庭。单亲的原因有很多，可能是其中一方丧生，这叫丧偶单亲，但更多的是因婚姻关系破裂而造成的单亲，称离异单亲。在单亲家庭中有的是主干家庭，即带领孩子的一方父母和孩子的祖辈一起生活，有的是核心家庭，有的是独生子女单亲家庭，有的是多子女单亲家庭。

单亲家庭的孩子在成长过程中会受到不利的影响，但通过努力可以将负面影响减小到最低限度。如因离婚从家庭中分离出去的父母某一方应该保持和孩子的联系（这需要原夫妻双方共同商定和同意）。夫妻须在离婚的状态下保持良好的亲子关系，以尽量减少因夫妻情感变故和离婚给孩子带来的不利影响。

1. 单亲家庭所面临的教育挑战与困惑

从准备离婚到离婚过程以及离婚后的单亲抚养阶段，单亲家庭孩子的教育可能面临如下挑战。准备离婚阶段面临的挑战是如何向孩子说明父母必须分开这一事实，最容易犯的错误就是夫妻双方把他们之间的不和谐扩大到孩子身上和亲子关系中去，最糟糕的就是把孩子作为夫妻情感分离和离婚的筹码加以利用，将孩子卷入父母情感的旋涡之中。比如，"你的爸爸是个坏东西，他背叛了我们和坏女人走了，以后不允许你再和他说话，也不许你叫他爸爸"——通过传播仇恨来争取婚姻失败后的亲子情感的支持。

（1）人为绝缘

抚养孩子一方在任何时候都不想提起另一方，就好像对方从来不存在一样。这是一种回避的心态，是试图让孩子永远不要提起、想起对方。这样采取人为的绝缘是不明智的。

（2）丧失信心

父母一方，特别是准备抚养孩子的一方对将来的生活，尤其是抚养孩子没有信心，从而导致限制孩子和另一方接触和交流，担心孩子和另一方见面后会更喜欢对方而对自己冷淡，因此常常以对方品质不好来评价对方，监控孩子和对方的任何接触和联系，甚至对孩子进行恫吓。

（3）物质满足

还有父母中的一方采取不正当的手段笼络孩子的心，如用礼物和金钱等方式来挽回孩子对他（她）的依恋，形成父母竞争孩子的局面。这种做法本身就是没有信心的表现，孩子在这个过程中渐渐懂得了他和父母之间的关系，从而反过来利用这层关系在父母之间周旋，这不利于孩子形成健全的人格。

（4）交往减少

孩子因为父母的离异将和离开家庭的一方及其亲戚朋友丧失联系，这使孩子不仅丧失了父母中的一方，更重要的是丧失了完整家庭关系中的一极，造成了孩子人际关系中的缺失。

（5）缺失指导

单亲父母对异性孩子的生活指导在青春期前没有明显的不同，但是当孩子进入青春期后，这样的指导就显得力不从心，要不草木皆兵地采取"紧密隔离"的战术，阻碍青春期孩子正常的人际交往和情感探索；要么放任自流，任其自由发展，使孩子得不到应有的指导。

2. 单亲家庭教育建议

对孩子教育而言，针对不同的性格和年龄的孩子，单亲家庭可以有不同的态度和具体的教育措施，有些原则是应共同遵循的。

（1）开诚布公

准备离婚阶段如果夫妻立场是一致的和明确的，那么不应对孩子掩盖或表示沉默。任何吞吞吐吐和细声耳语都会使孩子更加紧张、更加好奇，引起猜疑，产生完全虚构的假设。此时，真诚和明朗是最重要的。在向孩子说明情况时必须考虑到孩子的年龄、个性特点和理解已经形成局面的可能性。最正确的是向孩子做他们易懂的简单明了的解释。客观地评价另一方，甚至保护另一方在孩子心中的形象将显得尤为重要，这是超越夫妻恩怨情感的对孩子的大爱。

父母中抚养孩子的一方要在合适的时间和空间范围内用孩子能理解的方式向孩子介绍另一方，表明另一方的离开既不是孩子的错也不是不爱孩子，而是成人之间的问题，使孩子逐步明了自己依然拥有完整的父母之爱。

（2）理性协商

父母应该理性地协商离婚后如何协同对孩子进行教育，如何创造条件给孩子有价值的教育。理性协商对很多离婚的夫妻来说是很艰难的，出于对孩子的爱，夫妻双方需要发展出这样的能力，这不仅对孩子成长有利，对婚姻失败的夫妻下一阶段的婚姻幸福也十分有利。

父母千万不要认为自己的婚姻破裂给孩子造成了无法挽回的伤害，进而对孩子采取不理智的宠爱和爱的竞争，而应该在允许孩子向彼此表达爱的基础上更为理性地对孩子施以父母之爱，做到既不剥夺和限制孩子与对方的交往，又不用物质和不合适的方式在孩子面前争宠。

（3）保持联系

抚养孩子的一方尽量不要隔断孩子和另一方及其亲戚朋友的联系，保持孩子完整的亲戚和家庭关系，这对孩子形成健康的心理大有裨益。面对单亲家庭中的异性孩子，作为抚养一方的父母要么在现有的家庭中寻找到一位孩子同性的替代角色对孩子进行指导，要么让孩子父母中的另一方介入孩子的成长指导。

（4）加强指导

对于不具监护权的父母一方而言，也要积极地寻找抚养孩子的有效方法，同时承担起对前配偶和孩子的经济责任。只有这样才能最大限度地给孩子一个完整的父母形象，减少因父母离异对孩子心灵世界产生的消极影响。父母离婚的孩子在学校里会提心吊胆，生怕别人知道自己的"不光彩的家事"而遭到嘲笑和歧视，这加重了孩子的心理压力，甚至会使其产生恐惧感。作为孩子监护人的父母要密切关注孩子在学校的表现以及孩子的心理变化，及时给孩子必要的理解和心理援助。

（二）残疾儿童家庭

残疾儿童亦称"缺陷儿童""障碍儿童"，如弱智、盲、聋哑、严重的情绪障碍、肢体残废等，他们需要特殊帮助。导致他们残疾的原因和机制各有不同，但是他们大多数表现出性情孤僻、性格内向敏感、情绪消沉，需要成人世界给予更多的理性的关注。

残疾儿童家庭氛围容易出现焦虑、消沉现象。残疾儿童是每个家庭都不希望看到的，当不幸降临后，不少父母出现怨天尤人的情绪，进而导致孩子本身的孤独感增强甚至产生被抛弃的感觉。残疾家庭容易出现闭锁现象。当家庭出现残疾儿童时，父母和其他家庭成员有着深深的挫败感，这种挫败感会让家庭不自觉地和外界保持距离，尽量不参与或少参与社会活动，甚至连基本的亲戚之间的交流也在减少。

在对残疾儿童和家庭进行帮助的过程中要注意这样的情感需求：残疾儿童和家庭更敏感、自尊心强。残疾儿童和家庭更容易被别人施以同情和怜悯，这会触动他们敏感的神经。残疾儿童的家庭会出现辈分之间的责任界限不清现象。由于家庭中拥有了残疾孩子，老人为了协助年轻的父母照顾残疾的孩子而融入他们的生活，从而使家庭关系过于紧密，也易于发生矛盾。

1. 残疾儿童家庭所面临的教育挑战和困惑

在残疾儿童的家庭教育过程中，容易出现两种极端，一是过于呵护，父母觉得孩子可怜，总是百般爱怜，为孩子包办代替，制约了孩子应有的发展；二是放任自流，父母对孩子丧失希望，不采取相应的教育和训练措施，错过孩子的发展期。残疾儿童的父母对社会和亲属可能出现的歧视，采取回避和封闭的态度，甚至觉得残疾的孩子丢人，而把孩子关在家，使残疾儿童得不到应该有的多元刺激和发展，缺少和同龄孩子相处的机会，得不到同辈群体的相互影响。很多残疾儿童家庭的父母不知道如何培养孩子，也不知道自己的孩子存在什么优势，在教育的过程中心中没数，不能系统地教育和训练孩子。

2.残疾儿童家庭教育的建议

（1）自我突破

残疾儿童父母首先需要克服自卑心理，用一颗爱子之心为残疾孩子撑起一片安全、自立自强的天空。只有坚强的父母才能培养出坚强的残疾孩子。

（2）树立自信

对残疾孩子不能包办代替，总是觉得他可怜，这会剥夺孩子的成长可能。应该让孩子做一些力所能及的事情，这有助于孩子在家庭中增强自信，为走上社会打好心态基础，反过来，孩子的成长也有利于增强父母对残疾孩子的信心。

（3）保持沟通

父母在克服了自己的自卑心理后，要勇于走出家门，和亲戚、社会保持良好的接触和互动，为孩子将来融入社会做好准备，同时也在和外界的沟通过程中提升了孩子的心理健康状态。

（4）及时帮助

父母在孩子成长过程中要注意观察孩子的身心反应，敏感地把握孩子的心理变化，及时给予孩子必要的支持和帮助。

（5）扬长避短

避免因爱子心切而不顾孩子残疾的现实用正常孩子的标准要求孩子、训练孩子的做法，以免使孩子遭受更大的心灵创伤。可以咨询该领域的专家以协助发现孩子身上的优势，争取做到扬长避短。

（6）要求一致

父母之间和家庭成员之间应该在教育和训练残疾孩子的问题上达成一致，避免不一致的教育使孩子无所适从，徒增伤害。

（三）超常儿童家庭

超常儿童是特殊儿童中的一种，指智能显著高于同龄常态儿童发展水平或具有某种特殊才能的儿童。"智力优异"和"才能特殊"是鉴别和发现超常儿童的两项主要指标。超常儿童的发展具有以下基本特征：智力发展水平超过同龄儿童两个年龄标准差以上；个性心理，即非智力因素方面有某些特殊表现；对中小学基础教育有较强的适应性，可提前入学，入学后可适当跳级，提前高考或提前就业；身心特征具有明显的个别差异。

1972年美国的教育机构为选拔超常儿童提出了6项指标，认为其中有一项以上符合的就可以认为是超常儿童。智商高，一般在135～140分以上；有特殊的学习能力倾向；有创造性思维；具有领导才能，并往往成为同龄儿童中的"领袖人物"；在绘画或其他艺术领域有特别的天赋；有特殊的运动素质和运动心理技能。

对超常儿童的鉴别是比较困难的，以下是超常儿童较常出现的特征。它们不但有助于父母发现自己可能超常的孩子，也能帮助父母培养孩子具有更多良好的思维习惯和行为方式。

（1）学习兴趣浓厚，求知欲强烈。喜欢刨根问底，对环境中的事物表现出浓厚的兴趣，也可能从小喜欢动手或是一个人静思（或做白日梦）。感知敏锐，观察力深刻。他们的感知过程往往显得有目的，有条理，善于综合运用各种能力感知同一物体。

（2）注意力集中，记忆力超群。虽然注意力广度对孩子的成长有相当重要的作用，但是注意力的集中程度和持久性对孩子特定能力的发展和学习过程具有更加重要的意义。

（3）思维灵活，富有创造性。他们喜欢思考，而且会对某些内容形成自己独特的、灵活敏捷的思维方式。他们的发散性思维和独创性思维水平很高，自信、勤奋和坚毅。他们的上进心十分强烈，并具有勤奋和坚毅的个性品质。

许多超常儿童在体能、健康状况或是身高等方面也比同龄儿童有明显的优势。

1. 超常儿童家庭所面临的教育挑战和困惑

如何发现和培养超常儿童是家长面临的第一个挑战。在缺乏必要的支持和经验的情况下，父母要么错过孩子的发展机遇，甚至把超常儿童当作不听话、贪玩和不爱学习的"坏孩子"看待；要么采取片面的培养措施，不利于超常儿童的全面发展。

超常儿童的家庭常常沉醉在惊喜和被赞扬的鼓励中，容易把孩子当作炫耀家庭的资本，到处张扬或者频繁参加一些社会活动，干扰了孩子的正常发展，也会使孩子滋生骄傲等不良品格。超常儿童的家庭常常对孩子的社会适应性困难熟视无睹或者手足无措。超常儿童的能力和禀赋在学校和社会上不容易得到承认，超常儿童有时甚至会对其他方面缺乏兴趣，造成畸形发展和适应性不良，进而滋生自卑和压抑的情感。

2. 超常儿童家庭教育建议

（1）保持平常心态

超常儿童的父母要保持平和的心态，在平常心的状态下理性地全面地培养孩子，切忌望子成龙的焦躁心理。超常儿童父母要树立超常儿童也是儿童的观点，不要把孩子当作"小大人"，在强调孩子某个方面能力发展的同时，要给孩子营造健康幸福的生活环境。

（2）提升教育能力

超常儿童的父母要提升自己的教育能力，勤于学习，致力于把孩子应有的潜能发挥出来。

（3）力求家校合作

超常儿童的父母应该和学校教育保持良好的沟通，双方共同努力为孩子的健康成长营造良好的育人环境。

（4）提供心理支持

超常儿童的父母要密切关注孩子在学校和社会上的表现，避免孩子畸形发展，及时为孩子提供心理援助，对孩子的薄弱环节也应下力气、花工夫进行弥补，争取实现孩子的全面发展。

（四）重组家庭

无论是丧偶还是因婚姻破裂后离异的家庭，有很大的比例都会重新组建新的家庭。随着离异家庭的增多，再婚将变得很普遍，重组家庭的数量也将会越来越多，而且重组的形式也将越来越复杂。

1. 重组家庭的结构

重组家庭，对孩子来说将会出现继母或继父，如果双方都带有儿女，则家庭的关系将会更加复杂。在这样的家庭中复杂的是亲子之间将会出现非血缘的关系，更为复杂的就是当家庭中同时出现有血缘关系和没有血缘关系的亲子关系时，家庭结构将会面临深入调整，家庭成员的心理也将会出现各种微妙的变化。

2. 重组家庭面临的教育挑战和困惑

从继父母的心态来看，他们容易对非亲生的继子女出现两种极端的心态：一种是过分宠爱，避免社会舆论和社会思维定势对继父母的误解，这容易使继子女产生依赖和娇惯的不良品格；另一种是对继子女缺乏应有的父母之爱，使继子女处于缺少爱的环境中，感受不到家庭的温暖，从而出现不良的心理和行为。

在重组家庭中的孩子可能同时属于几个不同的家庭，每个家庭对孩子的规则和要求会出现不同。如在某一个时期内孩子需要在两个家庭中轮流生活，而这两个家庭在看电视的时间、上床的时间、餐桌礼仪等方面的要求都可能存在差异。孩子对继父或者继母会出现抵触或者适应不良的情况，容易对家庭产生怀疑、敌视和不安全感。如果家庭中出现来自两个家庭的孩子，他们生活在一起容易出现争宠或者大家对父母的态度更容易敏感，进而导致继子女之间的不和谐甚至敌对情绪。

3. 重组家庭教育建议

（1）要求一致

离婚的夫妻在教育孩子的问题上需要有足够的适应能力或者充分的弹性，使离婚后的父母无论彼此有没有重新组建新的家庭都能对孩子保持良好的教育和影响。继父母要对家中的所有子女一视同仁，尽管绝对的公平很难做到，但是不偏爱、平等的家庭氛围确实是重组家庭顺利过渡和发展过程中应该注意的。

（2）理性施爱

重组家庭中的继父母应该对继子女抱有饱满的爱和热情，这有助于良好的继亲子关系的建立。如果家中有两个继子女，并且这两个孩子曾经分属于不同的家庭，在新的家庭中，父母应该时刻注意孩子对不同的家庭文化的适应，增进其适应力以及进行必要的心理援助。

（3）严格要求

继父母对继子女的爱要注意控制在一定尺度内，不能用溺爱来换取继子女的爱和依恋，要大胆地对继子女进行必要的教育，使继子女能从内心深处爱上并尊敬继父母。

参考文献

[1] 王涛．规矩和爱 [M]．北京：北京理工大学出版社，2012.

[2] 曾汝弟．家庭教育学 [M]．北京：中国书籍出版社，2015.

[3] 吴航．家庭教育学基础 [M]．武汉：华中师范大学出版社，2010.

[4] 缪建东．家庭教育学 [M]．北京：高等教育出版社，2015.

[5] 赵忠心．家庭教育学 [M]．北京：人民教育出版社，2001.

[6] 孟育群．中小学亲子关系与家庭德育研究 [M]．北京：教育科学出版社，2004.

[7] 何俊华，马东平．家庭教育学 [M]．北京：清华大学出版社，2017.

[8] 庞海波．家庭教育心理学 [M]．广州：暨南大学出版社，2011.

[9] 黄河清．家庭教育学 [M]．上海：华东师范大学出版社，2014.

[10] 邓佐君．家庭教育学 [M]．福州：福建教育出版社，2013.

[11] 叶立群．家庭教育学 [M]．福州：福建师范大学出版社，2013.

[12] 伯克．伯克毕业发展心理学 [M]．北京：中国人民大学出版社，2013.

[13] 吴奇程，袁元．家庭教育学 [M]．广州：广东高等教育出版社，2011.

[14] 李建辉，张国超．现代家长教育学 [M]．广州：中山大学出版社，2012.

[15] 李天燕．家庭教育学 [M]．上海：复旦大学出版社出版，2013.

[16] 刘艳珍，刘小林．家庭教育学 [M]．北京：科技大学出版社，2011.

[17] 丁连信．学前儿童家庭教育 [M]．北京：科学出版社，2014.

[18] 蔡岳建．家庭教育引论 [M]．合肥：安徽教育出版社，2010.

[19] 张贵敏，李群，李莲英．现代家庭教育导读 [M]．济南：山东教育出版社，2009.

[20] 路书红，乔资萍．中外家庭教育经典按比例评析 100 篇 [M]．济南：山东人民出版社，
    2010.

[21] 云晓．爸爸妈妈家庭教育心理学 [M]．北京：朝华出版社，2009.

[22] 田瑞华．家庭教育：孩子成功第一课堂 [M]．石家庄：河北科学技术出版社，2011.

[23] 刘梅．儿童发展心理学 [M]．北京：清华大学出版社，2010.

[24] 孙立双．学前儿童家庭与社区教育 [M]．北京：北京出版社，2014.

[25] 张丹海，汪明骏．我国社区教育研究 [M]．北京：中国计量出版社，2010.

[26] 陈鹤琴．家庭教育：怎样教小孩 [M]．北京：中国致公出版社，2001.

[27] 殷飞．班主任的家校沟通 [M].上海：华东师范大学出版社，2013.

[28] 龙应台．孩子，你慢慢来 [M].广西：广西师范大学出版社，2014.

[29] 刘称连．家教方法 [M].北京：北京联合出版公司，2013.

[30] 孙瑞雪．爱和自由 [M].北京：中国妇女出版社，2009.

[31] 陈斌斌，王燕，梁霁，童连．二胎进行时：头胎儿童在向同胞关系过渡时的生理和心理变化及其影响因素 [J].心理科学进展，2016(6)：863-873.

[32] 风笑天．"单独二孩"生育政策对年轻家庭亲子社会化的影响 [J].东南大学学报（哲学社会科学版），2015(4)：5-11.

[33] 肖富群，风笑天．我国独生子女研究 30 年：两种视角及其局限 [J].南京社会科学，2010（4）：104-107.

[34] 何路．"全面二孩"背景下独生子女教育问题研究 [J].吉林省教育学院学报,2018(03):171-175.

[35] 吴胜；阳德华．全面二孩政策下家庭教育问题及对策 [J].海南热带海洋学院学报,2017(03):125-128.

[36] "全面二孩"政策下城乡学前教育资源需求分析教育研究 [J]，2018（04）：40-50.

[37] 戴旒茜．2 至 10 岁原"独二代"子女对"二胎"手足接纳度的调查与对策 [D]．苏州大学，硕士学位论文．2015.

[38] 邹林．老大怎么了？--- 家庭中老二出生对老大社会性发展的影响及对策分析 [D]．四川师范大学，硕士学位论文．2015.

[39] Kolak A．M．& Volling B．L．Coparenting moderates the association between firstborn children's temperament and problem behavior across the transition to siblinghood[J]．Journal of Family Psychology，2013（27）：355‐364.

[40] Cordova JV．Acceptance in behavior therapy：Understanding the process of change[J]．The Behavior Analyst，2001（24）：213-226.